金融发展、公司治理与微观资本配置效率

韩林静 著

武汉大学出版社

图书在版编目(CIP)数据

金融发展、公司治理与微观资本配置效率/韩林静著.—武汉:武汉大学出版社,2017.10
ISBN 978-7-307-19749-7

Ⅰ.金… Ⅱ.韩… Ⅲ.金融事业—经济发展—影响—公司—企业管理—研究 Ⅳ.F276.6

中国版本图书馆 CIP 数据核字(2017)第 247928 号

责任编辑:任仕元　　责任校对:李孟潇　　版式设计:汪冰滢

出版发行:武汉大学出版社　　(430072　武昌　珞珈山)
(电子邮件:cbs22@whu.edu.cn　网址:www.wdp.com.cn)
印刷:虎彩印艺股份有限公司
开本:720×1000　1/16　印张:16.5　字数:237 千字　插页:1
版次:2017 年 10 月第 1 版　　2017 年 10 月第 1 次印刷
ISBN 978-7-307-19749-7　　定价:46.00 元

版权所有,不得翻印;凡购我社的图书,如有质量问题,请与当地图书销售部门联系调换。

前　言

本书稿完成于 2014 年 12 月，当时并不期望出版，只是作为我的博士论文而完成。然而，近几年来随着我国金融新常态的发展、供给侧结构性改革的兴起、三去一降一补的提出，我国经济发展开始由粗放型转向集约型，在此过程中遇到的许多问题和我在本书中的诸多观点、看法不谋而合，曾经阅读过我这本书稿的朋友对本书稿给予了极高的评价，也希望本书稿能够出版，为更多的读者提供参考。基于此，我才与武汉大学出版社联系确定此书的出版。新的数据并不一定就代表新的观点，为保留本书稿的原貌，本次出版对原书稿提出的观点和所用到的数据均不做任何修改。

在改革开放至今短短的 30 多年时间里，我国已经建立了比较完善的金融中介和金融市场体系。截至 2014 年年底，我国的金融货币化比率为 1.93，金融相关比率高达 2.55。我国的金融证券市场从一片空白起步，迅速走完了发达资本主义国家资本市场几百年才走完的历程。截至 2014 年年末，我国证券市场上市公司达 2592 家，市值达 37.11 万亿元，仅次于美国，成为全球第二大证券市场。在如此短暂的时间内我国金融飞速发展，成为名副其实的资本大国，可谓成就斐然。

与此同时，企业资本配置效率低下一直是困扰我国资本市场的顽疾：投资过度现象在我国上市公司中普遍存在，部分行业产能过剩，高新技术领域、环保和农业的投资却远远不足，投资收益也并不理想，投资效率普遍不高。这严重损害了投资者的利益，也阻碍了我国经济健康、平稳的发展。因此，缓解投资不足、抑制过度投资以提高企业微观资本配置效率成为亟须解决的现实问题。

我国各地区治理环境差异比较大，导致了不同地区上市公司治理情况存在一定的不同,而公司所处的宏观环境是重要的外部治理约束机制,其中金融市场环境的发展对上市公司具有重要影响。从理论上讲,良好的金融制度环境是改善资本配置效率的重要因素。金融发展会降低企业的融资约束,降低投资-投资机会敏感度,提高资本配置效率。在我国转型期这一特殊时期,产权性质、管理者权力、公司治理机制等一些公司治理的重要维度对企业资本配置效率有着重要的影响。

鉴于此,本书以2004—2015年为研究窗口期,在对国内外相关文献进行梳理的基础上,综合运用财务学、经济学、管理学和行为学的相关知识,应用规范和实证研究相结合的方法,以金融发展理论、投资理论为基础,结合我国的制度背景,从公司治理的视角来研究金融发展对微观资本配置效率的影响,并尝试解释这些现象的背后机理。

本书从公司治理视角,通过实证研究发现金融发展影响公司微观资本配置效率的经验证据,构建了金融发展、公司治理与资本配置效率关系的模型,探索公司治理在金融发展与微观资本配置效率关系中的中介作用,并分别从理论视角和实证视角进行分析和检验,为提高上市公司资本配置效率提供有益的借鉴,同时为维护国家金融秩序、有效改革金融市场、促进经济发展,具有重要的理论和政策含义。

本书各部分主要研究的内容和研究结论如下:

导论。本部分内容主要包括:选题的背景、研究的问题、选题目的和意义、研究方法、主要内容和结构安排。

第一章是文献综述。本章首先将金融发展的相关文献进行整理,从金融发展与融资约束、金融发展与企业投资、金融发展与公司治理三方面进行了归纳总结。其次,对公司治理的相关文献进行了整理,总体上分为内部治理和外部治理,并进行对比分析。在内部治理方面,从所有权结构和董事会结构两个层面进行了总结;对于外部治理的研究,则从市场环境、投资者保护和政治关联三方面展开。然后将微观资本配置效率的相关文献进行了整理,从金融发展、公司治理、自由现金流、负债融资约束、投资者保护、会计信息质量六个方面与资本配置效率关系进行了归纳总结。最后，本章对现有文献可能存在的一些问题进行了评议。

第二章是制度背景和理论分析。在制度背景分析中，对我国金融发展的制度背景进行了回顾，主要从金融环境变迁制度背景、中国金融发展状况两方面进行了阐述。在理论分析中，分别从金融发展理论、公司治理理论、资本配置效率理论和融资约束理论四个方面进行归纳。首先对金融发展的概念、发展历史与度量方法进行了总结；然后从公司治理概念、产生动因、主要特征和理论基础四个方面进行了界定，接着界定了资本配置效率和融资约束的概念，对其测度方法进行归纳。

第三章是金融发展、产权性质与微观资本配置效率的实证分析。本章从融资约束、投资效率两方面来研究微观资本配置效率。具体如下：在引言中首先提出问题，然后简要回顾金融发展与企业投资的相关文献，提出产权性质对金融发展与微观资本配置效率关系影响的假设，然后构建回归模型，在描述性统计、相关性分析以及普通最小二乘法（OLS）回归基础上对假设进行了实证检验，在此基础上考察了产权性质、金融发展、微观资本配置效率等因素的影响，对于研究结论，分别从变量替换、数据变换和模型估计方法等方面进行替换以考察其稳健性，最后是结论与讨论。

第四章为金融发展、管理者权力与微观资本配置效率的实证分析。在代理理论和融资约束理论下，检验金融发展对管理者权力与微观资本配置效率关系的影响。同时延续第三章，检验不同产权性质下金融发展对管理者权力与微观资本配置效率关系的影响。具体如下：第一，通过引言引入问题；第二，简要回顾金融发展、管理者权力对投资效率影响的相关文献，提出管理者权力影响投资效率、不同产权性质下金融发展影响管理者权力与投资效率关系的理论假设；第三，构建回归模型，在描述性统计、相关性分析以及普通最小二乘法（OLS）回归基础上对假设进行了实证检验；第四，对于研究结论，分别从模型估计方法、数据变换和变量替换等方面进行替换以考察其稳健性；第五，得出结论，进行讨论。

第五章金融发展、公司治理机制与微观资本配置效率的实证分析。在代理理论和信息不对称理论下,检验金融发展对公司治理机制与微观资本配置效率关系的影响。具体如下:第一,通过引言引入问题;第二,简要回顾金融发展、公司治理机制对投资效率影响的相关文献,提出公司治理机制影响投资效率、金融市场化水平影响公司治理机制与投资效率关系的理论假设;第三,构建回归模型,在描述性统计、相关性分析以及普通最小二乘法(OLS)回归基础上对假设进行了实证检验;第四,对于研究结论,分别从模型估计方法、数据变换和变量替换等方面进行替换以考察其稳健性;第五,得出结论,进行讨论。

第六章为研究总结。内容主要包括:总结全书,归纳分析研究的创新之处,同时,指出研究中存在的局限性和未来研究展望。

目 录

导论 ·· 1
 一、研究背景与问题提出 ·· 1
 二、研究目的与意义 ·· 4
 三、研究方法 ··· 5
 四、主要内容和结构安排 ·· 6

第一章　文献综述 ··· 9
 第一节　金融发展相关文献 ·· 9
  一、金融发展与融资约束 ·· 9
  二、金融发展与企业投资 ·· 13
  三、金融发展与公司治理 ·· 14
 第二节　公司治理相关文献 ·· 16
  一、公司内部治理 ·· 16
  二、公司外部治理 ·· 24
 第三节　资本配置效率相关文献 ··· 35
  一、金融发展与资本配置效率 ·· 36
  二、公司治理与资本配置效率 ·· 40
  三、自由现金流与资本配置效率 ·· 46
  四、负债融资约束与资本配置效率 ··· 47
  五、投资者保护与资本配置效率 ·· 50
  六、会计信息质量与资本配置效率 ··· 51
 第四节　文献评析 ·· 52

目 录

第二章　制度背景与理论基础 …………………………………… 54
 第一节　金融发展制度背景 ……………………………………… 54
  一、金融环境变迁制度背景 …………………………………… 54
  二、中国金融发展状况 ………………………………………… 59
  三、结论 ………………………………………………………… 81
 第二节　理论基础 ………………………………………………… 81
  一、金融发展理论 ……………………………………………… 81
  二、公司治理理论 ……………………………………………… 96
  三、资本配置效率理论 ………………………………………… 103
  四、融资约束理论 ……………………………………………… 111

第三章　金融发展、产权性质与微观资本配置效率 …………… 114
 引言 ………………………………………………………………… 114
 第一节　理论分析与研究假设 …………………………………… 118
  一、金融发展与企业投资 ……………………………………… 119
  二、金融发展、产权性质与企业投资 ………………………… 122
 第二节　研究设计与样本选择 …………………………………… 125
  一、模型设计与变量定义 ……………………………………… 125
  二、研究样本与数据来源 ……………………………………… 128
 第三节　实证结果与分析 ………………………………………… 130
  一、描述性统计和分组检验 …………………………………… 130
  二、相关性分析 ………………………………………………… 132
  三、实证结果与分析 …………………………………………… 133
 第四节　稳健性检验 ……………………………………………… 138
  一、变量替换 …………………………………………………… 138
  二、数据变换 …………………………………………………… 141
  三、模型估计方法替换 ………………………………………… 147
 第五节　本章小结 ………………………………………………… 147

第四章　金融发展、管理者权力与微观资本配置效率 ………… 149
 引言 ………………………………………………………………… 149

第一节　理论分析与研究假设……………………………… 151
　一、管理者权力与公司投资支出…………………………… 151
　二、金融发展、管理者权力与企业投资…………………… 156
第二节　研究设计与样本选择……………………………… 160
　一、模型设计与变量定义…………………………………… 160
　二、研究样本与数据来源…………………………………… 164
第三节　实证结果与分析…………………………………… 164
　一、描述性统计……………………………………………… 164
　二、相关性分析……………………………………………… 167
　三、实证结果与分析………………………………………… 169
第四节　稳健性检验………………………………………… 178
　一、模型估计方法替换……………………………………… 179
　二、数据变换………………………………………………… 183
　三、变量替换………………………………………………… 186
第五节　本章小结…………………………………………… 189

第五章　金融发展、公司治理机制与微观资本配置效率……… 191
引言…………………………………………………………… 191
第一节　理论分析与研究假设……………………………… 192
　一、公司治理机制与投资效率……………………………… 192
　二、金融发展、公司治理机制与投资效率………………… 196
第二节　研究设计与样本选择……………………………… 199
　一、模型设计与变量定义…………………………………… 199
　二、研究样本与数据来源…………………………………… 203
第三节　实证结果与分析…………………………………… 204
　一、描述性统计……………………………………………… 204
　二、实证结果与分析………………………………………… 206
第四节　稳健性检验………………………………………… 214
第五节　本章小结…………………………………………… 218

第六章 研究结论、局限和未来展望……………………… 220
 一、主要研究结论 ………………………………………… 220
 二、本书创新点 …………………………………………… 222
 三、研究局限 ……………………………………………… 223
 四、未来研究展望 ………………………………………… 224

参考文献 …………………………………………………… 225

后记 ………………………………………………………… 249

图表目录

图 0-1　研究技术路线图 ………………………………… 8
图 2-1　金融发展规模指标分析图 ……………………… 62
图 2-2　金融资产明细指标规模图 ……………………… 62
图 2-3　非银行金融资产/金融总资产-金融结构分析图 … 63
图 2-4　股票总市值/(货币和准货币+金融债券余额)
　　　　金融结构分析图 ………………………………… 64
图 2-5　2014Q3—2015Q3 我国第三方互联网支付交易规模及
　　　　环比增长率 ……………………………………… 75
图 2-6　众筹融资基本过程 ……………………………… 78
图 2-7　2014 年 1 月—2015 年 12 月每月 1 日的万份收益和
　　　　七日年化收益率 ………………………………… 79
图 2-8　2014.6—2015.6 互联网理财用户规模及使用率 … 80
图 2-9　公司治理组织结构图 …………………………… 100
图 3-1　我国各地区金融发展变动趋势 ………………… 117
图 3-2　企业资产负债率变化趋势 ……………………… 117

表 2-1　金融发展规模指标 ……………………………… 60
表 2-2　2013 年年末银行业金融机构营业网点地区分布 … 65
表 2-3　2013 年年末金融机构存贷款余额增速地区分布 … 65
表 2-4　我国股票市场的发展 …………………………… 66
表 2-5　2013 年末各地区证券业分布 …………………… 68
表 2-6　2014 年中央结算公司托管的各类债券发行数量 … 69
表 2-7　我国互联网金融的标志性事件 ………………… 71
表 2-8　2012—2015 年 P2P 网络贷款综合统计 ………… 76

I

表 2-9	金融效率度量指标	87
表 2-10	资本的定义	104
表 3-1	主要变量定义和说明	126
表 3-2	样本的行业/年度分布	129
表 3-3	样本的产权性质/年度分布	130
表 3-4	变量描述性统计	131
表 3-5	主要变量相关系数	133
表 3-6	金融发展、产权性质与投资效率回归分析(1)	134
表 3-7	金融发展、产权性质与微观资本配置效率回归分析(2)	136
表 3-8	金融发展、产权性质与投资效率：变量替换(1)	139
表 3-9	金融发展、产权性质与微观资本配置效率：变量替换(2)	140
表 3-10	金融发展、产权性质与微观资本配置效率：样本区间缩小(1)	142
表 3-11	金融发展、产权性质与微观资本配置效率：样本区间缩小(2)	143
表 3-12	金融发展、产权性质与投资效率：制造业单独回归(1)	144
表 3-13	金融发展、产权性质与微观资本配置效率：制造业单独回归(2)	145
表 4-1	主要变量定义和说明	163
表 4-2	模型设计变量的描述性统计	165
表 4-3	主要变量相关系数	168
表 4-4	管理者权力与企业投资支出回归分析	169
表 4-5	管理者权力与投资效率回归分析	171
表 4-6	金融发展、管理者权力与企业投资支出回归分析	172
表 4-7	金融发展、管理者权力与投资效率回归分析	174
表 4-8	产权性质视角下：金融发展、管理者权力与投资效率	176
表 4-9	现金流与投资机会回归分析	180

表 4-10　管理者权力、现金流与投资机会回归分析 …………… 181
表 4-11　模型估计方法替换测试 …………………………… 182
表 4-12　数据变换稳健性测试(2007—2011 年) …………… 184
表 4-13　变量替换稳健性测试 ……………………………… 187
表 5-1　主要变量定义和说明 ………………………………… 202
表 5-2　模型设计变量的描述性统计 ………………………… 205
表 5-3　公司治理与资本配置效率关系回归分析 …………… 207
表 5-4　金融发展对资本配置效率影响的回归分析 ………… 209
表 5-5　金融发展下公司治理与资本配置效率关系回归分析
　　　　………………………………………………………… 212
表 5-6　变量替换和数据变换稳健性测试(2007—2011 年) …… 216

导　　论

一、研究背景与问题提出

在改革开放至今短短的30多年时间里，我国已经建立了比较完善的金融中介和金融市场体系。截至2014年年底，我国的金融货币化比率为1.93，金融相关比率高达2.55。我国的金融证券市场从一片空白起步，迅速走完了发达资本主义国家资本市场几百年才走完的历程。到2014年年末，我国证券市场上市公司达2592家，市值达37.11万亿元，仅次于美国，成为全球第二大证券市场。在如此短暂的时间内我国金融飞速发展，成为名副其实的资本大国，可谓成就斐然。

与此同时，企业资本配置效率低下一直是困扰我国资本市场的顽疾（白重恩等，2005；魏明海，柳建华，2007；应千伟，罗党伦，2012）。投资过度现象在我国上市公司中普遍存在（杨华军，胡奕明，2007；姜付秀，伊志宏，苏飞等，2009；俞红海，徐龙炳，陈百助，2010；张会丽，陆正飞，2012；杨汉明，刘广瑞，2014），部分行业产能过剩，高新技术领域、环保和农业的投资却远远不足（吕长江，张海平，2011），投资收益也并不理想，辛清泉、林斌和杨德明（2007）通过计算得出我国上市公司投资回报率仅为2.6%，投资效率普遍不高（张功富，宋献中，2009）。这严重损害了投资者利益，阻碍了我国经济健康、平稳的发展（熊家财，苏冬蔚，2014）。由此看来，缓解投资不足、抑制过度投资以提高企业微观资本配置效率成为亟须解决的现实问题。

我国各地区治理环境差异比较大，导致了不同地区上市公司治理情况存在一定的不同（南开大学公司治理评价组，2010），而公司所处的宏观环境是重要的外部治理约束机制,其中金融市场环境的发展对上市公司具有重要影响①。从理论上讲,良好的金融制度环境是改善资本配置效率的重要因素。金融发展会降低企业的融资约束,降低投资——投资机会敏感度,提高资本配置效率(Wurgler,2000;Love,2003;Laeven,2003)。在我国转型期这一特殊时期,产权性质、管理者权力和公司治理机制等一些公司治理的重要维度对企业的发展有着重要的影响。产权性质是指企业最终控制人的性质特征,最终控制人是隐藏在大股东背后的控制性股东(La Porta 等,1999),通常根据最终控制人是否为政府将企业分为国有控制企业和非国有控制企业。在公司治理中,最终控制人在我国上市公司中普遍存在,并且可以通过一系列控制链实现对企业的真正控制,并实际影响管理层和董事会的各项决策,是公司治理的核心(刘芍佳等,2003;王福胜等,2012)。与发达国家相比,我国的金融体系是以银行信贷为主导,而四大国有银行占据了金融市场的主要市场份额,国有银行在进行信贷决策时势必要受到政府行政指令的干预(La Porta 等,2002),倾向于给国有控制企业更多的贷款支持,从而造成非国有控制企业的融资约束。政府对国有控制企业诸如信贷支持的各种补贴,在造成国有控制企业的道德风险存在及预算软约束问题的同时②,也占用了非国有控制企业的其他资源。那么我国近年来金融发展水平提高,会不会强化产权性质下的融资约束差异?对不同产权性质上市公司投资效率有何影响?是值得深入探讨的问题。

---

① 主要表现在两个方面:一方面,我国上市公司治理机制的缺陷诱使部分公司进行了大量低效率的过度投资;另一方面,我国金融市场固有的缺陷致使另一些公司无法获得足够的资金以满足自身的投资需求。

② "预算软约束"最早由匈牙利经济学家 Kornai(1979)在 20 世纪 70 年代末提出,主要用来刻画社会主义国家里中央与国有企业之间的一种特殊的经济关系。国有企业本来就归国家所有,国家总是会对国有企业的经营结果负责,这就使得国有企业一出问题就会有国家兜底。这样国有企业似乎总是有花不完的钱,甚至在巨额亏损下依然能够运行,因此,国有企业不会存在"硬"的预算约束。这就是"预算软约束"概念的由来。

与国外相比，制度背景决定了我国管理者权力的形成具有一定的特殊性。我国的企业大部分为国有控制。公司"所有者缺位"导致"内部人控制"现象比较严重。管理者普遍持股不多，却拥有经营管理权，在对企业决策控制、经营管理等方面由于信息获得优势，使管理者的权力逐渐形成并不断提升，而作为所有者的国家因为"缺位"无法实现有效地监督约束。我国的经理人市场还不发达、不完善，使非国有控制企业尤其是民营企业外聘的职业经理人与大股东存在特定关系，民营企业大多数是家族企业，在上市之后管理者主要由创始人等元老或家族成员担任，业主常包含于管理者，控股股东长期兼任总经理的情况时常发生，管理者的"话语权"会更强，会以个人的意愿影响企业的各方面决策。因此，外部经理人市场的不完善、上市公司内部治理机制的缺陷没有对管理者权力形成有效的约束。在这种情况下，不同产权性质下管理者权力对投资效率影响如何？金融发展会促进还是会抑制管理者权力对投资效率影响的效果？本书试图在第四章对这些问题进行理论分析和经验解释。

现有关于公司治理与资本配置效率关系的研究成果，多是公司治理机制对微观资本配置效率影响的文献，大致可以分为两类：第一类是从公司治理的综合治理机制效果的层面考察，发现公司治理整体水平的强弱对改善信息不对称、代理问题以及对投资效率的影响；第二类是从公司治理的主要组成机制或某一个视角下治理效果进行考察，集中在股权结构、董事会结构、管理者权力、管理层背景、独立董事比例、投资者保护等特定层面对投资效率的影响，并得出了不同的结论。尽管这些研究丰富了我们对相关知识的认识，但是它们大多停留在静态层面，忽视了公司治理在不同的外部制度环境进程中对资本配置效率治理效果的变化。事实上，公司经营活动都是在各个国家特定的制度环境下进行，必然会受到当地制度环境的限制。理论上，良好的金融制度环境是改善资本配置效率的重要因素(Wurgler，2000)。那么，在不同的金融制度环境下，公司内部激励、监督机制的治理效果会不会也不同？会不会进一步影响到上市公司的投融资决策行为？本书试图在第五章对这些问题进行理论分析和经验解释。

二、研究目的与意义

（一）研究目的

本书试图结合现有文献研究基础，结合我国新兴市场加转轨经济的制度背景，运用规范和实证研究相契合的研究方法，对我国金融发展下公司治理和微观资本配置效率关系等相关问题展开分析研究。主要研究目标集中在以下三个方面。

(1) 金融发展、产权性质与微观资本配置效率。本书基于企业异质产权结构导致的融资约束差异和代理成本理论为视角，主要考察了金融发展对公司微观资本配置效率的影响，在此基础上，进一步检验不同产权性质下金融发展对微观资本配置效率的影响。

(2) 金融发展、管理者权力与微观资本配置效率。在代理理论和融资约束理论下，本书主要考察了管理者权力对微观资本配置效率的影响，在此基础上检验了金融发展对管理者权力与微观资本配置效率关系的影响，并进一步对产权性质进行划分，检验不同产权性质下金融发展对管理者权力与微观资本配置效率关系的影响。

(3) 金融发展、公司治理机制与微观资本配置效率。在代理理论和信息不对称理论下，本书考察了公司治理各个组成机制对微观资本配置效率的影响，在此基础上检验了金融发展对公司治理激励、监督机制与微观资本配置效率关系的影响。

（二）研究意义

(1) 良好的金融制度环境是改善资本配置效率的重要因素。现有研究多集中于国家、行业或地区层面研究金融发展对宏观资本配置效率的影响，本书将金融发展理论拓展到微观企业财务领域进行研究，拓宽了金融发展理论研究领域。

(2) 本书结合我国的制度背景，重点研究不同产权性质下资本配置效率的差别，以及不同产权性质下管理者权力对资本配置效率的影响，便于为我国学术界对公司治理与资本配置效率关系的研究提供一个新的认识。

(3) 本书在对金融发展与公司微观资本配置效率之间相关性进行研究中，分别从公司治理中产权性质、管理者权力、公司治理机制三个层面入手，这三个层面由具体到系统，由单一逐渐到多角度深入，全方位地考虑了公司治理的各个组成。本书考察了公司治理某一个角度对公司微观资本配置效率的作用机制，并实证检验了金融发展对公司治理与微观资本配置效率的影响，有利于丰富金融发展、公司治理和微观资本配置效率等领域的文献。

(4) 本书从公司治理视角，通过实证研究，发现金融发展影响公司微观资本配置效率的经验证据，构建了金融发展、公司治理与资本配置效率关系的模型，探索公司治理在金融发展与微观资本配置效率关系中的中介作用，并分别从理论视角和实证视角进行分析和检验，为解决上市公司资本配置效率问题提供有益借鉴，同时为维护国家金融秩序、有效改革金融市场、促进经济发展，也具有重要的参考价值。

三、研究方法

本书在对国内外相关文献进行梳理的基础上，综合运用财务学、经济学、管理学和行为学的相关知识，用规范和实证研究相结合的方法，以金融发展理论、投资理论为基础，结合我国的制度背景，从公司治理的视角来研究金融发展对微观资本配置效率影响的微观机理。具体思路如下：

(一) 规范研究方法

本书规范研究方法主要包括文献梳理比较、制度背景分析和理论分析等三个方面。在第一章的文献梳理比较中，本书首先将金融发展的相关文献进行整理，从金融发展与融资约束、金融发展与企业投资、金融发展与公司治理三个方面进行了归纳总结。其次，对公司治理的相关文献进行了整理，总体上分为内部治理和外部治理两方面来进行对比分析。在内部治理方面，从所有权结构和董事会结构两个层面进行了总结；对于外部治理的研究，则从市场环境、投资者保护和政治关联三方面展开。然后将微观资本配置效率的相关文献进行了整理，从金融发展、公司治理、自由现金流、负债融资约束、法律保护、会计信息质量六个方面与资本配置效率关系进行了归纳总结。最后，本书对现有文献可能存在的一些问题进行了评析。在第二章的制度背景和理论分析中，本书对我国金融发展的制度背景进行回顾，主要从金融环境变迁制度背景、中国的金融发展状况两方面进行了阐述。然后从金融发展理论、公司治理理论、资本配置效率理论和融资约束理论四个方面对本书的理论基础进行了界定。

(二)实证研究方法

在对理论分析、制度背景分析和文献梳理等方面进行规范研究之后，本书确定了待研究的问题，建立研究概念分析框架。

从公司治理的产权性质、管理者权力、公司治理机制三个方面，采用演绎法、归纳法从理论上分析金融发展与微观资本配置效率间的关系，提出研究假设、构建实证模型，开展实证研究。第一，在融资约束假说前提下，检验不同产权性质下金融发展对微观资本配置效率的影响。第二，在代理理论和信息不对称理论下，检验金融发展对管理者权力与微观资本配置效率关系的影响。第三，本书主要采用的实证方法包括描述性统计、相关性分析、OLS 回归分析、两样本 T 检验和邹检验(Chow Statistic Test)等。

四、主要内容和结构安排

本书研究内容和结构安排如下：

导论。本部分内容主要包括：选题的背景和研究的问题、选题的目的和意义、研究方法、主要内容和结构安排。

第一章是文献综述。首先，将金融发展的相关文献进行整理，从金融发展与融资约束、金融发展与企业投资、金融发展与公司治理三个方面进行了归纳总结。其次对公司治理的相关文献进行了整理，总体上分为内部治理和外部治理，并进行对比分析。在内部治理方面，从所有权结构和董事会结构两个层面进行了总结；对于外部治理的研究，则从市场环境、投资者保护和政治关联三方面展开。然后将微观资本配置效率的相关文献进行了整理，从金融发展、公司治理、自由现金流、负债融资约束、投资者保护、会计信息质量六个方面与资本配置效率关系进行了归纳总结。最后，本章对现有文献可能存在的一些问题进行了评析。

第二章是制度背景和理论分析。在制度背景分析中，对我国金融发展的制度背景进行了回顾，主要从金融环境变迁制度背景、中国的金融发展状况两方面进行了阐述。在理论分析中，分别从金融发展理论、公司治理理论、资本配置效率理论和融资约束理论四个方面进行归纳。

第三章是金融发展、产权性质与微观资本配置效率的实证分析。本章基于企业异质产权结构导致的融资约束差异和代理成本理论为视角，从融资约束、投资效率两方面来研究微观资本配置效率。具体如下：在引言中首先提出问题，然后简要回顾金融发展与企业投资的相关文献，提出产权性质对金融发展与微观资本配置效率关系影响的假设，然后构建回归模型，在描述性统计、相关性分析以及普通最小二乘法（OLS）回归基础上对假设进行了实证检验，在此基础上考察了产权性质、金融发展、微观资本配置效率等因素的影响。对于研究结论，分别从变量替换、数据变换和模型估计方法等方面进行替换以考察其稳健性。最后是结论与讨论。

第四章为金融发展、管理者权力与微观资本配置效率的实证分析。在代理理论和融资约束理论下，检验金融发展对管理者权力与微观资本配置效率关系的影响。同时延续第三章，检验不同产权性质下金融发展对管理者权力与微观资本配置效率间的影响。具体如下：第一，通过引言引入问题；第二，简要回顾金融发展、管理者权力对投资效率影响的相关文献，提出管理者权力影响投资效率、不同产权性质下金融发展影响管理者权力与投资效率关系的理论假设；第三，构建回归模型，在描述性统计、相关性分析以及普通最小二乘法（OLS）回归基础上对假设进行了实证检验；第四，对于研究结论，分别从模型估计方法、数据变换和变量替换等方面进行替换以考察其稳健性；第五，得出结论，进行讨论。

第五章为金融发展、公司治理机制与微观资本配置效率的实证分析。在代理理论和信息不对称理论下，检验金融发展对公司治理机制与微观资本配置效率关系的影响。具体如下：第一，通过引言引入问题；第二，简要回顾金融发展、公司治理机制对投资效率影响的相关文献，提出不同金融市场化水平影响公司治理机制与投资效率关系的理论假设；第三，构建回归模型，在描述性统计、相关性分析以及普通最小二乘法（OLS）回归基础上对假设进行了实证检验；第四，对于研究结论，分别从模型估计方法、数据变换和变量替换等方面进行替换以考察其稳健性;第五,得出结论,进行讨论。

第六章为研究总结。内容主要包括:总结全书,归纳分析研究的创新之处,同时,指出研究中存在的局限性和未来研究展望。

本书的研究思路及研究机理见图 0-1。

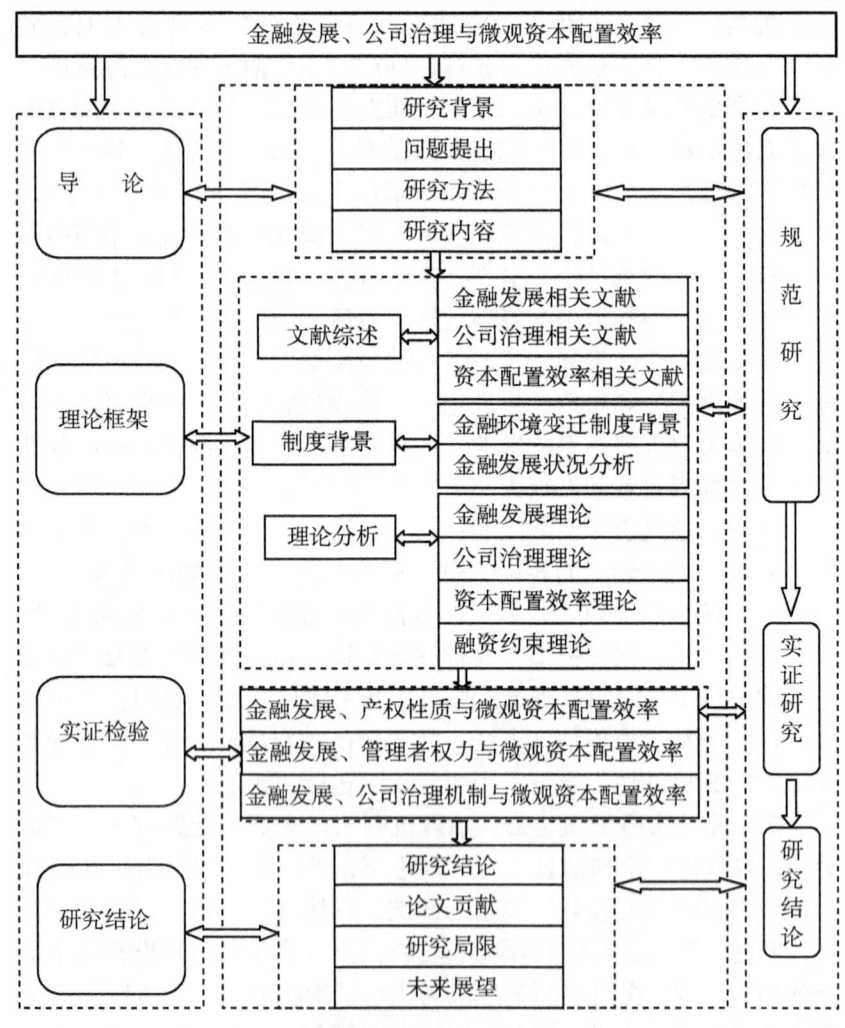

图 0-1　研究技术路线图

第一章 文献综述

第一节 金融发展相关文献

金融发展理论研究内容主要是有关经济发展与金融发展之间的作用机制和相互关系。其中，金融发展主要通过对投资活动的影响来实现经济增长，金融体系功能的发挥进一步地影响投资对经济增长的影响，微观企业在投资时普遍受到融资约束因素的干扰。Rajan 和 Zingales(1998)及 Love(2003)也指出，金融发展应是通过如下传导机制来促进经济的增长：首先金融市场发展在某种程度上可以降低微观企业的融资约束，企业的融资压力得到缓解，交易成本也随之降低，相关资源的配置效率得到提高，并最终有效地推动了经济的发展。他们提出应从微观机理层面了解金融发展促进经济增长的深层次原因，在后期的研究中，学者们开始从公司微观财务层面展开，来研究金融发展对企业投融资决策的影响，研究结论较为一致。因此，本书在整理金融发展相关文献时，以金融发展理论为基础，将金融发展与融资约束、投资的影响机制作为重心进行讨论。

一、金融发展与融资约束

当经济发展到一定程度时，需要一个中介结构将零散储蓄汇集成规模投资资金。这样，那些好的投资项目就不会因为缺乏资金而流产(Bagehot，1873)，金融市场由此产生。金融市场通过金融工具的公开发行和恰当的合约设计，为不同投资者提供多样化的资产持有和投资方式，资产流动性提高；也为企业家盘活资产、分散风险和长线运营创造条件。因此，金融市场的动员储蓄功能可以有效改善资源配置，深入影响经济发展(King，Levine，1993)。

Levine(2004)认为，金融系统动员储蓄功能的交易成本包含两个方面：金融系统从投资者手中吸纳储蓄转化为投资资本的过程中，存在着交易成本；由于金融机构与投资者间信息不对称，因此要说服每个储蓄者，使他们放心放弃自己在一定时期内对储蓄的控制权，这个过程也需要花费成本。

随着传统的金融中介机构(例如银行等)的发展，更多新型的金融中介机构(如从事期权和期货交易的金融机构)逐步兴盛起来，越来越多的资金通过新型的金融中介机构集聚起来，形成功能上的替代。制度创新与技术进步增加了金融中介动员储蓄量，大大降低了金融中介机构因为动员社会储蓄而产生的交易成本，是一次升华和扩展(Allen，Santomero，1998)。

企业的融资约束不但受到微观企业的资产结构、盈利能力、整体规模及成长性等内部因素的影响，而且在很大程度上也受到一个国家宏观金融发展水平的影响(Rajan，Zingales，1998；Beck 等，2000；Beck 等，2002)，基于外部环境即金融发展的视角来研究是否及如何影响企业融资约束问题备受学者关注。大量文献显示，当一个国家金融发展水平欠发达时，该国家的企业在融资时通常不可避免会受到金融机构融资规模的限制，面临更严重的融资约束问题(Rajan，Zingales，1998；Love，2003)，外部融资成本会更高，迫使企业进行内部融资以避免外部高昂的融资成本约束(Khurana 等，2006)。而在金融市场比较发达的国家，能够更加有效地分配资金资源(Greenwood，Jovanovic，1990；King，Levine，1993)，融资企业能够享受发达的金融发展水平带来的融资便利，不仅可以获得充足的外部资金，还可以获得与投融资决策有关的有效信息(Demirguc-kunt，Maksimovic，2002；Khurana，2006)，有利于更好地把握投资机会，实现企业的成长(Rajan，Zingales，1998)，而那些依赖外部融资的行业成长性会更好(Rajan，Zingales，1998；Claessens，Laeven，2003)。同时，金融发展也可以降低利率和融资契约成本(Lerner，Schoar，2005；Qian，Strahan，2007)，降低对抵押品价值要求(Liberti，Mian，2010)，帮助企业克服信息不对称和代理问题，相关交易成本得到降低，相关资源的配置效率得到提高，融资约束得以减轻，最终推动经济的发展(Rajan，Zingales，1998；Love，2003)。

在我国，学者张军(2006)构建了金融自由化指数，其研究结果证实我国采取的渐进式金融自由化的改革是有效的，有利于企业的外部融资约束得到缓解。朱红军、何贤杰和陈信元(2006)，李斌和江伟(2006)，朱凯和陈信元(2009)发现，金融发展水平的提高一方面使企业投资对内部现金流的依赖性降低，另一方面充足的外部资金使企业的融资约束得到缓解。江伟和李斌(2006)还注意到，我国各地区金融发展水平不同，对当地上市公司的短期和长期债务融资都有显著的影响。唐建新、陈冬(2009)选择中小企业板上市公司为研究对象，以金融业的市场竞争程度、信贷资金分配的市场化程度及金融市场引入外资程度三方面来衡量金融发展的水平，从实际控制人性质和政治关系视角进行研究。发现没有政治关系的民营企业融资约束现象显著存在，金融发展有利于提高信贷资金分配的市场化程度及引入外资程度，有利于缓解民营企业的融资约束现象；具有政治关系的民营企业融资约束现象不太明显，金融发展对现金流敏感度呈正向影响；国有控制的中小企业现金流敏感度最高，但是金融发展并没有对现金流敏感度产生显著影响。唐建新、陈冬(2009)的研究结论和后期学者们的研究结论基本一致。但是他们把金融市场引入外资程度混淆成金融发展程度的一个衡量指标，是一种错误理解，这一点应引起注意。

李增泉、辛显刚和于旭辉(2008)以我国88家公开发行股票的民营企业集团为研究样本，发现企业集团控制金字塔层级越多，那么该企业集团资产负债率就会越高；当母公司所在地区金融市场不发达时，民营企业面临的融资约束程度越强，那么整个集团的金字塔层级结构①会越多。

---

① 金字塔结构指公司实际控制人通过间接持股形成一个金字塔式的控制链实现对该公司的控制。在这种方式公司控制权人控制第一层公司，第一层公司再控制第二层公司，以此类推，通过多个层次的公司控制链条取得对目标公司的最终控制权。金字塔结构通过多链条控制，可以达到融资与控制并举的效果。

沈红波、寇宏和张川(2010)认为，可以从效率和规模两个角度来解释金融发展对融资约束的缓解。首先，金融发展水平的提高使市场交易中的信息不对称现象得到缓解，资金的分配效率得到提高，企业获得的外部融资量增加，进而降低融资约束；其次，金融发展水平的提高使金融产品数量增加，金融资源范围扩大，能够使企业获得更多的信贷资金，同时也由于规模效应降低了投资者的交易成本，融资约束得到缓解。饶华春(2009)、沈红波、寇宏和张川(2010)也发现企业所在地区的金融发展水平越高时，融资约束程度会越低。国有控制的企业受到的融资约束程度明显比非国有控制企业小，但是随着金融发展水平的提高，相比国有企业，非国有企业融资约束现象更明显得到缓解。饶华春(2009)还注意到，在缓解企业融资约束中，我国金融中介的发展远比股票市场发展起的作用大。

解维敏、方红星(2011)从金融发展影响企业研发投入关系的微观机理视角进行分析，发现当企业由政府控制时，相比非政府控制企业，融资更具有一定的优势；随着地区银行业市场化改革的发展，地区金融发展对企业研发投入呈正向影响作用，并且对小规模和私有产权控制的企业有更明显的积极推动作用，但是政府的干预对二者间的正向影响呈弱化效应。邓建平和曾勇(2011)发现，金融关联某种程度上可以替代外部融资机制，从而缓解民营企业的融资约束。李科、徐龙炳(2011)检验了金融发展对经济增长的内生性影响，进一步证实了金融工具的创新(即金融发展)使企业获得了更多的融资工具，减少了融资约束，增加了企业业绩。

随着对金融发展研究的深入，学者们开始从宏观层面研究金融环境的优劣，对金融发展的研究维度越来越全面，对金融生态环境的研究逐渐兴起。其中，经济基础、制度文化、政府治理和金融发展水平等共同构成了金融生态环境的重要因素(李扬，张涛，2009)。黄志忠、谢军(2013)认为区域金融市场发展营造了良好的企业金融生态环境，激励了企业扩张投资，有效缓解了企业的融资约束压力。魏志华、曾爱民和李博(2014)的研究结果显示：良好的金融生态环境有利于企业获得更多的银行和商业贷款，缓解了融资约束，对中小企业和民营企业的缓解效应更明显。

邓可斌、曾海舰（2014）发表了《中国企业的融资约束：特征现象与成因检验》，检验结果证实我国企业的融资约束并不是来自于市场竞争或企业自身流动性约束而产生的摩擦，而是外生于市场之外，并且主要受到政府的干预。由此看来，在我国，金融市场的发展受到政府的干预，势必会对企业的融资约束产生一定的影响。

二、金融发展与企业投资

投资者在进行投资决策之前，需要对市场条件、投资对象等进行缜密的评估与分析。金融体系的出现，可以减少投资信息的获取成本，使投资决策更加有效率，从而改善资源的配置效率（Boyd，Prescott，1986）。

经济结构的优化和升级在国家的经济增长中是一项重要的因素。经济增长应该是现有的各项社会生产要素逐渐转移到新建立的效率相对更高的生产部门，最终实现同样的投入下更多或更大价值的产出，这也是经济增长的核心内容。那么，金融资源的再配置功能是实现这些生产要素转移的有效途径，在这个过程中，金融体系充分发挥出其收集、传递信息的作用（林毅夫等，2000）。同时，金融发展也促进了技术的进步、股票市场的产生和发展及人力资本投资环境的改善（Galor，Zeira，1993），优化了配置效率，最终促进经济增长。

企业融资的主要目的是为了投资，投资的同时也促进了企业融资。因此，企业投融资间存在很强的互动机制。在国有产权控制企业，财务行为特征主要表现为"先投后融"，而在私有产权控制企业，却表现为"先融后投"（李芸达，范丽红，费金华，2012）。在影响企业投资的因素中，既有其自身的投资需求，也有投资所需要的融资等相关因素的影响，例如宏观金融的发展。金融发展在某种程度上可以减轻企业的融资约束，进一步满足投资行为的顺利开展，即金融发展对企业投资与内部现金流的敏感性会产生影响（朱红军，何贤杰，陈信元，2006）。在金融发展影响投资的过程中，主要通过储蓄——投资时空分离、利率、货币政策、资本配置、信用创造等传动机制来运行(张春田,2008)。Chen、Sun、Tang 和 D. H. (2011)通过投资机会与投资之间的敏感性度量投资效率,研究了企业在不同中介市场发育程度、金融市场化程度、政府干预程度与法律环境下,我国公司治理对投资效率的影响,得出了重要的结论。

有关金融发展与企业投资效率关系的具体文献见后面资本配置效率相关文献中"金融发展与资本配置效率"部分,这里不再赘述。

三、金融发展与公司治理

现实社会中,经理人在投资决策时往往会以自己的利益而非股东利益最大化为目标,降低了企业资本配置效率。当公司股东过于分散时,很少有股东会花费行动成本对经理人员的行为进行监督,当存在一个持股比例相对较高的大股东或控股股东时,在某种程度上可以缓解上述的"搭便车"现象。但是,控股股东由于持股比例高,拥有的话语权相对较多,可能会为了个人的私利对经理人员的行为或决策进行影响,结果会是:由于持股比例相对较高,收益大部分归控股股东所有,而产生的损失和成本则由全部股东共同承担,使中小股东的利益受到损害。

因此,如果介入若干种金融制度的安排,就能从外部对投资环境产生一定的改善,缓解上述有关公司内部治理的难题,进而优化资本配置效率。

(一)金融市场的发展有利于公司治理

在金融市场中,股票占最大的份额。当股票市场运行良好时,企业的经营信息可以从股票价格中真实反映出来。此时,如果允许经理人持有部分股份,那么对其的激励应是正向的,可以使代理人经理和委托人股东间的利益达到一致(Diamond,Verrecchia,1982;Jensen,Murphy,1990)。当公司业绩不佳造成股票价格下跌时,股东大多会选择抛售股票以减少自己的损失,股票的大量抛售会造成股价大幅下跌,而上市公司股票自由买卖制度会使公司经常被"恶意收购"。如果公司被"恶意收购",原有经理人员很可能会遭到解聘。因此,经理人员为了保住自己的位置通常会努力工作,达到和股东的利益一致(Stein，1988)。因此，金融市场即股票市场的发展在一定程度上有利于公司的治理。

(二)金融中介的发展有利于公司治理

金融中介中，银行业等金融机构占有大量份额。金融中介可以动员大量储蓄，公司从金融中介获得投资所需要的资金，金融中介代表所有投资者从外部对公司经理人员投资行为进行监管，这样可以减少公司自身的监督成本。同时，金融中介在与贷款公司的长期合作中，可以熟悉掌握公司的各项投资经营信息，做到心中有数，有效地降低了监管成本；在和各种公司合作时，了解每个公司的技术革新活动，最终会将信贷资源提供给创新力强、经营效率高的公司(Diamond，1984；Bencivenga，Smith，1993)。从宏观视角来看，资本匮乏国相比资本充裕国，投资收益率可能会高一些。但是，投资者在投资时并不会仅考虑投资收益率这一指标，他们更青睐资本充裕国更高效率、更完善的金融中介机构环境，而选择在资本充裕国进行投资。而资本匮乏国由于其不完善、不成熟的金融市场体系，只能选择相对次优的金融资本配置(Boyd，Smith，1992)。

从另一个方面来讲，金融中介中的债务契约也能改善公司治理。债务契约的存在，对代理经理人是一种无形的监管，从某种程度上降低了监督公司经理人行为的成本(Townsend，1979；Gale，Hellwig，1985；Boyd，Smith，1994)。换句话说，债务契约会对经理人员产生还本付息的压力，增加其危机感，避免其工作松懈怠慢，而是努力为公司创造价值(Aghion 等，1999)。Beck、Demirguc-kunt 和 Maksimovic(2003)发现金融发展水平的提高不仅可以为企业扩张规模提供丰富、充裕的资金保证，还可以对经理人员进行有效监督，防止其滥用资源，这样一方面促进了企业的规模扩张，另一方面降低了企业扩张规模的成本。

另外，金融发展还可以"分散投资风险"(King，Levine，1993)、"跨期风险分担"(Allen，Gale，1997)、"规避流动性风险"(Bencivenga，Smith，1993；Holmstrom，Tirole，1998)，从而优化投资环境。此外，金融体系存在，便于资金需求方和资金供给方进行交易，也有助于扩大投资，改善资源配置(Greenwood，

Smith，1997）。

第二节　公司治理相关文献

内部治理和外部治理是国内公司治理研究的两个主要方面。在诸多影响公司治理内部层面影响因素中，所有权结构和董事会是最为关注的两个方面。外部治理主要包括市场环境、投资者保护和政治关联等方面。但是我国目前资本市场发展并不完善，经理人市场还未形成，对投资者的法律保护还很薄弱等，外部治理对公司治理的影响作用相对比较弱。因此，研究者们更多地从公司内部治理层面进行研究。

一、公司内部治理

(一) 所有权结构

所有权结构作为公司治理的一个重要方面，引起了学术界高度重视，对其具体表现形式及主要矛盾冲突的认识有一个逐步深入的过程：从最初股东与经理人员（委托与代理）间的利益冲突，到控股股东与其他股东（即大股东与小股东）间的利益冲突，再到更为特殊的少数所有权控制结构下的所有权安排。

Berle 和 Means（1932）对美国非金融公司按规模进行排序，选择前 200 家进行考察，发现没有一家公司有控股股东，大量的股权都很分散。在这种情况下，企业的实际控制权其实掌握在代理人即经理人员手中。他们由此创造性地提出了"企业控制权和所有权分离"（即代理与委托关系）的新命题，并且注意到：分散的外部股东不能对管理人员的错误决策行为形成监督和约束的效力。股权的高度分散、过少的持股比例使股东们都不具有有效发挥作用的投票权比例。而且，即使发现了经理人员的错误决策行为，小股东们为了避免承担"行动成本"，未必会采取行动。股东们会认为，如果采取行动失败，行动成本将由个人承担，而成功后收益会由全部股东共同享有，成本和收益明显不对称，这决定了股东们会为了个人的利益普遍具有"搭便车"的心理。因此，Berle 和 Means 认为，当股权高度分散时，股东与经理人员即委托人与代理人间的利益冲突会成为公司矛盾冲突的主要焦点。

Jensen 和 Meckling(1976)针对 Berle 和 Means(1932)提出的利益冲突问题，建立了代理成本分析框架。他们发表的论文在现代金融学对公司治理研究领域具有引领性。认为公司所有权结构理论应该是产权理论、金融理论和代理理论三种理论的整合体。他们认为，无论何种公司，只要其经营权和所有权之间呈分离状态，势必会产生代理问题。公司可以通过股权融资，也能够通过债权进行融资，所以，代理成本可以分解为两类成本，即股权代理成本和债权代理成本。Jensen 和 Meckling 也注意到：公司内部股东相比外部股东和债权人具有很多优势，他们会为了个人私利去损害外部债权人和外部股东的相关利益。代理成本会随着相关制度的完善而降低，虽不能完全消灭，但是可以最大程度地降低。

Berle 和 Means(1932)发表的《现代企业与私有产权》与 Jensen 和 Meckling(1976)发表的《公司理论：管理者行为、代理成本和所有权结构》这两篇论文堪称公司治理界的经典研究，研究对象都是美国资本市场，并且都认为公司制企业的主要矛盾体现在管理层和外部股东间的代理冲突。

针对上述研究指出的问题，Shleifer 和 Vishny(1986)注意到公司大量股东过于分散，使得没有人去花费行动成本来监督和约束管理人员的行为，但是当存在一个大股东持股比例相对较高时，在某种程度上可以缓解上述的"搭便车"现象，从另一种角度来看，控股股东的存在对公司的积极作用得到了肯定。Shleifer 和 Vishny(1997)随后又发现，控股股东由于持股比例较高，拥有的话语权相对较多，可能会为了个人的私利对经理人员的行为或决策进行影响，结果会是：由于持股比例相对较高，收益大部分归控股股东所有，而产生的损失和成本则由全部股东共同承担，使中小股东的利益受到损害。在这种情况下，公司制企业的矛盾不再是最初股东与经理人员(委托与代理)间的利益冲突，而应是控股股东与其他股东(即大股东与小股东)间的冲突。La Porta 等(1999)也支持 Shleifer 和 Vishny(1997)的论断。之后，相关学者对东亚(Claessens

等，2000)、西欧(Faccio，Lang，2002)和中国(Fan 等，2005)的公司进行研究，也发现了类似结论。这些发现引起了学术界对公司治理中代理冲突现象的认识有了一次转向：传统的股东与经理人员(委托与代理)间的代理冲突，转变为控股股东与其他股东(即大股东与小股东)间的利益冲突。对投资者保护的研究开始进入人们的视角。

后期学者们继续对公司所有权结构进行深入的分析，研究的内容更具体、更实际，少数所有权控制结构在这个时候引起了学者们广泛关注。Bertrand 和 Mullainathan(2002)选择了金字塔型的股权结构为研究样本，讨论了控股股东投票权和其获得的现金流量权(即权力和收益)间的分离问题。研究发现，控股股东由于在公司拥有相对较多的股权而获得相应较大比例的投票权，甚至可以对公司的经营决策进行有效控制，但是获得的现金流量权是按其持股比例分配的，出现了所有权和控制权相分离的状况。假设控股股东持有公司10%的股份，在所有股东中持股比例最高，成为控股股东，拥有公司远远超过10%的投票权，可以根据自己的意愿制定公司决策，但是却只拥有公司10%的现金流量权，能够实现对公司的有效控制但是仅拥有少量现金流量权(相对于控制权)的最终控制人(或称控股股东、终极控制人)被称为少数所有权控制性股东。在这种结构下，虽然控股股东拥有少量的现金流量权，大部分决策成本却要由股东共同承担，导致此股权结构下的代理成本提高(Cronqvist，Nilsson，2003)。更为重要的是，控股股东作为企业的最终控制人，在进行重要决策时，由于控制权与所有权分离使其拥有有效控制权，因此有能力也有动机实施利益侵占行为，其决策的标准通常是自身价值的最大化而不是公司价值最大化(Bebchuk 等，2000)。Stenvall(2005)[①]，Almeida 和 Wolfenzon(2006)也都有少数所有权控制结构类似的发现。在实践中，金字塔型的股权结构、交

[①] Stenvall M. Pyramidal ownership structures in family business groups. Working Paper，2005.

互持股和二元制股权结构①等形式都能够形成少数所有权控制结构（Bebchuk 等，2000）。

我国资本市场的发展起步在特殊的环境下，上市公司股权结构呈现出多种不同股权形式并存的复杂局面，分为流通股和非流通股，其中非流通股份不允许上市流通。在早期的股本构成中，流通股股份仅占35%左右，非流通股股份却达到65%左右。这样就造成了场外与场内交易价格相差悬殊，流通股和非流通股股东利益明显不对称。上市公司的非流通股主要形式是国家股和法人股②，而国家股又居于主导地位。同时，我国上市公司股权结构的"一股独大"特征非常明显，上市公司第一大股东80%以上是国家机构或国有法人，会导致股票市场中不同的股权存在不同形式的投资成本和股东收益。股权形式的复杂性给学者们提供了广阔的研究空间。许小年(1997)对在上交所和深交所上市的公司股本结构与绩效关系进行统计分析，发现上市公司国有股比例越高，效益越差；法人股比例越高，效益越好；个人股比例与公司绩效无关。何浚(1998)也发现我国上市公司国有股占公司总股本比例越高，公司内部人控制就越强。周业安(1999)对上市公司股权结构与净资产收益率关系进行了检验，结果发现，公司A股、国有股和法人股比例越高，越利于提高净资产收益率(ROE)；相反，B股、H股比例越高，越不利于提高净资产收益率。Xu 和 Wang(1999)③考察了公司所有

---

① 二元制股权结构，例如 Facebook，其股权总共分为两类，即 A 类普通股和 B 类普通股，其中，B 类普通股的表决权是 A 类普通股的十倍，B 类普通股在出售时自动转换成 A 类普通股；只有 A 类普通股才能上市。在首次公开募股(IPO)中发售的股票将是 A 类普通股——也就是说，公众投资者是不可能买到具有额外表决权的 B 类股的。这样拥有 B 类股的人，就可以用很少的股票，行使很大的股权。

② 法人股是指企业法人或具有法人资格的事业单位和社会团体，以其依法可支配的资产，向股份有限公司非上市流通股权部分投资所形成的股份。如果该法人是国有企业、事业及其他单位，那么该法人股为国有法人股；如果是非国有法人资产投资于上市公司形成的股份，则为社会法人股。

③ Xu X N, Wang Y. Ownership structure and corporate governance in Chinese stock companies. China Economic Review, 1999.

权结构和业绩二者之间的关系，发现公司所有权集中度越高，盈利能力越强，即二者间呈显著正相关关系，而国家股和流通 A 股并没有与盈利能力显著正相关；相反，法人股却与盈利能力显著正相关。随后，Sun 和 Tong(2002)也以国家股、法人股等为划分标准，也发现法人股有利于提高公司的业绩，而国有股比例越高，公司业绩越差，说明上市公司法人股与国家股的行为方式有显著区别。

在对公司所有权结构进行研究时，孙永祥和黄祖辉(1999)发现我国股权结构比较集中，因此，大股东的作用会变得显著。相比分散的股权结构，集中的股权结构会使企业更有利于发挥并购、激励、监督机制作用。陈晓和江东(2000)进一步对股权结构类型进行了考察。研究结果表明，不同类型的股东在不同行业中行使的所有权动机是不同的，他们在公司治理结构中发挥的作用不是"相互抵减"而是"状态依存"。行业竞争性越高，股权结构多元化越有利于公司绩效的提升。因此，应尽量提高行业的竞争程度，减持国有持股比例，适度提高流通股比例和法人股的比例，以改善公司的股权治理结构，在某种程度上可以提高公司的经营绩效。徐晓东和陈小悦(2003)注意到，公司第一大股东的产权性质及其性质变更都会对公司经营业绩和治理效力产生一定的影响。当第一大股东的产权性质是非国有股权时，会更有利于公司价值的提高和盈利水平的改进，公司治理效力会更高，经营方式会更灵活。同时我国董事会受大股东控制现象比较严重(萧维嘉等，2009)，控股股东通常会利用金字塔股权结构，实现对其个人财富的放大，并且利用了金字塔结构的复杂性，以掠夺和侵占其他中小股东的相关利益，达到对公司控制的目的(刘启亮等，2008)。郑国坚、林东杰和张飞达(2013)借助于 1999—2008 年我国工业企业数据库中第一大股东的数据资料，从大股东掏空视角来检验公司处于非正常状态时公司治理机制的有效性。他们发现，当公司陷入财务困境时，大股东非法占用资金"掏空"行为非常明显，此时内外部治理机制的作用有系统性差异：法制监管治理作用效果明显，外部审计、大股东的产权性质以及董事持股比例在某种范围内发挥作用；其他如独立董事比例和股权制衡①等都没有奏效。

在这一时期，刘芍佳、孙霈和刘乃全(2003)提出了终极产权论，发现我国84%的上市公司最终由政府控制，政府控制是我国上市公司治理结构的主要特征。随后，Delios、Wu和Zhou(2006)，赖建清和吴世农(2006)也得出了类似的研究结论，这对我国原有的流通股和非流通股(主要是国家股、法人股)的股权性质划分来说是一种改进。陈晓、王琨(2005)发现在关联交易中，交易的规模和公司股权集中度二者之间呈显著正相关关系，控股股东间的相互制衡使上市公司发生关联交易的几率降低；徐莉萍、辛宇和陈工孟(2006)从终极控制人角度考察了股权集中度以及股权制衡度对我国上市公司经营绩效的影响，发现股权集中度和不同产权性质下的企业经营绩效间都呈正向线性关系；股权制衡度越高，对企业经营绩效越不利。田利辉(2005)研究得到国家持股比例与公司绩效呈非对称U形关系的结论。他认为，从总体表现来看，国家持股企业绩效不及非国有持股企业，但是国家持股对绩效的影响存在两面性：政府作为国家持股企业的实际所有者，政治和经济上存在双重的利益。一方面，通过政治手段来干预企业的经营，攫取企业的财富；另一方面，可以借助于政治手段，制定各项优惠待遇来提高企业的经营绩效。

黄志忠(2012)分析了不同产权性质下公司治理侧重点的不同。认为国有企业主要是所有权与经营控制权完全分离产生的代理问题，所以公司治理的重点应该是如何减轻代理问题，而薪酬、股权激励以及股权制衡等手段有利于降低其代理成本，进而促进经营效率的提高；民营企业主要是控股股东和其他中小股东间的利益冲突，企业管理者和所有者间的代理问题并不突出，因此，民营企业公司治理的重点应该是如何遏制大股东的利益侵占，限制关联交易。

---

① 股权制衡是指控制权由几个大股东分享，通过内部牵制，使得任何一个大股东都无法单独控制的决策，达到大股东相互监督的股权安排模式，既能保留股权相对集中的优势，又能有效抑制大股东对上市公司利益的侵害。

孙蔓莉、王竹君和蒋艳霞(2012)将公司治理模式按代理关系分为股东与管理层间的代理型公司治理模式、大股东—管理层—小股东间的混合型公司治理模式以及大股东与小股东间的剥夺型公司治理模式三种类型,并分别以美国、中国、日本公司为代表,检验以业绩变化为基础,样本公司的自利性归因倾向存在与否,以及自利性程度的差异性,发现日本、中国、美国的自利性归因倾向程度呈递增状态。

(二)董事会结构

在对公司所有权结构研究之后,学者们又开始重视对公司治理结构的安排即董事会层面的研究,董事会及其结构特征成为公司治理的另一个重点。Jackson 等(1993)认为,董事会成员的差异性越大,越有利于公司治理的决策。

在对独立董事的研究中,Rosenstein 和 Wyatt(1990)[1]发现独立董事的任命具有财富效应。当公司向外界宣布任命新的独立董事的当天,公司股票价格普遍会有上涨的反应,对公司起正向的影响。这也意味着公司任命新的独立董事符合股东利益,能够促进企业的经营。Dahya、Dimitrov 和 McConnell(2008)以 22 个国家作为考察对象,选择其中拥有控股股东的 799 家公司,考察公司独立董事在公司董事会中所占的比例与公司价值间的关系,发现二者之间呈正相关关系。

在研究董事会规模的时候,Eisenberg、Sundgren 和 Wells(1998),Yermack(1996)[2]研究发现,董事会规模小反而更有效率,使公司价值更高。Jeffrey L. Coles(2008)却指出,董事会的决策对公司经营绩效并不能直接或及时产生影响,而是通过公司治理改变公司的竞争局面和长期发展,董事会规模并不存在最优性之说。Bozec(2005)随后考察了不同市场竞争环境下董事会特征对公

---

[1] Rosenstein. S. and J. G. Wyatt. Outside directors, board independence and shareholder wealth. Journal of Financial Economics, 1990.

[2] Yermack D. Higher market valuation of companies with a small board of directors. Journal of Financial Economics, 1996.

司业绩的影响，发现公司所处的竞争环境越激烈，对公司的盈利能力和经营效率越有显著的正向影响。

Fich 和 Shivdasani(2006)注意到，当一个公司的董事会成员在其他公司兼任董事，并且任职过多时，由于个人精力的限制，其对任职公司的监督作用不利于充分发挥出来，也会对公司的经营业绩产生一定的负向影响。Shijun Cheng(2007)[①]也认为，如果董事在不同公司任职董事头衔，虽然能形成不同董事会董事之间的关系网络，为公司提供更多的资源，但是可能会造成其没有足够的时间和精力对所任公司的管理者行为进行监督。

在我国，上市公司的董事会制度并不成熟，还有许多需要完善的地方，董事会特征仍是国内学者的研究重点，并且已经取得了一定的研究成果。

席酉民(1998)较早研究了我国上市公司董事长与总经理的两职合一情况，以及由此产生的经济后果。发现，两职合一对上市公司的经营绩效并没有产生显著影响，而公司的规模与两职合一呈现出显著正相关，也就是说，公司规模越大，董事长越重视手中的管理权力和话语权力，而不断实现权力占有，越倾向于采用两职合一的形式。

魏刚(2000)从管理者报酬视角考察了公司高级管理层报酬与经营绩效的关系，发现对高级管理者的激励机制并没有达到预想效果。

在对独立董事的有效性的研究中，学者们进行了多角度分析，争议很大。戴亦一、陈冠霖和潘建平(2014)认为，证监会自2001年起在国内外推行独立董事制度，目的是为了更好地保护公司外部股东的合法利益，同时可以更好地提高上市公司的治理水平。但是，由于绝大部分的独立董事是由上市公司控股股东和管理层进行提名和薪酬制定，因此，其工作的"独立性"并没有得到充分保证。高明华和马守莉(2002)通过实证分析，得出我国独立董事制度存

[①] Shijun Cheng. Board Size and the Variability of Corporate Performance. Journal of Financial Economics，2007.

在缺陷，单纯依靠独立董事制度并不能有效提高股东的权益。吴淑馄等(2003)也认为，目前我国上市公司独立董事和监事间功能冲突，并且独立董事的作用并没有有效发挥出来，他们建议政策制定部门打造独立董事市场，真正发挥出其声誉机制的影响，同时要注意治理机制间的互补作用。萧维嘉等(2009)也发现独立董事制度在我国作用有限，申慧慧、于鹏和吴联生(2012)也认为我国独立董事并未起到应有的公司治理作用。然而，白重恩等(2005)，王跃堂等(2006)都发现我国上市公司独立董事占董事会总比例与公司绩效间呈正相关关系，独立董事的声誉越高，对公司绩效正向影响越显著。叶康涛等(2007)发现独立董事能够抑制大股东的"掏空"行为。魏刚等(2007)进一步发现，当独立董事中有一定比例具有政府和银行背景时，会对公司经营业绩产生显著的正向影响，但是，独立董事的教育背景对公司的经营业绩并没有产生促进作用。

高明华、苏然和方芳(2014)计算了2012年沪深两市2314家上市公司的董事会治理指数，发现我国上市公司董事会治理水平及格率仅为11.54%，总体偏低，其中上市板块、行业、地区、产权性质对董事会治理水平存在直接影响。

马连福、冯慧群(2014)构建了董事会资本模型，分别从董事会人力和社会资本两方面来划分董事会的资本丰富性及资本深入性，并考察了两者对公司治理水平的影响效应。认为董事会资本对公司治理有一定的影响。董事会资本主要关注董事会成员的年龄大小、教育经历、在职时间、兼职行业、工作经验和职业经历等方面的异质性。异质性程度越高，越有利于提高公司治理水平；而资本深入主要关注董事会成员过去、现在在公司所在行业的工作经历。工作经历越长即资本深入性越强，思维和视野的"固化性"很可能使其创新思想不够；对本行业的熟悉，也有可能使其与管理者结成"联盟"，从而损害其他股东的利益，对公司治理越不利。

二、公司外部治理

杨典(2013)认为，并不存在普遍适用的"最佳"公司治理模式，公司治理是在特定的政治、经济、社会和文化等制度环境下多种复杂的利益群体和社会力量综合"构建"的结果，公司治理作用的发挥在很大程度上取决于所在的制度环境是否契合。因此，在研究公司治理时，外部治理环境是一个重要的维度。

(一) 公司债务约束

债权治理是指债权方可以通过直接参与公司治理或者合理设计债务契约等方式来发挥其治理效应。具体来说，债权治理的债务约束作用主要体现在两个方面。一是债权人为了避免由于管理者的自主行为使自身遭受损失，会对后者的行为加以监管，这样就会增加相应的监管成本，比如在债务契约中加进多种保证条款、规定债券持有人限制会导致债券价值降低的管理行为的权力，又或者在债券发行中，对涉及诸如红利、未来债券发行等方面的管理决策加以限制等；二是如果企业不能及时偿还债务，或违反合同中的破产条款，企业就会有破产的威胁，这时债权人就有权终止管理者的工作，会使管理者意识到其行为的严重后果，从而对其行为产生约束。

国外从20世纪70年代开始就对债权治理展开研究，并先后从代理成本和不完全契约理论的角度分别探讨企业参与者对剩余控制权和剩余收益索取权的配置。Jensen 和 Meckling(1976)认为，债权融资对降低股权代理成本能够起到一定的治理功效，但同时债权本身也会产生相应的代理成本。对于公司股东来说，银行等债权方可以更好地监督公司选择合适的投资项目，减少公司在投融资方面的管理决策失误，提高公司的整体价值。Jensen(1986)进一步提出负债具有相机治理作用，公司可以合理地运用负债来限制高管的各种机会主义行为，比如降低高管的在职消费、限制高管将资金投资于低回报的项目等，因此债权人可以在监控经理行为方面发挥更重要的角色。Berkovitch 等(2000)亦认为负债具有约束和监督经理行为的作用。Grossman 和 Hart(1986)则通过建立代理模型来分析债务融资如何缓解股东与经理人之间利益不一致的委托代理问题，在债务人没有执行债务契约的情况下，这时公司的控制权就会从原来的债务方手中转移到债权方，即"相机治理"。John 和 Kedia(2006)则通过数学模型从理论上证明，公司在所有权比较集中的情况下，银行债务监管所起到的治理效应是最优的。随后国外学者开始关注债务期限结构对企业经营者行为的影响。Barclay 和 Smith(1995)以工业类上市公司为样本,对公司投资行为和债务期限结构的关系进行实证分析,发现企业投资机会中增长型期权与企业发行的短期负债呈正相关关系。Parrino 和 Weisbach(1999)的研究则表明公司的债务到期期限越长,其代理成本越大。

国内学者同样对债权治理进行了研究,其重要性得到了诸多学者的认可。例如,杨兴全(2002)在《我国上市公司融资结构的治理效应分析》一文中,就认为中国尚未建立有效的偿债保障机制,债券市场发展缓慢并缺乏机构投资者,提出了大力发展债券市场、建立有效的偿债保障机制、提高银行的监控力度等方法。连建辉(2002)响应了这一观点,认为要高度重视企业资本结构中债务的控制作用,充分发挥债务在解决我国产业过剩规模中的作用。然而,对于债务约束的治理效应,较多学者的研究结论并不一致。部分学者的研究发现债务能对公司治理产生显著影响。黄乾富和沈红波(2009)以1997—2004年间206家中国制造业上市公司为样本,研究发现债务比例与企业过度投资支出之间呈现显著的负相关关系,债务总体上能够对企业的过度投资行为产生影响,这表明企业的债务对过度投资行为具有一定的约束作用。唐雪松、周晓苏和马如静(2007)通过研究则发现,企业的现金股利、面临的债务能够对管理者的过度投资行为起到有效的制约作用。陆正飞等(2006)研究发现高财务风险会显著提高企业增加投资支出的难度,当企业因承担过多负债而使企业面临很大的财务风险时,企业的投资能力显著降低。江伟(2011)以2000—2006年沪深证券交易所上市的公司为研究样本,实证研究发现我国银行贷款对于上市公司的过度投资行为具有一定的控制效应。然而也有较多学者否认了公司债务对我国公司的治理效应。例如,朱乃平和孔玉生(2006)以2003年度我国高科技上市公司为样本进行实证分析,结果表明债务结构对公司绩效产生了显著的负面治理效应。随后朱明秀和封美霞(2007)利用沪深上市公司的数据进行实证分析,同样发现我国债权并没有发挥积极有效的治理作用。兰艳泽(2005)经过实证发现负债水平与公司是否存在过度投资并不相关,即负债在我国现阶段不能对国有控股上市公司的过度投资产生约束,我国债务约束没有能有效发挥功效,原因在于有效债务的约束需要产权明晰的市场主体、债权人对债务方的有效治理机制、完善的资本市场、合理的经理人的选聘机制以及严格的法律监督体系等一系列内外部制度来保证。王昱夫(2009)的实证结果表明短期负债对企业过度投资行为的确起到了一定的治理作用,而长期负债不仅没有对上市公司的过度投资行为起到约束作用,反而与过度投资行为成正相关关系,并且这两者均在一定程度上加重了企业投资不足的非效率投资行为。王丹丹(2012)的研究结论也表明我国公司普遍更趋于采取短期负债的融资方式,而且信用制度的不完善导致企业存在长期占用短期负债的现象,使得短期债务没有能够表现出良好的债务约束和相机治理作用。而长期负债作为企业资金的长期稳定来源,与公司过度投资显现同向变化关系,同样没有表现出债务约束的功效。

(二)市场环境

当学者们对国家控股具有积极还是消极作用争论不休时,有学者开始考虑把这些研究放在宏观环境中进行,而不仅局限于公司层面,或许会有不一样的结果。Lin、Cai 和 Li(1998)①最早指出了竞争环境的重要性。他们认为,当市场环境处于充分竞争状态时,国有企业同样可以提升其经营效率,因此,不应该仅纠结在所有权的争论中。刘芍佳和李骥(1998)也表达了类似的看法。陈晓和江东(2000)考察了上市公司股权结构对业绩的影响,选择了电子行业、商业和公用事业行业为样本公司,指出上市公司要想使股权结构多元化达到预期效益目标,提高行业的竞争性是首先应考虑的因素。朱武祥和宋勇(2001)通过研究发现,公司所处的行业竞争越激烈,股权结构对企业价值的影响越不显著。下面将分别从产品市场竞争和经理人市场竞争两方面阐述市场环境的影响。

---

① Lin J. Y. F., F. Cai and Z. Li. Competition, policy burdens and state-owned enterprise reform. American Economic Review, 1998.

1. 产品市场竞争

Hart(1983)认为产品市场竞争对于企业及其高管而言,具有"硬预算约束"和激励作用,能够直接检验公司在市场上的竞争能力,优胜劣汰的市场竞争会给企业经营者带来极大的外部压力。一旦经营者忽视自己的行为给企业造成的影响,就可能会使企业在产品市场上缺乏竞争力而遭遇失败。因此,产品市场的竞争能够有效地监督经理人的个人行为,避免其发生机会主义行为的可能性,提高公司治理水平。因而产品市场竞争作为一项重要的外部控制机制,其是否能够有效降低代理成本、与内部治理机制形成互补得到了理论界的广泛关注。

国外众多学者对产品市场竞争的约束作用进行了研究。Alchian(1950)即认为来自产品市场竞争的压力与公司内部治理机制一样,能够在激励和约束管理层方面起到积极的作用。Stigler(1958)亦认为产品市场竞争是公司获取经济效率和效益的最强大的力量之一,经理人在外部环境的压力之下会自觉改善生产经营,提高公司的治理效率。Holmstrom(1982)的研究表明,企业所在产品市场的竞争者数量越多,信息不对称产生的影响就越低,而一旦经理人的报酬与业绩挂钩,其努力程度明显提升。随后,Hart(1983)提出了一个隐藏信息模型,模型中管理层的薪酬取决于其所在企业的实际利润,市场竞争能够促使企业披露更多的信息从而降低管理层偷懒的可能。Hermafin(1992)亦认为在竞争激烈程度不同的市场环境中,经理人的努力程度和能力对公司绩效的影响也不同,因此处于充分竞争行业的企业经理人因为业绩被解雇的可能性会更大。Aghion、Dewatripont 和 Rey(1999)的研究表明随着产品市场竞争程度的愈发激烈,公司破产清算的可能性也会随着变高,这时就会对经理人的努力程度起到积极作用。因此,产品市场竞争能使经营者充分约束自己的行为,考虑其行为的后果,以避免公司业绩下滑过大而遭受解雇。此外也有部分学者提出了不同意见。例如Scharfstein(1988)就认为 Hart 的结论需要基于一个前提条件,即管理层的效用函数,假如经理人对收入水平的边际效用显著为正,那么产品市场竞争很可能不能解决代理问题。Schmidt(1997)利用博弈模型发现产品市场竞争对管理者的激励效应随着竞争程度的变化而出现较大差异，起初产品市场竞争可能产生的清算压力会对管理者有着积极的激励作用，而随着竞争程度不断加大，其作用会逐渐变至消极。

国内研究中，肖作平（2005）通过实证研究发现，竞争性的产品市场能够对管理层有效地监督并有助于限制管理层的机会主义行为。张功富和宋献中（2007）从过度投资的角度检验了产品市场竞争与公司治理的关系，发现在竞争激烈的行业，公司治理对于抑制企业过度投资的边际作用更高。夏立军和陈信元（2007）①以2001—2003年间我国附属于地方政府（或地方政府控制）的上市公司为研究对象，根据中央政府的国企改革策略，按照公司所处的行业特征及其规模大小，采取"战略性调整"和"抓大放小"的方针，考察了各地区的市场化进程，对每个公司的政府持股方式、最终控制人层级和公司股权集中度进行研究，发现地区市场化进程越快，地方政府控制上市公司的经济动机越弱，并且无论是中央政府还是地方政府控制上市公司时，通常愿意选择规模大和管制型行业的公司，具有现实的选择能力。罗党论和唐清泉（2007）发现，公司所处地区的金融市场化水平越高，政府的干预就会越少，该公司控股股东的"掏空"行为越不容易发生。

张功富（2009）研究认为，随着产品市场竞争程度的增大，大股东为了避免因为公司清算给自身带来财富损失，会进一步加强对管理层进行过度投资的监督，从而有效地对管理层过度投资进行监督。姜付秀等（2009）选取 2003—2005 年期间沪深两市全体非金融

---

① 徐浩萍和吕长江（2007）在赞同夏立军和陈信元（2007）观点的同时，考察了我国各地区市场化进程不同背景下政府对企业干预程度的差异，并对不同所有权性质下政府对其权益资本成本的影响进行研究。他们认为，当政府减少对企业的经营干预程度时会产生两方面的效应。一方面，企业自由度增强，经营行为和经营环境可预期性增加，权益资本成本减低，称为"可预期效应"；另一方面，政府因为减少对企业的经营干预时，会减少对企业的保护，企业风险会增加，权益资本成本提高，称为"保护效应"。这两种效应孰强孰弱取决于企业的所有权性质。

行业上市公司为样本，实证研究发现适度的产品市场竞争和合理安排的公司治理结构能够降低企业的代理成本，提升代理效率。马洪娟（2010）同样通过实证研究发现，产品市场竞争的提高能降低代理成本，提高代理效率；产品市场竞争与公司治理存在交互作用，两者之间存在显著的互补关系。伊志宏等（2010）的研究则表明产品市场竞争与公司内部治理机制存在一定程度的互补关系，能够协同作用改善公司治理问题。谭云清和朱荣林（2007）则通过构建数学模型对产品市场竞争与委托人监督行为之间的关系进行研究，发现企业若是没有达到平均市场份额，则两者之间呈替代关系，竞争越激烈，委托人的监督水平就越低。相反，如果企业达到了平均份额，产品市场竞争程度越高，所需要的监督水平也越高，两者呈互补关系。

2. 经理人市场竞争

经理人的业绩往往被视为是委托人对代理人的关键考核指标，所有者通过这些指标来对经营者的行为与能力做出评价。因此，在一个竞争的经理人市场中，经理人为了自身的利益、彰显自己的能力而努力工作，以维护其在经理人市场上的声誉。这为企业提供了相对客观的选择机制。一方面，企业可以通过经理人市场的竞争信息，选择有优秀经营能力的经理人。另一方面，经理人市场的存在也给在职经理人传递了这样一种信息：具有良好经营履历的经理人能够在市场中受到企业的青睐，不至于无人问津。当公司认为其经理人能力与公司的发展需要不匹配、现任的经理人不能继续有效地经营公司时，企业就会通过经理人市场选聘继任者并更换经理人，来改善公司的经营业绩。因此，在任经理人就能随时感受到来自市场的这种被替换的威胁和压力，而避免私人动机的机会主义行为，最大程度地降低代理成本、道德风险和契约成本，对经理人行为造成约束。

Fama 早在其 1980 年的《代理问题和公司理论》一文中即提出经理人声誉可作为一种治理机制的观点，甚至认为经理人市场的竞争机制是约束其行为的最好机制。随后，Holmstrom（1982）通过建立模型（代理人市场—声誉模型）用以说明经理人声誉会产生一种重要的激励作用,并证明这种激励作用在经理人职业生涯开端往往较大,经理人会为了得到较好的声誉而努力工作,而在其职业生涯的末期,这种激励作用会逐渐减小。而这理论与人们经常所说的"59岁现象"不谋而合,即很多企业的管理者会在临近退休时,更有可能做出机会主义行为。Chalmersa 和 Godfrey(2004)、Fich 和 Shivdasani(2006)的研究表明,经理人市场和资本市场会惩罚舞弊公司及其高管人员,声誉机制对舞弊行为起到了抑制作用。随后我国国内的相关学者也对此展开了研究。袁春生和祝建军(2007)通过实证发现,充满竞争性的职业经理人市场对预防公司发生财务舞弊行为有一定作用,经理人市场竞争程度与上市公司财务舞弊呈现显著负相关关系。李军林(2002)则利用声誉模型,发现声誉效应对公司经营者有较好的激励作用,是一种非常重要的激励机制,并且在该机制下,国企经理人员手中的控制权对企业运作是有效率的。杨伟文和刘梦雨(2001)认为经理人市场的双重隐性激励约束效应,在一定程度上减少了所有者的非经济行为和经营者的机会主义行为,并降低了企业的代理成本和约束成本,完善了企业委托代理关系。袁春生等(2008)结合模型分析与实证研究,发现考虑经理人市场竞争后,会减弱经理人的合同报酬对舞弊所产生的抑制作用;经理人市场流动性与舞弊呈稳定的显著负相关关系,表明经理人市场竞争是上市公司舞弊的一个重要影响因素;经理人市场竞争与合同报酬在治理方面是两种不同的机制,并且它们之间存在可替代关系。

(三)投资者保护

法律是维护社会秩序正常运行的常规手段。它可以通过制定社会各方面的规则,使国家经济有序运行,使企业在法律的框架内从事合法的经济行为。一旦企业与企业人员的行为触犯了相关的法律,就会强制性地受到法律的干预和处罚。在一个法制环境中,法律的完善性以及执行的有效性都会对公司管理者的心理产生影响,有助于减少其个人的机会主义行为与违法行为,避免由此产生的法律后果。法律制度越完善,公司的信息制度越透明,管理者的利益侵占行为就越容易被发现,且受到法律的严厉制裁。对所有者来说，良好的法制环境可以有效地降低管理者的代理成本。因此，可以说，法律在公司治理中的作用在于：完善的法律体系可以约束公司经营者的行为，以保护公司投资者的合法利益以及相关权利得以实施。Jensen 和 Meckling(1976)、Hart(1995)都指出，投资者的权利实施依赖于法律体系的完善程度。

Shleifer 和 Vishny(1997)曾将公司治理定义为保护投资者收益的机制。La Porta 等(1999)选取了 27 个富裕经济体，考察了其中大公司的所有权结构，结果发现，当一个经济体的相关制度对投资者保护力度相对较弱时，该经济体中公司控股股东明显普遍存在绝对的控制权地位。Dahya，Dimitrov 和 McConnell(2008)发现当一个国家对投资者法律保护比较弱时，独立董事起到了一定的监督约束作用。他们也指出，在投资者法律保护较弱的国家，控股股东要想缓解和弱化法律环境对公司价值的影响，可以在他的意愿范围内任命一个更具独立性的董事会，当然，这样做的结果会减少他可能获得的私有收益。因此，并不是每一个控股股东都会愿意选择建立一个独立性更高的董事会。

在国内，陈小悦和徐晓东(2001)第一次提出了投资者保护的观点。他们发现，如果公司治理缺乏对外部投资者相关利益的保护，那么，流通股比例越高，越不利于保障其利益，企业业绩会越差，因此，投资者保护与流通股比例间呈负相关关系。Xu (2004)①以中国为背景，将上市公司的大股东分为四类：民营企业、附属于地方政府的国有企业、附属于中央政府的国有企业以及政府资产管理机构，发现我国当前处于经济转型期，法律制度较弱，大股东类型不同，对公司治理和业绩的影响表现也是不同的，附属于中央政府的国有企业优于附属于地方政府的国有企业，附属于地方政府的国有企业优于政府资产管理机构，民营企业则处于中间水平。计小青(2006)通过投资者保护这个中介变量，重新审视了国有股权在我国特殊的制度背景下的功能和作用，认为我国正处

---

① Xu. L. P. Types of large shareholders, corporate governance and firm performance. The Hong Kong Polytechnic University, 2004.

于经济转型期，市场秩序、管制制度和法律体系都不够完善，对投资者并不能有效地发挥保护作用。国有股权的结构特征由于有国家做后盾，在某种程度上支撑了外部投资者的信心，也抑制了内部人的"掠夺之手"，替代性地保护了投资者相关利益，该观点也支持了我国早期股票市场发生的"超常规增长"的现象。姜国华、徐信忠、赵龙凯（2006）在《管理世界》发表了《公司治理和投资者保护研究综述》，对公司治理的产生、机制、投资者保护与资本市场发展等相关问题进行了讨论，认为企业应创造良好的内外部环境，树立投资者对资本市场的信心，保障其在资本市场获得合理回报。肖作平（2009）研究结论是：法律制度越完善，执法职能越有效，越可以达到抑制控股股东的"掏空"行为，更好地保护投资者的利益。李维安和王倩（2011）也认为，在"投资者保护——公司治理水平——公司表现"的传导路径中，每个环节都有几个小方面，都会受到外部环境和企业自身的影响。即使某个因素发生非常微小的变化，也有可能会在传导路径的链条中放大成巨大差异，造成结果会有多样性。谭利和杨苗（2013）选取了外部制度环境的三个指标来研究影响公司治理和投资效率二者之间关系的制度因素，结果发现，制度因素中政府干预程度越低，金融发展水平越高，公司治理对促进投资效率的影响越显著，但是法律环境较差的地区，公司治理质量对投资效率的提升效果会更显著。

（四）政治关联

Krueger（1974）很早就发现企业管理者往往愿意花费大量时间和金钱与政府建立密切关系，希望获取某种利益。基于中国关系社会的基本现实，在企业仍未完全脱离政府干预的市场环境下，管理者的政治关联对企业的影响十分关键，政治关联的企业往往拥有更加优惠的税收政策、更高的投资者信任度、更低成本的融资渠道和更好的经营业绩等。由于正式制度的匮乏，与市场发展滞后的金融体系和严重的税负费用负担等导致企业不断寻求政治关联来替代正式的制度。另一方面，基于委托代理理论，管理者很可能将自身政治关联服务于私人利益，建立管理者壕沟，侵蚀投资者利益。管理者政治关联影响企业违规行为发生概率的原因主要是：由于政治关联所带来的政治庇佑，导致企业过多地花费时间和精力与政府建立密切关系，而忽视公司治理制度的建设；政治关联为企业管理层带来了天然的权力和寻租优势，强化了管理者侵蚀股东利益的动机和能力；企业违规被稽查处理后可能导致股价下跌，提高企业的融资难度，但由于政治关联能够为企业提供融资便利，赋予企业"隐性担保"或"预算软约束"的优势，即使违规行为被稽查受到严厉处罚，企业仍可以通过政治关联获取其他的资金来源，证券监管对其影响相对较低。

尽管管理者政治关联的建立初衷可能是为了企业的经营，出于个人利益的攫取，这种社会资本逐渐演化成其个人的保护伞，管理者政治关联度在企业发生违规行为后是否会对管理者被迫离职产生影响是分析企业公司治理是否有效的必要条件。在早期的文献中，Desai 等（2006）研究发现在企业发生会计违规后的两年内，违规企业至少更换了一名高管的比例为60%，而没有违规行为的企业高管变更的比例仅为35%。Cumming 等（2011）实证研究发现在发生财务欺诈后，企业高管变更的比例会增加，且民营企业高管变更的概率要高于国有企业。在管理者参与企业的各种重大经营决策中，当企业发生违规行为时，企业高管负有不可推卸的责任。

以往文献也表明，除了经营绩效等经济因素外，政治因素也会成为管理者任命和解聘的重要影响因素。管理者政治关联对其高管被迫离职的影响主要途径是：第一，拥有政治关联的管理者在提名或任命公司董事时，倾向于选择同样具备政治关联的董事，导致企业董事会专业化程度的下降，影响企业对高管的监督和惩处，降低公司治理机制的有效性；第二，管理者的政治关联提高了其社会资本，增加了职位壕沟效应，减轻了因经营绩效导致管理者职位变更的敏感性，当管理层领导权威或职位受到威胁时，他们拥有的政治资源很可能成为其构筑职位壕沟的资本，从而产生"职位壕沟效应"。

陈晓和李静（2001）在考察地方政府的财政行为时，发现地方政府通常会积极参与本地上市公司的盈余管理，对其给予大面积的财政补贴和税收优惠，极大地扭曲了会计信息。Chen，Lee 和 Li（2003）形象地将这种地方政府与上市公司共舞的现象称为"中国探戈"；而且，具有政治关联的公司更容易从国有银行获得信贷资源，缓解融资约束（La Porta 等，2002），并且贷款利率也更低（Sapienza，2004），金融机构也更愿意通过"政治关联"和"内幕消息"为企业贷款（Chiu，Joh，2004）。民营企业为了获取更多的融资优惠政策，会通过建立政治关联来作为替代性的非正式机制，以缓解融资约束，从而提高经营效率（余明桂，潘红波，2008；Fanetal，2008；于蔚等，2012）。陈冬华（2003）发现，公司董事长具有地方政府背景时，通常在董事会中占有的席位会相当重要，原因是其会对地方政府产生影响，并且影响越大，越利于上市公司获得更多当地政府的补贴收入。

第三节　资本配置效率相关文献

1969 年，詹姆斯·托宾（James Tobin）[①]提出 Tobin's Q 理论，由此获得诺贝尔经济学奖。他把 Tobin's Q 定义为企业的市场价值与重置成本之比。当 Tobin's Q 大于 1 时，说明企业创造的市场价值大于其重置成本，产生溢价，为社会创造了一定的价值；反过来，当 Tobin's Q 小于 1 时，说明企业浪费了一定的社会资源。在 Tobin's Q 理论之后，资本配置效率成为学者们研究的热点和重点。张建勇、葛少静和赵经纬（2014）认为，由于现实中信息不对称、融资约束及管理层投机等行为的存在，导致许多企业都不同程度地存在着非效率投资行为[②]。因此，本书将研究侧重点分为以下几个方面。

[①] Tobin J. A general equilibrium approach to monetary theory. Journal of Money, Credit and Banking, 1969.

[②] 刘津宇、王正位、朱武祥（2014）从信息不对称、代理问题和行为金融学（企业经理人的过度自信）三个方面来讨论非效率投资。

一、金融发展与资本配置效率

(一) 金融发展理论萌芽和形成期的资本配置效率问题

1873年,Bagehot在研究经济体系内资本配置效率的高低问题时,首次将金融部门的发展程度纳入考虑体系中,成为金融发展理论中资本配置效率的最早研究。Schumpeter(1911)[①]首次明确提出应该把金融中介放在经济发展的中心地位,强调金融发展在经济增长中的重要性。1912年,他再次提出金融中介可以甄别出最有创造力和发展力的企业,他们通过某些条件甄别出这些企业,为其提供资金支持,促进其技术进步。总的来看,整个社会资本配置效率相应也得到了提高。

Gurley和Shaw(1960)从劳动分工和专业化的视角进行考察,发现金融中介通过动员社会储蓄等途径,来增加可用来投放信贷的资金数量,社会资本配置效率得到提高。他们还认为,金融创新促进了金融制度的完善,新的金融机构不断产生,金融技术不断成熟,反过来又促进了金融机构的发展。与此同时,新的金融产品例如非货币性金融资产开始出现,促进了金融资产总量的增加,金融资本配置效率不断得到提高,最终实现了经济的增长。

Patrick(1966)提出了"需求跟随论"和"供给主导论"。实体部门的发展产生了金融服务的需求,"需求跟随论"下各种金融中介和金融工具出现;实体部门对金融服务需求很大,形成"供给主导"局面,由供给产生了新的金融服务需求。因此,金融服务虽然是实体部门发展的结果,为满足供给需求它又领先于实体部门的发展。随后,Patrick又指出,金融中介促使资本转向生产性高的用途,金融资本的配置效率得到提高,这样,社会公众更愿意把个人资金放到金融中介进行储蓄、投资,资本积累得到加速;促使既定数量的资本或有形财富的所有权和结构构成优化,提高了资本或有形财富的配置效率。

---

① Schumpeter, Joseph A. A Theory of Economic Development, Harvard University Press, 1911.

在之前的研究中，多从宏观角度出发，研究得出的结论几乎一致，即金融中介的发展有利于提高资本配置效率。然而，Mchinnon(1973)和Shaw(1973)却注意到一些外部因素干扰所带来的不利后果。他们认为，政府对金融中介机构的利率管制等一系列金融压制政策会制约企业的投资水平，降低资本配置效率，进一步会阻碍经济的发展。

Mchinnon(1973)认为，发展中国家典型的二元经济①特征，造成了不同的经济单位所使用的资金收益率多不相同，而金融市场的不健全导致金融资本在配置时遭到严重扭曲。这样一来，亟需资金的中小企业不能保证获得足够资金，金融资本流向了拥有特权但是投资机会并不理想的企业，通货膨胀率长期居高不下，货币实际利率常为负值，名义利率和实际利率②间的巨大差异使居民储蓄的热情遭到打击，导致资本积累速度逐渐放慢。因此，应适当提高利率，真实反映资本的稀缺性，提高居民储蓄积极性，低效率投资活动会相应地得到抑制，提高资本的配置效率。Shaw(1973)也认为发展中国家应该尽量减少对金融市场的人为干预，借助市场的力量来消除"金融抑制"的作用，实现社会经济增长、储蓄、利率和投资间的协调发展，达到资本配置效率的提高和经济的总体发展。

学者Stiglitz和Weiss(1981)、Fazzari和Petersen(1988)等认为市场的信息不对称特征导致的相关问题无法被完全克服。例如道德风险和逆向选择，可以通过政府的行政手段来进行干预；例如制约过度竞争和限制储蓄率，给予银行等金融中介必要的激励措施，最终提高资本配置效率。

---

① "二元经济"的说法最初是由伯克(Booke，1933)提出，他在对印度尼西亚社会经济的研究中把该国经济和社会划分为传统部门和现代化的荷兰殖民主义者所经营的资本主义部门。如今，"二元经济"为研究当今世界各国传统与现代的不同经济部门之间的关系提供了必要的经济学理论依据。

② 所谓名义利率，是央行或其他提供资金借贷的机构所公布的未调整通货膨胀因素的利率，即利息(报酬)的货币额与本金的货币额的比率。实际利率是指剔除通货膨胀率后储户或投资者得到利息回报的真实利率。

(二) 金融发展理论创新过程中的资本配置效率问题

自 McKinnon 和 Shaw(1973)提出金融深化理论后,有关金融发展新的理论不断出现。其中,金融功能论产生的影响相比最大。

Leland 和 Pyle(1997)提出了"信息共享联盟假说"。他们认为金融中介具有专业化和一定的规模优势,相对于任何一个分散的贷款人,它们更容易寻找和掌握项目信息。假如所有的金融中介组成信息共享联盟,代表分散的个体进行信号显示,规模经济作用下会降低信号显示成本,资本配置效率得到提高。

金融市场的多元化发展引起了学者们对股票市场影响资本配置效率的关注。Boot 和 Thakor(1997)认为,金融市场存在着信息寻找和汇总方面的优势。在股票和债券市场有效的前提下,其价格波动能够及时准确地反映发行方的经营行为和业绩水平,有助于提高资本配置效率。

Thakor 和 Wilson(1995)也讨论了企业债务重组和资本配置效率关系。他们认为,对于突发性流动性不足的企业,如果能够暂时减免或减缓他们的债务,让它们继续运营项目,企业后期所获得的利润有可能足额偿还拖欠的债务甚至还会有剩余,这样也提高了资本配置效率。Greenwood 和 Smith(1997)则认为,金融市场存在和发展是有成本的,这导致了金融市场的内生形成。从流动性的角度来看,有效的股票市场会使资本从低收益流向高收益项目,最终资本配置效率得到增进。

(三) 金融发展理论深化过程中的资本配置效率问题

随着金融发展理论不断被创新,学者们侧重于对金融市场和金融中介的内生形成机制进行研究。

Greenwood 和 Jovanovic(1990)认为,风险和收益是呈正比的。当投资项目风险高时,预期收益也高;相反地,风险越低,预期收益越低。风险投资的收益包含两个随机干扰项,即项目特定冲击(即非系统性风险)和总体冲击(即系统性风险)。金融中介拥有大量投资组合,由此可以选择适合于某一项目的技术来化解总体冲击,进而提高资本的配置效率,促进经济增长。

King 和 Levine(1993)在 Greenwood 和 Jovanovic(1990)的研究基

础上，进行了更加深入的分析。他们认为，金融中介拥有技术、人力优势，可以帮助项目投资者甄别出最有前途的项目，在投资者进行投资决策和储蓄时，会建议他们选择多元化行为以分散风险。有了金融中介的支持，投资者在经营时不会为资金的临时性需求而发愁，从而提高了资本配置效率。

Wurgler(2000)建立了经典的资本配置效率模型，并分析了金融市场对企业资本配置效率的影响。研究发现，一方面，金融市场的摩擦会增大企业的资本调整成本，投资与投资机会敏感度降低；另一方面，金融发展水平提高，能够帮助企业解决内部代理问题，并且，通过股价的信息传递，缓解投资者与企业的信息不对称，最终提高资本配置效率。

国内从宏观层面来讲，韩立岩和蔡红艳(2002)首次用 Wurgler(2000)模型来度量我国工业行业的整体资本配置效率，发现我国信贷市场的规模与行业资本配置效率呈负相关关系。潘文卿和张伟(2003)参照 Wurgler(2000)模型，采用金融发展规模和金融市场化程度两个指标来衡量资本配置效率，发现在我国整体上金融发展与资本配置效率呈弱负相关关系，非国有银行金融机构相比国有银行金融机构，能够更大程度地促进资本配置效率的提高。陆家骝(2004)认为配置效率是金融效率的核心内容，即金融体系有助于改善资本配置效率的能力。金融发展提高了金融体系的运作效率，改善了金融资本配置，进而提高投资效率。方军雄(2006)利用Wurgler(2000)的模型，从 37 个行业层面数据进行研究，发现我国金融市场化的发展改善了行业资本配置效率。曾五一和赵楠(2007)将 Wurgler(2000)进行拓展，测算了我国各区域的资本配置效率，发现我国各地区的资本形成更多依赖银行等金融机构的信贷支持。

范学俊(2008)以 Tobin's Q 作为衡量微观资本配置效率的指标，来考察我国 1992—2005 年间金融自由化政策对资本配置效率的影响。发现我国金融体系整体上对资本配置效率的贡献很有限，股票市场相对于银行部门能够更好地发挥资源配置的优化功能。金融自由化政策促进了金融深化，提高了资本配置效率。

李青原、赵奇伟和李江冰等(2010)从外商直接投资视角考察了金融发展对地区资本配置方面的作用。他们借助Wurgler(2000)模型，对地区资本配置效率进行测算，发现金融发展和外商直接投资这两个因素对地区资本配置效率皆能起到明显的改善作用，但是二者之间存在竞争效应和挤出效应，妨碍了微观个体功能的发挥。因此，应适当调整外资策略，进一步深化国内金融体制的改革。

王永剑和刘春杰(2011)采用主成分分析法构建金融发展指数，测算了我国金融发展对各区域资本配置效率的影响。发现资本配置效率在中部区域提升速度最快；金融发展对东部和中部地区资本配置效率促进最为显著，与西部地区关联不是很明显。

张国富(2010)以Wurgler(2000)模型为基础，测算了我国经济整体的资本配置效率，并从地区、行业和企业的角度比较研究资本配置效率，考察了我国资产重组、金融发展和市场化程度三个方面对资本配置效率的影响。认为我国整体的资本配置效率处于较低水平，其中东部地区优于中部地区，中部地区优于西部地区，呈梯度递减特征，不同行业之间有显著的差异性。

从微观层面来讲，应千伟、连玉君和陆军(2010)研究了2004年贷款利率改革以后对企业微观资本配置效率的影响。他们将Wurgler(2000)的方法进行修正，构建基准Q这一新的投资机会衡量指标。研究发现，我国2004年颁布政策，取消贷款利率上限，但是这一政策在短期内并没有带来微观资本配置效率的提高，反而产生了下降趋势，产生了逆向选择效应，尤其在金融发展水平较低的地区下降更明显。因此，需要提高金融发展水平，减轻逆向选择的不利影响。

二、公司治理与资本配置效率

资本配置效率低下现象在世界各国公司普遍存在，主要表现在公司投资不足和投资过度。当投资项目的预期净现值大于或等于零时，决策者仍选择放弃该项投资的非效率投资行为称为"投资不足"；当投资项目的预期净现值小于零时，决策者仍选择实施该项投资的非效率投资行为称为"投资过度"。这两种行为均会降低资本配置效率，最终损害企业的价值。

代理冲突和信息不对称是非效率投资的根源。Jensen(1986)认为管理层代理股东进行经营管理，努力经营获得的收益由股东分享，经营失败则大部分归咎于管理层，成本由管理层负担，收益与成本间的不平衡会导致管理层进行投资决策时，选择对自身有利而非对股东有益的项目。张会丽和陆正飞(2012)认为，在我国这样的新兴市场国家中，代理成本甚至更为严重。周红霞和欧阳凌(2004)从股东和管理者间利益冲突的代理视角，从理论分析和实证研究两方面，比较全面地从多元化投资理论、敲竹杠损失[①]理论、过度投资理论等方面研究了企业的非效率投资行为，认为可以采取增加管理者内在激励程度、完善外部控制权市场力量来提高投资效率。

Bertrand 和 Mullainathan(2003)认为公司管理层与外部投资者之间存在信息不对称的情况，这种情况既有可能导致过度投资，也有可能导致投资不足。从一方面来看，拥有较多内部信息的管理层受股东委托代理管理，但是他自身存在机会主义行为动机，如为了赚取声誉(Holmstrom，1999)、建造"企业帝国"(唐雪松等，2007)、在职消费及其他隐性福利(Jensen，1986，1993；魏明海，柳建华，2007)等，追求个人利益最大化，导致投资过度；从另一方面来看，股东和债权人之间的信息不对称所产生的逆向选择问题，也会造成投资的不足。俞红海、徐龙炳和陈百助(2010)注意到，当公司存在控股性股东，或者股权过于集中时，都容易导致过度投资行为的发生。梅丹(2009)认为我国国有控制上市公司特殊的产权属性和利益目标直接影响了非效率投资，政府干预和管理层代理问题导致投资过度，个人利益动机下的"隧道挖掘"[②]导致投

---

① 长期项目使经理的留任对于项目的成功更加重要，在项目的现金流量实现之前，经理可以威胁离开公司以谋求报酬合同的增加，由于这种威胁是可信的，长期项目使得经理的地位更加稳固，这是典型的敲竹杠行为(hold up)。

② 即隧道效应(tunneling)：掌握控制权的大股东往往为了谋取自身的利益转移企业资源而牺牲中小股东的利益。

资不足。同时,连玉君和程建(2007)也认为,公司内部现金流多并不会一定导致过度投资,通常只有在代理成本高、代表所有者管理的经理人的行为得不到有效监督时,才会出现过度投资现象,进而表现出投资——现金流之间的敏感性。

如果公司治理机制运行良好,便能够有效地抑制现金流的过度投资(Bates Thomas W.,2005;Richardson,2006),保证公司各项决策的规范化与科学化,提高经营信息的透明度,对企业的非效率资本配置行为达到间接约束的目的(李维安等,2007)。如果公司治理差,更可能会发生非效率投资(Billett 等,2011;Giroud 和 Mueller,2011)。国内学者俞红海、徐龙炳和陈百助(2010),杨兴全、张照南和吴昊旻(2010),张会丽和陆正飞(2012)等研究发现了高质量的公司治理能够对非效率投资进行有效抑制。但是,刘昌国(2006)的研究结论却是公司治理对抑制非效率投资的作用较弱。研究结论的不一致有待下一步深究。

申慧慧、于鹏和吴联生(2012)从融资约束的视角,用销售收入标准差来衡量环境的不确定性,考察了环境不确定性对公司投资效率的影响。最终发现,环境的不确定性导致国有控制上市公司投资过度,而非国有控制上市公司表现为投资不足。因此,环境的不确定性引起投资偏离最优。

方红星、金玉娜(2013)分析了非效率投资的不同形成机理,对其表现形式分为意愿性和操作性非效率投资两种形式。其中,意愿性非效率投资主要表现为国有企业的过度投资以及民营企业的投资不足;操作性非效率投资主要表现为国有企业的投资不足以及民营企业的过度投资。他们从公司治理、内部控制视角研究对非效率投资的抑制作用,认为二者在某种程度上都能够抑制公司的非效率投资,其中公司治理对意愿性非效率投资能够有效抑制,而内部控制对操作性非效率投资能够有效抑制。

刘瑞明、石磊(2010)指出:政府对国有控制企业的诸如信贷支持的各种补贴,在造成国有控制企业存在道德风险及预算软约束问题的同时,也占用了非国有控制企业的其他资源,诸如非国有控制企业在享受公共服务时明显比国有控制企业少,从而拖累了非国有控制企业的效率,形成"双重效率损失"的现象。

喻坤、李治国和张晓蓉等(2014)发表了《企业投资效率之谜:融资约束假说与货币政策冲击》一文,指出了近年来我国非国有企业的投资效率相对更低,提出了企业投资效率之谜。他们指出,有两种效应共同决定国有和非国有企业的投资效率相对大小:一方面,政府的政策负担造成国有企业的投资效率较低;另一方面,政府通过对国有企业的信贷扶持和补贴政策挤出了非国有企业的信贷资源,使非国有企业受到融资约束,资本调整成本增加,导致投资效率下降。这几年我国政府频繁调控货币政策,在某种程度上强化了非国有企业的融资约束问题,使融资约束问题对投资效率的影响占据主导作用。非国有企业面临日益严重的信贷融资约束,投资效率持续下降,产生投资效率之谜。这与我国转型期的制度背景有重要关系。由此看来,有必要进一步从融资约束假说视角研究金融发展和微观资本配置效率二者之间的关系。

对于如何改善和治理非效率投资,学者们也进行了大量的研究,认为改善公司治理是非常重要的途径。可以通过以下几方面措施来进行:

(1)完善董事会结构。公司董事会代表了全体股东的利益,对管理层行为进行监督。如果董事会运行良好,将会有利于提高公司的资本配置效率。

Donaldson 和 Davis(1994)认为为了减少代理冲突、提高独立决策性,公司的董事长和 CEO 应该分离。此外,他指出了非执行董事对保障董事会有效运行有不可忽视的作用。Fama 和 Jensen(1983)也认为,非执行董事在董事会中履行了监督管理层行为的重要作用。Morck 等(1988)注意到,当公司没有非执行董事时,内部执行董事们更关心的是他们自己的薪酬待遇以及如何保全现有的职位,而非监督公司的投资决策。Weisbach(1988)也认为,董事会监督作用有效发挥的前提,就是要平衡执行董事、非执行董事的权力和结构组成。如果没有外部非执行董事,就缺乏外部对公司决策的监督,投资决策的效率无法得到保障,而且外部董事不参与企业的经营,可能带来视角独立的专业性建议,有助于董事会做出合理决策，进而改善企业资本配置效率。Pawlina 和 Renneboog（2005）也持有同样的观点。

Gugler 等（2003）证实了独立董事在董事会进行投资决策时，能够利用其高度的责任感和专业特长来遏制董事会的非效率投资，维护股东和公司利益。Richardson（2006）也认为独立董事能够实施对经理人的监督，有效地降低公司的过度投资。

国内学者李维安、姜涛（2007）利用南开治理指数研究了公司治理中过度投资问题。他们认为，利益相关者以及董事会能对公司过度投资行为产生抑制作用，然而，公司的信息披露机制、监事会机构的存在以及经理人员持股并不能明显地抑制公司的过度投资行为。

刘国昌（2006）却发现独立董事、管理层激励都没有能够有效地制约公司过度投资行为。唐雪松、周晓苏和马如静（2007）也认为，公司治理机制中的大股东与经理持股可以基本有效地制约过度投资行为，独立董事却没有发挥出作用。俞红海、徐龙炳和陈百助（2012）发现独立董事比例与过度投资关系为负值但显著，这从某种程度上说明独立董事抑制了过度投资行为。周泽将（2014）选择了 2001—2011 年间的国有上市公司为样本，检验结果表明，董事会会议频率越高，会导致过度投资程度越大，降低了国有企业经营绩效。因此，应精简会议活动，提高国有企业董事会运行效率。

（2）合理安排股权。公司管理层权力的大小、控股股东存在与否都直接影响着企业的投资决策，进而影响公司的资本配置效率。

La Porta 等（1999）通过研究发现上市公司普遍有控制性大股东，而且大股东的治理机制发挥着作用，有效地抑制了高层管理人员的盲目投资行为。Pagano 和 Roell（1998）也注意到，如果上市公司同时存在多个大股东，他们之间会互相监督，这样就弱化了控股股东谋取私利的能力。在管理层权力方面，Scharfstein 和 Stein（2000）认为管理层权力不应过小，否则可能会打击管理层的积极性，使其更看重短期效益，注重公司股票市场上的短期价格，通过投资那些能够提高自身价值的项目或者操纵会计信息，这样会损害公司全部股东的利益。Johnson 等（2000）也指出股东权力不宜过大，否则会引发大股东的"掏空"行为，损害中小股东的利益。由此看来，股权结构的安排要在公司股东与管理层间进行平衡，形成相互制衡的制约机制，最终促进公司资本配置效率的提高。

胡国柳、裘益政和黄景贵（2006）发现，经理人员的持股比例与公司的资本支出水平正相关，然而国有股比例、第一大股东持股比例都与资本支出水平负相关。公司第一大股东在某种程度上能够对公司过度投资产生抑制作用（魏明海，柳建华，2007；饶育蕾，汪玉英，2006）。

（3）适度激励管理层。对管理者适度的股权激励，可以缓解股东与管理者间的代理矛盾（Jenson 和 Meckling，1976；Jensen 和 Murphy，1990），降低管理者投资的风险回避（Hall 和 Murphy，2003；Panousi 和 Papaniko Laou，2012）。Aggarwal 和 Samwick（2006）发现有效的激励契约能够显著抑制公司的投资不足，Tirole（2006）认为公司应该使用显性激励和隐性激励，替代性地对管理层进行激励。不论采用哪种激励方式，都应将管理层收益与公司业绩挂钩，尽量遏制其非效率投资，提高资本配置效率。

程仲鸣和夏银桂（2008）考虑到我国制度背景的最大特点是"内部人控制"现象严重，管理者由于分享公司剩余收益权不足，倾向于过度在职消费，滥用企业资金，代理成本提高。他们指出，授予管理者一定股权，让他们与股东一样共担风险、共享收益，使其私人利益和公司价值一致，可以抑制管理者的过度投资行为。

李云鹤、李湛和唐松莲（2011）从企业发展进程的动态层面，检验企业在不同生命周期中公司治理的效果，发现公司治理对资本配置效率的治理效果有一定的规律，随着企业生命周期发生演变。投资不足现象在企业整个生命周期阶段几乎没有发生变化，过度投资呈先降后升的变化趋势。成长期时，董事长、总经理两职合一抑制了过度投资，到衰退期大股东持股则加剧了过度投资；管理层持股可以降低投资不足，企业处于成长期时，董事长、总经理两职合一会加剧投资不足，处于成熟期时独立董事的存在也会加剧投资不足。刘凤委、李琦(2013)发现,对央企实施EVA①考核评价体系整体上可显著降低过度投资。市场竞争环境不同,对EVA抑制过度投资的效果影响也不同,市场竞争程度越高的央企控股企业,EVA业绩评价体系能对抑制企业过度投资达到明显的预期效果;而在市场竞争程度低的央企控股企业,抑制效果则并不显著。徐倩(2014)使用公司股票收益的波动程度来衡量环境不确定性,研究发现公司面临的环境不确定性会导致投资效率的降低,产生投资不足或投资过度的后果。适度的股权激励会缓解管理者风险规避可能性,达到抑制非效率投资的效果。

三、自由现金流与资本配置效率

代理成本是影响企业自由现金流投资效率的重要根源。Jensen(1986)的代理理论说明,管理层代表股东对企业进行管理,但是他们通常会为了获取更多的个人私利,构建"企业帝国"而任意扩张投资,甚至为了不愿将现金通过分红形式返给所有者股东们,明知即将投资的项目预期净现值为负,他们也要将自由现金流投向于此,导致企业的投资超出最优水平,从而损害了股东财富最大化目标。相应地,现金持有效率即自由现金流使用效率成为世界各国学术界关注的焦点问题之一(Jensen和Meckling,1976;Blanchard等,1994;Harford,1999;Richardson,2006;Dittmar和Mahrt-Smith,2007;Biddle等,2009;俞红海等,2010)。

Fazzari等(1988)和Shin等(1999)从公司内外部信息不对称角度,Hubbard(1998)和Bates(2005)等从管理层与投资者之间代理问题角度研究了投资现金流敏感性。Richardson(2006)采用投资预期模型和大样本数据,在控制融资约束和成长机会的前提下,发现在

---

① EVA即经济附加值。国资委关于经济增加值调整公式:经济增加值=税后净营业利润-资本成本=税后净营业利润-调整后资本×平均资本成本率;税后净营业利润=净利润+(利息支出+研究开发费用调整项-非经常性收益调整项×50%)×(1-25%);调整后资本=平均所有者权益+平均负债合计-平均无息流动负债-平均在建工程。(国务院国有资产监督管理委员会令第22号)

1988—2002年间,美国上市公司平均有20%的自由现金流的使用是无效的,被用于过度投资的非效率投资行为中;公司的自由现金流越高,越可能发生过度投资,过度投资来自管理层与投资者之间的代理问题,公司治理机制的完善可以缓解过度投资行为。

杨华军等(2007)结合我国特殊的制度环境,以自由现金流为载体,研究过度投资问题。发现我国地方政府对企业的干预比较严重,当地方政府干预程度增加或者通过控股干预企业经营时,明显会加重企业的过度投资,随着金融发展水平的提高,这一现象会逐渐减轻。胡建平、干胜道(2007)在研究时控制了融资约束和企业成长机会两个变量,仍然发现企业存在自由现金流的过度投资现象,总的来说,支持了管理层与投资者之间的代理理论。俞红海、徐龙炳和陈百助(2010)研究发现了控制权与现金流量权之间的分离加剧了过度投资行为。政府控制的上市公司相对于私人控股的上市公司,过度投资更严重,但是,外部治理环境的改善可以在某种程度上抑制过度投资。钟海燕等(2010)特别对国有企业金字塔层级结构和控股类别进行衡量,考察这两个因素对企业运用自由现金流进行过度投资的影响程度,结论是当政府对企业行政干预程度越强时,整体过度投资水平越低。杨兴全、张照南和吴昊旻(2010)从超额现金视角展开研究,发现公司持有超额现金时,会导致过度投资行为。他们分别用市场化进程指数、法治水平指数、政府干预指数作为公司治理环境指数,发现公司治理环境的改善有利于抑制因超额持有现金而导致的过度投资行为。张敦力、石宗辉和郑晓红(2014)将自由现金流领域的研究成果进行了统计归纳,发现现有成果主要集中在内部"代理成本"的检验中,包括对过度投资、低效并购等方面;以及内外部治理下代理成本控制方法有效性的检验。

四、负债融资约束与资本配置效率

信息不对称下的融资约束和代理冲突,使得管理层在进行投资决策时,并不总是以股东利益最大化为导向。在流动性过剩的情况下,管理层发生机会主义行为的概率会更高,最终会导致企业资本配置效率低下。而适当的债务承担会制约管理层机会主义行为（Stulz，1990），起到相机治理效果，抑制企业的非效率投资。

　　Myers（1977）发现，如果负债比例过高，企业开拓价值前景比较好的投资机会的意愿会更低，结果导致企业投资不足。Clayton（2009）认为，权益责任的有限性，导致财务结构对投资产生影响。企业引入负债相当于间接提高经理人的持股比例，这样会使经理人与股东的目标一致，降低代理成本（Grassman 和 Hart，1988）。而且，企业负有债务，会给经理人按时还本付息的压力，防止其将自由现金流用于无效投资或过度在职消费（Tirole，2006）；潜在的流动性资金短缺压力和破产威胁会促使经理人消除信息不对称引发的次优投资行为，减少资本支出，追求有价值的投资，从而抑制过度投资行为（Grassman 和 Hart，1988；Robert 和 Josef，1990；Tirole，2006；Mello 和 Miranda，2010）。因此，负债和企业投资支出间应呈显著负相关（Lang 等，1996），企业负债越多，对投资支出的约束程度会越高（Ahn 等，2006），并且，企业投资机会越少，成长性越低，负债与投资支出的负相关越显著，约束程度越强（Aivazian 等，2005），这充分验证了负债融资约束对企业非效率投资的遏制作用。在我国，企业债务也会引发非效率投资行为（伍利娜，陆正飞，2005）。当企业负债融资时，可能会由于管理者个人私利产生过度投资现象，也可能因为管理者的偿债付息压力导致投资不足，还可能会由于金融中介监管力度的增强抑制了过度投资行为。对于房地产行业，负债融资总体对过度投资有抑制作用，但是银行借款并不能抑制过度投资行为，反而促进了过度投资的程度，而商业信用却能有效地抑制过度投资行为（黄珺，黄妮，2012）。企业负债比例与投资规模负相关，即企业负债比例越高，投资规模越小，这是负债相机治理和股东——债权人间冲突共同作用的结果（童盼，陆正飞，2005；何源等，2007）。通常，当企业融资约束较轻时，代理矛盾突出起来，管理者会为了个人利益倾向于过度投资；反过来，企业融资约束较重时，金融中介的监管、企业自身还本付息的压力会约束管理者的投资行为，产生投资不足现象。

　　江伟（2011）发现，我国银行贷款对不同性质的上市公司过度投资行为均有控制效应，对民营企业的控制效应要优于对国有控制企业，而且，对民营企业的控制效应会随着地区金融发展水平的提高而增强。程新生、谭有超和刘建梅（2012）却认为，在我国的制度背景下，上市公司破产机制并不完善，同时我国上市公司大部分为国有控制，政府作为所有者会对公司进行一定的干预和保护，即使将来国有上市公司债务不能按时偿还，政府也势必会出面，防止公司因债务而破产，这会导致债务融资治理作用受到破坏，违反了正常的理论。同时，当公司通过融资获得了过多超过自身经营所需的资金时，管理者在职消费和构建企业帝国的意愿会更强烈，极有可能扩张投资规模。超额融资会减轻公司融资约束现象，避免因资金缺乏而产生投资不足问题。但是，超额融资下公司现金流虽然充裕，管理者很有可能为了个人私利，把超额融资额投资于那些投资收益率很低甚至为负净现值的项目，产生过度投资问题，最终损害资本配置效率。

翟胜宝、易旱琴和郑洁等（2014）在考察民营企业负债与投资效率的关系时，将银企关系引入进来，并检验了其与投资效率的关系。实证结果表明，银企关系在一定程度上抑制了公司的过度投资行为。上市公司所在地区市场化程度不同，导致地区金融发展和法制水平存在差异，因此，银企关系对企业投资效率影响也不相同。在市场化程度低的地区，银企关系更能有效地提高企业投资效率，监管作用更能有效发挥。

此外，连玉君和程建（2007）在控制 Tobin's Q 衡量误差的前提下，重新审视投资与企业自由现金流二者之间的敏感性，来判断企业是否存在融资约束的正确性和依据来源。他们建立了动因检验模型，得到了与 Kaplan 和 Zingales（1997）以及 Cleary（1999）颇为相似的结果。表明在我国规模小、国有股比例低以及股利分派比例低的公司中，投资与现金流间的敏感性主要由融资约束所致；而在规模大、国有股比例高以及股利分派比例高的公司中，代理成本是主要原因。由此看来，我国上市公司从总体上，投资与自由现金流间的敏感性比较显著。然而，这个现象因公司类型而异，并非仅仅由代理问题或融资约束所致。并且指出，我国投资——现金流敏感度指标更多反映了代理问题，而不是融资约束。

五、投资者保护与资本配置效率

政府对企业资本配置的干预可以从积极和消极两方面进行阐述，积极方面主要表现在用法律制度对投资者进行保护，消极方面主要体现在对企业的过度干涉。

1998年，拉波塔（La Porta）、洛配兹·西拉内斯（Lopez de Silanes）、安德烈·施莱弗（Andrei Shleifer）和罗伯特·维什尼（Robert W. Vishny）发表了《法与金融》一文，第一次明确地将法律问题引入公司治理与投资决策关系的影响因素中，这篇奠基性文献标志着"法与金融"学派的创立。学者们由此展开讨论，发现法律环境和法律保护制度对公司非效率投资有治理的作用。

La Porta 等（1997）认为，国家对股东的权益保护程度高，证券市场价值会更高；对债权人保护得好，信贷市场会更发达。投资者保护相对较强的国家，公司投资机会相比会更多，Tobin's Q 值会更高。Giannetti（2003）对非上市公司进行研究，发现了和 La Porta 等（1997）一样的结论。他也认为，如果国家对债权人权益保护好，公司会更易获得信贷投资资金，对投资者保护较好的国家来说，公司投资不足的概率较低。McLean 等（2012）也认为，在投资者法律保护较强的国家，Tobin's Q 值与投资的关系更强，由此带来融资约束的缓解、投资效率的提高。Wulger（2000）、Leuz 等（2003）也认为，对投资者保护水平的提高会降低代理问题，减少外部融资成本，提高企业财务报告质量，最终缓解融资约束，提高企业投资效率。

John（2008）发现，投资者保护能够有效限制管理者自由支配现金流的能力，该指标数值越高，说明对投资者的保护程度越高，越能有效遏制管理层追逐风险的非理性过度投资行为，最终实现股东价值最大化目标。

于文超、何勤英（2013）借鉴 Mclean 等（2012）的研究，从融资约束、投资效率两方面来考察微观资本配置效率。其中，用投资对现金流的敏感性来度量融资约束，用投资对 Tobin's Q 的敏感性来度量投资效率,考察了地区投资者保护、政治联系对企业资本配置效率的影响。发现若对地区投资者保护良好,则可以有效减轻当地企业的融资约束,增加其投资效率;然而,当企业与政府具有政治联系时,并不能显著影响企业的投资效率。

程仲鸣、夏新平和余明桂(2008)以及钟海燕、冉茂盛和文守逊(2010)发现,地方政府官员出于政治晋升需求,承担了促进地方经济增长、增加地区就业率等社会目标,会促使他们将这些政治目的和社会目标的实现转移到对其控制的当地上市公司中,引发上市公司过度投资,偏离经济利益最大化目标。

六、会计信息质量与资本配置效率

近几年来,会计信息质量成为国内外学者关注的重点。他们发现高质量的会计信息可以通过降低道德风险、缓解逆向选择、有效发挥资本市场功能三种机制来提高投资效率(Bushman, Smith, 2001)。

Durnev 等(2004)注意到,上市公司股价里包含的特殊性质的信息无论从行业层面(Wang, 2003),还是从税收层面(Chen, Hope, Li, 2011)和稳健性层面(Lara, Fernando, 2010)[①]、盈余质量层面(Yerdi, 2006)、财务报表质量层面(Biddle, Hilary, 2006)考虑,会计信息质量和投资效率都是呈显著正相关关系。会计信息质量对投资效率有传导机制影响(Biddle 等,2006),高质量的会计信息能够对管理者决策行为进行有效约束(Bushman, Smith, 2001),有效缓解信息不对称和代理问题而产生的道德风险,及时遏制管理者为了个人私利对投资者利益进行侵占导致的代理冲突(Healey, Palepu, 2001; Wang, 2003; Verdi, 2006; Hope, Thomas, 2008),促使管理者将财务资源投入更有效更高质量的项目中,减少公司非效率投资。Durnev 等(2004)从行业角度,运用 Tobin's Q 来度量公司投资效率,发现公司股价里含有的能够反映

---

① Lara J M G, Osma B, Fernando R. Conditional conservatism and firm investment efficiency. Working Paper, 2010.

公司特殊性质的会计信息可以有效地促进投资效率的提高，即二者呈明显正相关关系。Risberg等(2006)、Biddle和Hilary(2006)从国家层面验证了会计信息质量与投资效率的正相关性。如果一个国家的公司透明度越高(Francis等，2009)，或者会计谨慎程度越高(Bushman等，2010)，那么被要求财务报表重述或者遭受股东起诉的机会就越少(McNichols，Stubben，2008[①])，投资效率就会越高。

国内学者李青原(2009)以我国沪深上市公司为研究样本，结合我国新型加转轨的特殊制度背景，研究得出：上市公司的会计信息质量与非效率投资呈显著负相关关系。换句话说，就是会计信息质量越高，企业投资效率越高，这和国外学者的研究观点一致。周春梅(2009)通过研究得出，公司盈余质量越高，资源配置效率就越好；同时，盈余质量的提高也能够降低代理成本，间接地提高了资源配置效率。

刘慧龙、王成方和吴联生(2014)研究了盈余管理与决策权配置(决策制定权和控制权配置，例如总经理和董事长两职合一)的交互作用对投资效率的影响。发现，盈余管理和决策权配置有很大的关系，并不总能够降低投资效率。程新生、谭有超和刘建梅(2012)对上市公司自愿披露的非财务信息与投资效率间的关系进行了讨论，认为外部融资是二者之间的中介变量。非财务信息是把双刃剑，在某种程度上缓解了投资不足的同时也导致了过度投资。随着市场化程度的提高，信息不对称程度更弱，非财务信息的作用力度减弱，削弱了非财务信息与外部融资之间的关联度，非财务信息对投资效率的影响力也随之降低。

第四节 文 献 评 析

综上所述，学者们对金融发展对资本配置效率的影响、有关公

---

① McNichols M F, Stubben S R. Does Earnings Management Affect Firms' Investment Decisions? The Accounting Review, 2008.

第四节 文献评析

司治理及资本配置效率关系的研究内容已经比较全面，为本书下一步的研究积累了比较丰富的研究成果。但是，也存在着不足之处。

第一，从现有研究文献来看，涉及金融发展制度环境、公司治理以及微观资本配置效率三者关系的研究文献较少，多数文献是将三者割裂开来，或是研究金融发展对公司治理的影响，或是研究金融发展对资本配置效率的影响，或是研究公司治理对资本配置效率的影响，并没有考虑金融发展会通过影响公司治理而进一步影响公司资本配置效率，也没有探究金融发展对公司治理有哪些具体的影响。

第二，这些研究并没有结合我国的制度背景对我国具体的金融环境变化进行分析，也没有考虑其对不同产权性质下公司微观资本配置效率的积极和消极影响，以及这些影响的综合效果，这是需要进一步研究的问题。

第三，现有公司治理影响资本配置效率的文献，多是从公司治理的综合治理机制效果层面，或者从激励机制或监督机制某个层面或某几个方面进行研究，将激励机制和监督机制割裂开来，并没有考虑激励机制和监督机制对资本配置效率影响效果的差异，也没有考虑到不同的金融制度环境对激励机制和监督机制的具体影响效果如何以及会不会进一步影响到上市公司的资本配置效率。

这些问题值得本书下一步继续探讨，这成为本书研究金融发展、公司治理与微观资本配置效率的契机，并且给本书的研究带来了重要的启示。

第二章 制度背景与理论基础

本章主要对本书研究的制度背景和理论基础进行比较全面的分析，以明确我国上市公司资本配置效率的宏观金融环境，梳理研究的理论基础。在制度背景方面，本章主要从我国金融环境变迁和金融发展整体状况两大方面进行关注。而理论基础方面，将重点从金融发展理论、公司治理理论、资本配置效率理论和融资约束理论等四个方面进行阐述。

第一节 金融发展制度背景

一、金融环境变迁制度背景

我国金融发展制度变迁可以从广度与深度两个维度展开。广度方面主要包括金融机构、金融市场和金融制度改革三个方面，其中金融机构改革的突破性事件应是中国人民银行和商业银行在1984年的分离，金融市场改革的突破性事件应是1990年我国证券市场的起步——上海证券交易所的成立，金融制度改革的突破性事件应是1995年《商业银行法》的推出。深度方面可以我国金融发展过程中关键的变革性事件为依据，本书以1978年改革开放、1994年外汇体制改革、2001年加入世界贸易组织三大重要事件作为分界线，将我国金融发展制度变迁划分为如下四个阶段。

(一)"大一统"的金融体制的形成和发展(1952—1977年)

中华人民共和国成立之后，国家为了发展经济，在制定的第一个五年计划中，建立了高度集中的计划管理体制，模仿苏联银行模式，建立了"大一统"高度集中的国家银行管理体系，实行"统存统贷"的模式,将各项信贷计划纳入整个国家的经济计划中。这个时期,我国只有一家银行,即中国人民银行,该银行兼具商业银行和中央银行两种不同性质银行的职能,控制了全国大约93%的金融资源,隶属于财政部,银行虽然作为金融中介进行融资,但并没有独立的资金配置权,处于由财政划拨主导的阶段,并不是真正意义上的银行。

(二)从高度集中到市场化金融调控体系的初步建立(1978—1993年)

我国为了突破过去高度集中的计划型金融体系,于1978年开始真正改革金融体制,并逐步朝多元化方向改革。1980年中国人民银行总行实行新信贷制度:分级确定银行存贷款总额、差额包干、多存多贷,废除了过去"统存统贷"的管理模式,银行被动执行指令性计划的格局被改变。1984年1月,中国工商银行成立,负责办理原中国人民银行承担的"工商信贷"、"城镇储蓄"业务,中国人民银行专门行使中央银行的职能,完全摆脱具体银行业务,是我国金融机构改革的重大突破性事件。

1985年,中国人民银行将商业票据的承兑贴现业务在全国范围内推行。1986年,中国人民银行正式开办具体的商业票据再贴现业务,中国票据贴现市场初步形成。1985年提倡并允许金融机构间有偿融通资金。1986年国务院颁布相关条例,明确规定"专业银行之间可以互相拆借资金"。同年,武汉挂牌成立全国第一家"城市信用社间的同业资金拆借市场";次年,全国各地逐步建立金融同业拆借市场。

1986年,国务院颁布《银行管理暂行条例》,用法律形式初步明确规定中国人民银行的职责是作为中央银行和金融监管部门,标志着中央银行职能转变的初步完成。同年,国家陆续建立了一批新型商业银行,包括四家全国性商业银行和一些区域性商业银行。新型银行和非银行金融机构的并存,打破了之前专业银行对市场垄断的格局,促进了银行业的竞争,并促进了银行等金融体系的市场化改革。与此同时,我国有价证券市场的发展也已经开始。1981年,国库券开始发行。随后,国家在北京、上海等地进行股份制试点工作,并开始尝试允许金融机构代理企业办理有关股票发行及转让业务。截至1987年,国家陆续发行了重点企业债券、重点建设债券、地方企业债券、财政债券和金融债券等10多种债券。从1978年到1989年,我国金融改革主要是对银行业进行分业机构设置。1990年11月,上海证券交易所成立;1991年7月,深圳证券交易所成立。证券市场的起步彻底打破了我国之前单一的金融体系间接融资模式,金融发展上了一个新台阶。

在这个时期,我国逐步建立了国有商业银行、中央银行、股份制银行并存的多层面金融中介体系;商业票据贴现市场、同业资金拆借市场及直接融资证券市场初步建立,逐渐形成了多类型、多层面的金融市场体系。

(三)金融改革的深化和金融结构的日益多元化(1994—2001年)

1994年,我国开始实行基于市场供求的单一的、有管理的浮动汇率制,并建立了中国外汇交易中心,对保障银行结售汇制顺利推行,改进银行汇率形成机制,加快银行、企业间资金清算速度,起到了积极作用。在此期间,外汇体制的改革还体现在1996年人民币经常项目下可兑换业务的开展。

1995年开始,政府鼓励城市合作银行的组建,截至1997年的两年时间,已批准组建城市合作银行152家,61家已正式开业。同时,我国的保险业也有了很大发展。1996年,中国人民保险公司进行改制,开展集团化经营,下属的三个分公司按照人寿和财产分产业进行经营的原则,分别经营人身保险、再保险和财产保险业务,原公司改名为中国人民保险(集团)公司。同时,5家保险公司新挂牌成立,保险竞争格局已经形成。

1995年,中国人民银行根据规范管理、分业经营的原则,重新登记非银行金融机构,加强金融市场准入门槛。新批设了3家信托投资公司,专门开展信托投资业务。从第二年开始,中国人民银行各级分行与其投资创办的证券公司脱离,国有商业银行与其所属的信托投资公司也脱钩,财务公司实行分业经营,尝试非银行金融机构的推出机制,全面实施非现场检查制度,有力地推动了非银行金融机构的规范经营。

与此同时，我国的金融市场初步对外开放。1996年，中国人民银行正式加入国际清算银行，允许外国银行在我国部分城市和省份设立营业机构，保险开放业务在上海和广州试点运行，允许设在上海浦东地区的外资金融营业机构在符合条件的前提下开展人民币业务试点。同时，我国陆续增加外资银行的批准数量，进一步扩大外资银行人民币业务的地域范围，放宽规模限制，鼓励创办中外合资保险公司。政府批准并支持中资金融机构开拓海外市场，到海外设立营业机构，并逐步允许中资股份制公司拓展融资范围，吸收外资股份。

在金融市场和金融中介快速发展的同时，政府也看到了我国四大国有专业银行因为长期对金融市场进行垄断，造成了银行资产整体质量水平并不高，政府和企业、银行和企业之间关系扭曲。中央开始对国有专业银行进行商业化改革，重点表现为国有专业银行的"去政策化"改革。1994，中央相继成立了三家政策性银行，分别是中国进出口银行、中国农业发展银行和国家开发银行，专门承担那些满足社会公共需求发展的公共服务。这些贷款虽然有良好的社会效益，但是由于在投资时需要大量的资金，并且资金使用和还款周期都比较长，自身经济效益不太好，因此大多数商业性银行都不愿把资金贷给这些项目。政策性银行的成立标志着我国政策性信贷业务从商业银行中剥离，实现了商业和政策金融之间的真正分离。1995年，中央颁布了《商业银行法》，明确规定商业银行实行企业经营模式，"自主经营、自负盈亏、自担风险和自求平衡"，以其全部法人财产独立承担相应的民事责任，我国的专业银行商业化实施进入了实质性阶段。1998年，财政部为了使四家国有商业银行资本充足率达到法定的8%水平，发行特种国债筹措资金，以补充商业银行资本金。同时也调整分支机构(1997—1999年)以增减人员、节省开支、提高效率；加强内控和防范风险(1995—1998年)，1998年建立的授权授信制度①，改变了金融机构之前按国家、地

---

① 授权是指商业银行对其所属业务部门、分支机构和关键业务岗位开展业务权限的具体规定。

授信是银行给客户提供信贷的额度、信用卡上的透支额。

区、部门等级别确定其信贷权限的做法。

1999年,中央相继成立了信达资产管理公司、长城资产管理公司、东方资产管理公司和华融资产管理公司四家国有资产管理公司,用来对从国有商业银行剥离出来的不良资产进行处理和收购,以降低国有商业银行的资产负债率和不良贷款率,提高资本充足率。

(四)金融改革的日益国际化(2001年至今)

伴随着中国2001年加入世界贸易组织(WTO),和世界经济接轨,十五年过渡期的承诺,促使中国在加快内部改革进程的同时,也加快了国际化进程。我国金融业发展更为迅速,重点表现在金融业对外开放步伐加快,国有银行以股改重组、上市、引进战略投资者、股权多元化等产权改革方式来实现金融业的市场化目标,从而提高金融机构的资金配置效率。与此同时,中国银行互联网的设立、网络等电子商务业务的兴起带来的电子支付,极大加快了金融支付和结算的速度,虚拟货币改变了传统的实物货币金融支付的单一形态。

2001年11月10日中国正式加入WTO,加快了国有商业银行适应国际经济接轨、进行股份制改造的进程。第二年,全国金融工作会议中提出鼓励有条件的商业银行可以改制成国有控制的股份性质,对法人治理结构进行完善,条件成熟时可以直接上市。随后,商业银行对不良资产进行了剥离,同时增加了资本充足率,中国银行股份有限公司于2004年8月、中国建设银行股份有限公司于2004年9月、中国工商银行股份有限公司于2005年10月、中国农业银行股份有限公司于2009年1月相继成立。

2005年10月,中国建设银行在香港联交所成功上市,发行货币为全流通H股,随后又于2007年9月在上海证券交易所成功上市。紧接着,中国银行2006年6月同时在中国香港成功发行H股,筹资867亿港元,在中国内地成功发行A股,筹资200亿人民币。该年10月,中国工商银行采用A+H股同步上市、同步发行方式,成功在上海证券交易所和香港证券交易所两地同时上市,分别在上交所筹资1249亿港元,在港交所筹资464亿元人民币,中国工商银行上市成为全球最大的首次发行。

2010年4月，中国农业银行启动上市程序，确定9家投资银行协助其完成中国内地 A 股和中国香港 H 股的发行上市工作，并于同年7月15日和7月16日正式在上海和香港两地挂牌上市。至此，我国四大国有商业银行全部上市，掀起了金融改革新的一页。

2012年，互联网金融概念正式被提出，在2013年获得飞速发展。余额宝规模爆发式增长，不到半年就达到了近2000亿元的规模；P2P 网络借贷①交易额快速增长，规模也已超过了1000亿元，2013年贷款存量268亿元，行业总成交量1058亿元，截至2014年已超过1500家，对传统的单纯资金中介造成极大地冲击；众筹融资平台开始逐渐发展，2013年，众安在线作为首家为互联网活动进行保险支撑的机构正式获批并在线开业，第三方互联网支付机构获得支付牌照渐渐走上正轨，支付市场交易规模达到53729.8亿元。传统金融机构由于互联网金融的发展也开始进行产业转型升级和产品改造，根据自身金融产品和交易业务，建设线上创新型平台。互联网金融对中小微型企业提供了信贷支持，减少了传统银行贷款较高的审批成本和管理流程成本。

二、中国金融发展状况

（一）金融规模发展分析

本书用 Goldsmith 提出的金融相关比率和 Mckinnon 提出的金融货币化比率分别度量我国的金融发展规模，由表2-1可以看出，在1989年之前，以广义货币供应量/GDP 衡量的金融货币化比率相对于以金融资产总额/GDP 衡量的金融相关比率，几乎可以忽略不计。到1990年，二者突然快速增加，金融货币化比率由1989年的

---

① P2P 网络借贷平台，是 P2P 借贷与网络借贷相结合的金融服务网站。P2P 借贷是 peer to peer lending 的缩写，peer 是个人的意思。网络借贷指的是在借贷过程中，资料与资金、合同、手续等全部通过网络实现，它是随着互联网的发展和民间借贷的兴起而发展起来的一种新的金融模式，这也是未来金融服务的发展趋势。

微乎其微突然上升到 1990 年的 0.8192，金融相关比率从 1989 年的 0.0120 直接上升到 1990 年的 0.8334，增速高达 6845%，明显反映出 1990 年上海证券交易所的建立推动了我国金融相关比率、金融货币化比率即金融规模的发展。到 1992 年，金融相关比率超过 1，意味着上海证券交易所和深圳证券交易所的成立，融资规模的增加，使我国的金融资产规模开始超过 GDP。

表 2-1 金融发展规模指标

年份	金融货币化比率（M2/GDP）	金融货币化增长率	金融相关比率（金融资产总额/GDP）	金融相关比率增长率
1986	—		0.0041	—
1987	—	—	0.0056	0.3659
1988	—	—	0.0063	0.1250
1989	—	—	0.0120	0.9048
1990	0.8192	—	0.8334	68.4500
1991	0.8884	0.0845	0.9057	0.0868
1992	0.9435	0.0620	1.0037	0.1082
1993	0.9871	0.0462	1.1056	0.1015
1994	0.9736	-0.0137	1.0755	-0.0272
1995	0.9993	0.0264	1.0916	0.0150
1996	1.0691	0.0698	1.2497	0.1448
1997	1.1522	0.0777	1.3844	0.1078
1998	1.2381	0.0746	1.4848	0.0725
1999	1.3370	0.0799	1.6483	0.1101
2000	1.3568	0.0148	1.8579	0.1272
2001	1.4436	0.0640	1.8602	0.0012
2002	1.5375	0.0650	1.8821	0.0118

续表

年份	金融货币化比率(M2/GDP)	金融货币化增长率	金融相关比率(金融资产总额/GDP)	金融相关比率增长率
2003	1.6288	0.0594	1.9863	0.0554
2004	1.5894	-0.0242	1.8729	-0.0571
2005	1.6154	0.0164	1.8481	-0.0132
2006	1.5977	-0.0110	2.0670	0.1184
2007	1.5178	-0.0500	2.8183	0.3635
2008	1.5131	-0.0031	1.9971	-0.2914
2009	1.7783	0.1753	2.5741	0.2889
2010	1.8078	0.0166	2.5387	-0.0138
2011	1.8000	-0.0043	2.3055	-0.0919
2012	1.8753	0.0418	2.3649	0.0258
2013	1.9452	0.0373	2.4075	0.0180
2014	1.9299	-0.0079	2.5533	0.0606

数据来源：《中国统计年鉴》、《中国金融年鉴》

在 1990—2014 年区间，金融货币化比率由 0.8192 上升至 1.9299，金融相关比率则由 0.8334 上升至 2.5533（欧盟约为 0.6，美国约为 0.6，日本约为 1.4，我国在世界主要经济体中是最高的，吴晓求，2014）。图 2-1 说明金融相关比率平均增长速度显著高于金融货币化比率平均增长速度，再一次证实了证券市场对我国金融发展规模增长的重要性。

本书将金融资产进行明细化，货币和准货币代表了银行业的发展规模，股票市场年度总市值代表了股票市场的发展规模，债券市场年末余额代表了债券市场的发展规模，保费代表了保险公司的发展规模，将各个指标进行比较，如图 2-2 所示。显而易见，我国金融发展主要表现在金融机构（货币和准货币）的发展，其中银行金融机构贷款在金融发展规模中占绝对优势，且待续稳健地快速增

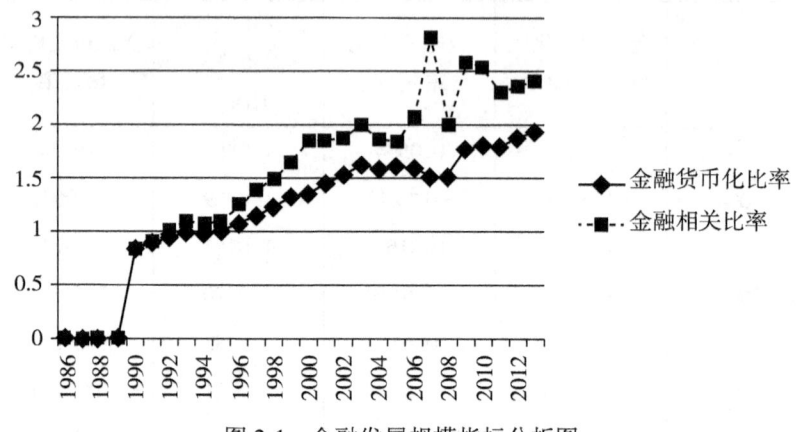

图 2-1　金融发展规模指标分析图

长。相比银行业的发展，股票市场发展在 2005 年之前增速很慢，2006 年之后发展很不稳定，保险市场、债券市场发育程度更加微弱，远远低于金融发展的水平。由此可以看出我国金融发展结构的不平衡。

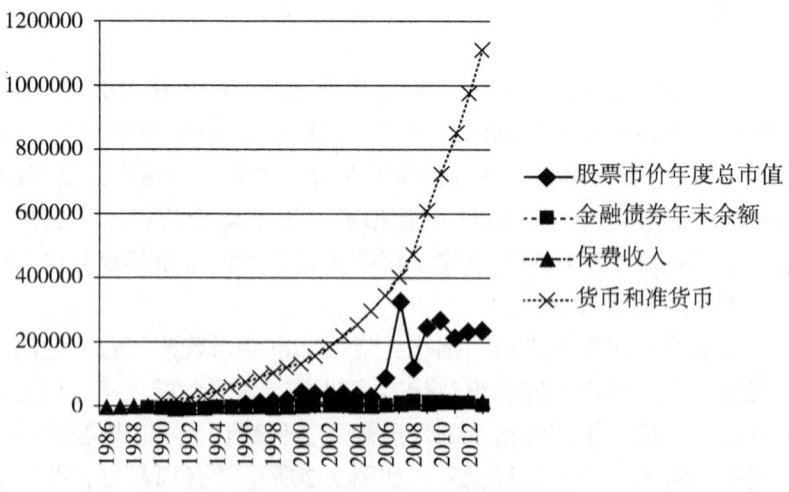

图 2-2　金融资产明细指标规模图

(二)金融结构发展分析

本书采用非银行金融资产/金融总资产比率来衡量金融结构。根据图2-3,1990—2012年间,我国非银行金融资产占金融资产总额比重始终没有超过0.5,最高点是2007年的0.4614,第二最高点是2009年的0.3091,这和我国股市的震荡有关。我国股市从1990—2001年间一直发展态势良好,从2001年开始持续下跌,2005年年底跌至最低,后迅速反弹,到2007年达到最高点,此时股票市值也达到历史最高点,这一最高点在我国金融发展史中具有历史性意义,我国金融市场规模第一次达到与金融机构规模相当的位置。2008年金融危机,全球股市低迷,非银行资产开始下降。

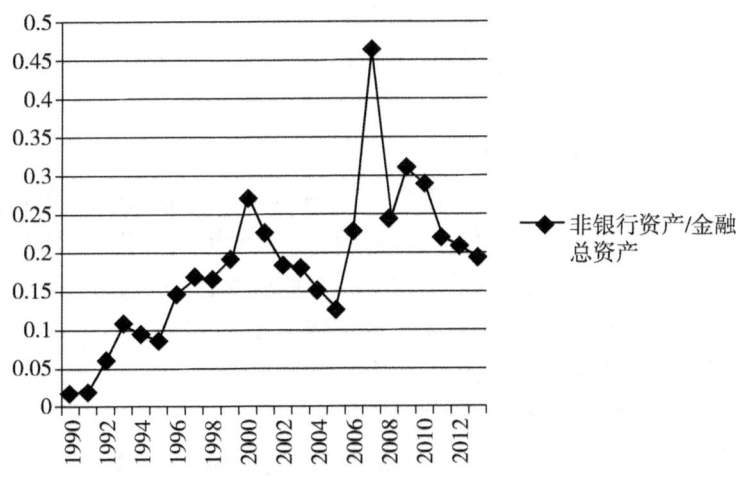

图2-3 非银行金融资产/金融总资产-金融结构分析图

另外,本书采用股票总市值/(货币和准货币+金融债券余额)来衡量我国金融市场中直接融资相对于间接融资的比例,如图2-4所示,结果和图2-3的本质一致。尽管我国的金融市场发展很快,但是直接融资的规模相对于间接融资,还有很大的差距,平均仅占到间接融资的18%。由此可以看出,股票市场的发展空间还很大,未来金融结构的多元化、适度化改革仍任重而道远。

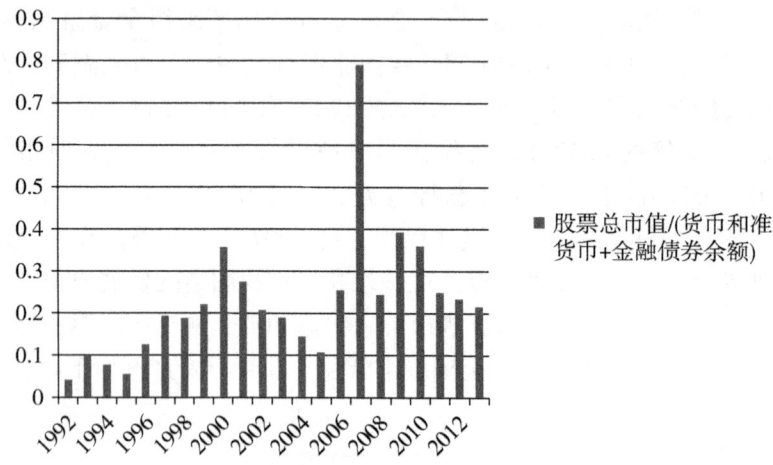

图 2-4　股票总市值/(货币和准货币+金融债券余额)金融结构分析图

(三) 我国金融发展的现状

金融发展存在两种金融体系：市场主导型和金融中介机构(即银行)主导型。从前面对我国金融结构发展分析的结论就可得知我国属于银行主导型金融体系，四大国有商业银行控制着我国的金融体系，这一点相关学者都普遍认可(陈雨露和郑艳文，2006)。但是不可否认，我国的金融体系一直在持续地发展。

1. 金融机构营业网点的发展

根据《2013 年中国区域金融运行报告》①显示，2013 年我国银行业金融机构网点共 20.9 万个，较 2012 年增加 0.7 万个；资产总额 140.2 万亿元，同比增长 12.6%；从业人员 356.7 万人，较 2012 年增加 18.8 万人。分地区看，东部由于发达的经济优势，各项金融服务体系配套设施完善，因此各个指标都要高于其他地区。其中，东部地区营业网点机构个数占全国的 39.5%，东北老工业基地仅占 9.6%；这几年政府的政策倾斜，使得西部地区营业网点机

---

① 中国人民银行货币政策分析小组：《2013 年中国区域金融运行报告》，2014 年 6 月。

构个数、从业人员和金融资产量都略高于中部地区。如表 2-2 所示。

表 2-2　　2013 年年末银行业金融机构营业网点地区分布

地区	营业网点			法人机构个数占比
	机构个数占比(%)	从业人数占比(%)	资产总额占比(%)	
东部	39.5	44.1	58.9	33.2
中部	23.7	21.2	15.1	24.9
西部	27.2	23.9	19.1	32.7
东北	9.6	10.8	6.9	9.2
合计	100	100	100	100

数据来源：《2013 年中国区域金融运行报告》

2. 银行业的发展

如表 2-3 所示，2013 年，我国东部、中部、西部和东北地区人民币各项存款增速分别达到 12.5%、15.3%、16.0% 和 12.6%，全国平均增速为 13.8%，中部和西部地区的增速超过了全国平均水平。同样可以看出，中部和西部地区的人民币各项贷款增速也超过东部和东北地区，无论从人民币储蓄存款业务还是单位贷款业务，或者是人民币的各项贷款业务，西部地区的增速都要高于全国平均增速水平，位于第一位，其次是中部地区，而东部地区增速明显放缓，尤其表现在票据融资方面，这与我国的西部大开发战略、中部崛起战略的部署密切相关。值得注意的是，东北地区的贷款增速（14.2%）和存款增速（12.6%）间的差距过高，有可能会出现资金需求漏洞，东北地区金融体系没有和经济发展同步。

表 2-3　　2013 年年末金融机构存贷款余额增速地区分布

	东部(%)	中部(%)	西部(%)	东北(%)	全国(%)
人民币各项存款	12.5	15.3	16.0	12.6	13.8

续表

	东部(%)	中部(%)	西部(%)	东北(%)	全国(%)
其中：储蓄存款	10.7	14.9	15.5	10.4	12.0
单位存款	12.7	14.4	15.9	11.1	13.5
人民币各项贷款	12.3	15.9	17.4	14.2	14.1
其中：短期贷款	13.6	19.6	24.1	18.3	16.9
中长期贷款	12.5	14.6	14.8	12.4	13.0
票据融资	-4.6	-3.5	6.1	0.1	-4.1

数据来源：《2013年中国区域金融运行报告》

3. 股票市场的发展

在我国金融体制改革中，股票市场的发展是最重要的内容之一。1990年12月，上海证券交易所成立，当年有8家公司上市，1991年7月深圳证券交易所成立，当年仅有6家公司上市，1991年股票市场融资额共5亿元。在随后的20多年里，我国股票市场取得了高速增长，但是增长速度并不平稳也不规则。截至2013年年底，包括A股和B股在内，两个股票市场的上市公司总数合计已达2489家。股票市场融资金额达3868.88亿元，流通股市值达到199579.54亿元，占GDP的35.085%。如表2-4所示。

表2-4　　　　　　　　我国股票市场的发展

年份	上市公司数量						股票筹资额亿元	流通股市值亿元
	全国	增长率(%)	上交所	增长率(%)	深交所	增长率(%)		
1990	10	—	8	—	2	—	—	—
1991	14	40.000	8	0.000	6	200.000	5	—
1992	53	278.571	29	262.500	24	300.000	94.09	—
1993	183	245.283	106	265.517	77	220.833	375.47	862
1994	291	59.016	171	61.321	120	55.844	326.78	969

续表

年份	上市公司数量						股票筹资额亿元	流通股市值亿元
	全国	增长率(%)	上交所	增长率(%)	深交所	增长率(%)		
1995	323	10.997	188	9.942	135	12.500	150.32	938
1996	530	64.087	293	55.851	237	75.556	425.08	2867
1997	745	40.566	383	30.717	362	52.743	1293.82	5204
1998	851	14.228	438	14.360	413	14.088	841.52	5746
1999	949	11.516	484	10.502	465	12.591	944.56	8213.96
2000	1088	14.647	572	18.182	516	10.968	2103.24	16088
2001	1160	6.618	646	12.937	514	-0.388	1252.34	14463.17
2002	1224	5.517	715	10.681	509	-0.973	961.75	12484.56
2003	1287	5.147	780	9.091	507	-0.393	1357.75	13178.52
2004	1377	6.993	837	7.308	540	6.509	1510.94	11689
2005	1381	0.290	834	-0.358	547	1.296	1882.51	10630.52
2006	1434	3.838	842	0.959	592	8.227	5594.29	25003.64
2007	1550	8.089	860	2.138	690	16.554	8680.17	93064
2008	1625	4.839	864	0.465	761	10.290	3852.21	45213.9
2009	1718	5.723	870	0.694	848	11.432	6124.69	151258.65
2010	2063	20.081	894	2.759	1169	37.854	11971.93	193110
2011	2342	13.524	931	4.139	1411	20.701	5814.19	164921
2012	2494	6.490	954	2.470	1540	9.142	4134.38	181658.26
2013	2489	-0.200	953	-0.105	1536	-0.260	3868.88	199579.54

2013年年末，我国上海证券交易所上市公司共953家，深圳证券交易所上市公司共1536家，创业板共355家，中小企业板上市公司数量为701家。分地区看，我国东部地区上市公司数量占全国的比重最高，为65.1%，中部、西部地区均占14.7%，东北地

区最少,仅占5.5%。"新三板"市场发展活跃,挂牌企业数量明显增加,2013年共挂牌企业356家,同比增长幅度高达78%。其中,北京中关村、上海张江、武汉东湖和天津滨海四园区挂牌企业数量占比分别为69.6%、14.1%、10.1%和6.2%。同时可以看出,东部地区在境外上市的公司数、A股和H股融资额以及国内债券融资额在全国占有明显优势比例,无论利用股市直接融资,还是利用债券间接融资,东部地区都具有得天独厚的优势。而东北地区各项指标所占份额都很少,在境外上市融资的企业数量也很少。如表2-5所示。

表2-5　　　　　　　　2013年末各地区证券业分布

	东部 (%)	中部 (%)	西部 (%)	东北 (%)	全国 (%)
境内上市公司数	65.1	14.7	14.7	5.5	100
年末境外上市公司数	78.3	11.6	6.7	3.4	100
当年国内股票(A股)筹资额	57.3	14.9	24.7	3.1	100
当年发行H股筹资额	87.8	9.1	3.1	0	100
当年国内债券筹资额	70.3	13.3	12.8	3.7	100
其中:短期融资券筹资额	81.6	8.1	8.7	1.6	100
中期票据筹资额	65.1	14.0	16.4	4.5	100

数据来源:《2013年中国区域金融运行报告》

4. 债券市场的发展

1981年,我国开始采用发行国债的方式为经济建设和社会发展筹集所需的资金。但是,由于国力有限,再加之债券市场刚刚起步,国债的发行规模十分有限。相比于已高达17511亿元的贷款总量,到1990年年底,包括国家投资公司债在内的国债总存量规模仅为1028亿元。为了扩大债券市场的容量,我国自1991年开始发行国家投资债券,国家投资债券是由工商银行和建设银行发行并由财政部担保的投资于国家重点建设项目、在一定期限内还本付息的有价证券。这在一定程度上增进了债券的发行，至 1994 年年底，我国的政府债的存量已从 1990 年的 1028 亿元上升到 2577 亿元，增长速度较快。1995 年我国又发行了数量相当可观的政策性金融债券，这使得我国的政府债余额在当年迅速增加到 3300 亿元。从那时起，政府债券所发挥的功能已经不仅限于政府融资的工具，而是上升为宏观经济调控的重要手段。自此其发行规模得到了迅速发展，至 2014 年年底，我国国债及地方政府债余额已分别达 9.57 及 15.4 万亿元。

与此同时，我国企业债也经历了从无到有、从小到大的发展历程。我国从 1986 年开始发行金融债以及企业债，起初，金融债与企业债的发行规模都保持在较低水平。例如，1990—2002 年，金融债券的年发行量除了 1995 年及 1996 年间出现过较大规模的增长之外，其余年份均保持在 100 亿元以内。与之相类似，企业债从 1990—2003 年的发行量也处于较低水平。然而，自 2003 年开始，金融债以及企业债的发行都得到了明显的提速，至 2014 年年末，金融债券的总托管量已达 12928 亿元，而企业债的总托管量更是高达 23633.46 亿元。可见，随着经济水平的不断提高，我国的债券市场得到了不断发展与完善，这一方面降低了债券的融资成本，另一方面也丰富了宏观调控手段并进一步拓宽了广大企业的融资渠道。表 2-6 列出了 2014 年中央结算公司托管的各类债券发行数量。

表 2-6　2014 年中央结算公司托管的各类债券发行数量（单位：亿元）

券种	总计	银行间	交易所	柜台
1. 政府债券	20247.35	18206.39	156.60	1884.36
1.1 记账式国债	14363.30	14207.19	155.80	0.31
1.2 储蓄国债（电子式）	1884.05	0.00	0.00	1884.05
1.3 地方政府债	4000.00	3999.20	0.80	0.00
2. 政策性银行债	22980.52	22902.38	0.00	78.14
2.1 国家开发银行	11405.42	11332.39	0.00	73.03

续表

券种	总计	银行间	交易所	柜台
2.2 中国进出口银行	5025.10	5019.99	0.00	5.11
2.3 中国农业发展银行	6550.00	6550.00	0.00	0.00
3. 政府机构支持债券	1500.00	1500.00	0.00	0.00
4. 商业银行债券	834.00	834.00	0.00	0.00
5. 资本工具	3568.50	3568.50	0.00	0.00
6. 非银行金融机构债券	632.00	632.00	0.00	0.00
7. 企业债券	6961.98	5411.13	1550.85	0.00
7.1 中央企业债	368.00	335.05	32.95	0.00
7.2 地方企业债	6530.50	5027.40	1503.10	0.00
7.3 集介企业债	63.48	48.68	14.80	0.00
8. 资产支持证券	2793.50	2793.50	0.00	0.00
合计	59517.85	55847.90	1707.45	1962.50

数据来源：中国债券信息网、上海清算所网站和中国证券登记结算公司网站。

5. 我国互联网金融的发展历程及现状

（1）我国互联网金融的发展历程

随着云计算、大数据、电子商务和社交网络等新一代互联网信息技术的风起云涌，第三方支付与移动支付、P2P 网络贷款、互联网理财、众筹融资等基于互联网开展业务的新型互联网金融模式正在迅速崛起，已经发展成为不可逆转的时代金融潮流。我国互联网金融主要经历了三个阶段的发展演变。第一个阶段是 2005 年以前，属于萌芽时期。我国互联网金融在萌芽阶段一片风平浪静，没有被人们所察觉，这一阶段互联网金融的主要表现是金融机构依托互联网铺展业务，把业务从线下搬到线上，大大提高了其工作效率，当时的互联网金融只是技术领域的，还没有深入到业务领域，真正意义的互联网金融业态还没有体现出来。第二阶段是 2005—2011 年，这一阶段是我国互联网金融的成长阶段。以支付宝为首的第三方支付机构逐渐成熟起来，2011年中国人民银行开始发放第三方支付营业牌照，第三方支付的发展进入了正轨。此后，网络贷款也开始出现，互联网金融已经不仅仅局限于技术领域，而是逐渐深入到业务领域。第三阶段是2012年至今，这一阶段是我国互联网金融的爆发阶段。这一阶段互联网金融实践创新呈爆炸式增长，各种互联网金融业态接踵而至，证券和保险网络公司获批，我国互联网金融从此正式进入了一个全新的发展阶段。如果说2013年是我国互联网金融的元年，那么2014年才是我国互联网金融真正的大爆发。我国互联网金融的标志性事件如表2-7所示。

表2-7 我国互联网金融的标志性事件

时间	事件	事件详情
2013.06.17	"余额宝"上线	支付宝联合天弘基金推出了余额宝，是互联网基金创新的第一大理财产品。截至2015年12月31日，用户规模达到1.49亿，净资产规模突破7千亿元
2013.07.06	第三方支付牌照	中国人民银行再度发放了新一批第三方公司的支付牌照，包括新浪、百度在内的27家公司
2013.08.05	微信5.0接入支付	微信5.0接入微信移动支付功能，微信支付使用财付通的支付牌照、账户体系和安全体系，打通了O2O的最后一环
2013.10.09	阿里控股天弘基金	阿里出资11.8亿元控制天弘基金51%的股权
2013.10.28	"百发百赚"上线	百度联合华夏基金推出了货币基金百发，4个小时销售额突破10亿元，三天后又相继推出第二款产品百赚，继续保持热销势头
2013.11.06	"众安在线"上线	阿里巴巴、中国平安和腾讯等联手建立中国首家网络保险公司——众安在线

续表

时间	事件	事件详情
2014.01.03	移动支付年度大战	腾讯的滴滴打车和阿里巴巴的快的打车补贴争抢移动互联网市场
2014.01.22	"理财通"上线	腾讯与华夏基金合作推出微信理财产品理财通。截至2015年12月31日,净资产规模突破800亿元
2014.02.13	"京东白条"公测	消费者在京东购物便可申请最高1.5万元个人贷款支付,并在3~24个月内分期还款
2014.03.14	第三方支付拟受限	个人账户单笔转账金额不得超过1千元,年累计不得超过1万元;个人单笔消费金额不得超过5千元,月累计消费金额不得超过1万元
2014.04.15	"百度钱包"上线	百度钱包是一个可以返现的钱包,打通了旗下广大商家与用户之间的障碍,实现了集付款转账等为一体的消费体验方式
2014.07-09	五大民营银行获批	首批试点的五家民营银行包括深圳前海微众银行、上海华瑞银行、天津金城银行、浙江网商银行和温州民商银行
2014.09.10	小米进军互联网金融	小米科技与顺为资本作为领投企业,投资了P2P积木盒子,是小米在互联网金融行业的重要布局
2014.09.24	"校园白条"推出	校园白条是继京东白条之后推出的第二款"白条"产品,是专门为大学生推出的先消费、后付款的信用服务,实际上是信用卡分期消费的服务
2014.10.16	蚂蚁金服集团成立	蚂蚁金服的主要服务对象定位为小微企业和个人消费者,是阿里巴巴在金融领域的强大势力的集成,几乎包含了阿里巴巴所有的金融业务

续表

时间	事件	事件详情
2015.01.28	招商银行签约你我贷	你我贷与招商银行正式签署战略合作协议，首单银行在互联网金融平台的资金托管业务正式破冰，给整个互联网金融行业带来了巨大的好处
2015.06.18	社保基金入资蚂蚁金服	社保基金投资蚂蚁金服是养老基金进入互联网金融市场的第一单
2015.12.03	e租宝被查	e租宝因涉嫌非法集资被查，涉案资产被冻结，震动了整个互联网金融行业，称为2015年影响力度最大的一次理财危机
2015.12.22	财路通联姻国寿	财路通与中国人寿财险的合作，是互联网金融平台接入保险保障体系的行业标杆
2015.12.28	宜人贷赴美上市	宜人贷是宜信旗下P2P网贷平台，宜信成立于2006年，是我国最早的P2P网络贷款公司之一。宜人贷在纽约交易所上市，成为中国互联网金融海外上市的第一股

(2) 我国互联网金融的典型业态及其现状

虽然我国对互联网金融的定义尚未明确，但是对互联网金融的业态分类有比较统一的认识，大部分专家学者认为互联网金融包括互联网支付、P2P网络贷款、基于大数据的网络小额贷款、众筹融资和互联网理财等典型业态。下面分别介绍最常见的五种典型业态的发展现状。

① 互联网支付。

互联网支付是指客户通过手机、计算机等通信设备客户端，以互联网为依托发出支付指令，实现资金转移的过程，其实质是付款人和收款人以支付机构作为中介实现资金划转的服务。互联网支付主要有三种类型：一是第三方支付机构不参与资金转移，付款人通过支付平台客户端链接到银行网银，直接将银行账户资金划转给收款人。二是付款人将银行账户内的资金划转到在支付平台开立的支付账户中，向支付机构发出支付指令将资金划转给付款人。三是快捷支付模式，付款人在支付平台开设账户，客户、支付平台和银行签订三方协议，经付款人同意，将支付账户和银行账户绑定在一起，付款人可以通过支付账户来管理银行账户中的资金，直接在支付账户上发出支付指令，将银行账户内的资金划转给收款人。

阿里金融是我国互联网金融的领军企业，金融业务涵盖了第三方支付、网络信贷、众筹、保险等领域，在第三方支付市场上更是一直独占鳌头，其最早介入互联网金融领域就是2004年成立了第三方支付平台——支付宝，支付宝在成立以来就独揽了大片的第三方支付市场份额。据 iResearch 统计的2015年数据显示，第三方支付中支付宝的市场份额是47.5%，稳居老大，位居第二的财付通所占市场份额为20%，不到支付宝的一半。阿里巴巴在支付宝成立以后，又相继在2010年推出阿里小贷，2013年推出余额宝，2014年推出娱乐宝，2016年阿里巴巴又准备转战农村市场，计划到2019年年底共投资16亿美元建立10万个农村淘宝中心。阿里巴巴的互联网金融攻略看似随意的撒豆成兵，实质却是有计划、有章法的运筹帷幄。

据 iResearch 统计显示，我国第三方互联网支付的交易规模截至2015年年底，已经达到118674.5亿元，比2014年增长了46.9%，同比增速有所下降。随着互联网支付业务的不断增长，我国第三方互联网支付的交易规模预计在2019年将达到27万亿元。同时，艾瑞咨询数据显示，2014年第3季度到2015年第3季度我国第三方互联网支付业务交易规模从20154.3亿元上升至30747.9亿元，同比上升52.56%。图2-5所示的是2014Q3—2015Q3我国第三方互联网支付业务交易规模及环比增长率。

②P2P网络贷款。

P2P 是 peer to peer 的缩写，是指有资金借出意愿的人和有资金借入意愿的人通过 P2P 网络平台进行直接借贷的过程。资金借出方可以在此过程中获取比将资金放在银行高的利息收益，但要承担相应的资金难以收回的风险；资金借入方需按时支付利息并到期偿还本金；P2P 网络平台从中收取中介服务费。我国典型的 P2P

第一节　金融发展制度背景

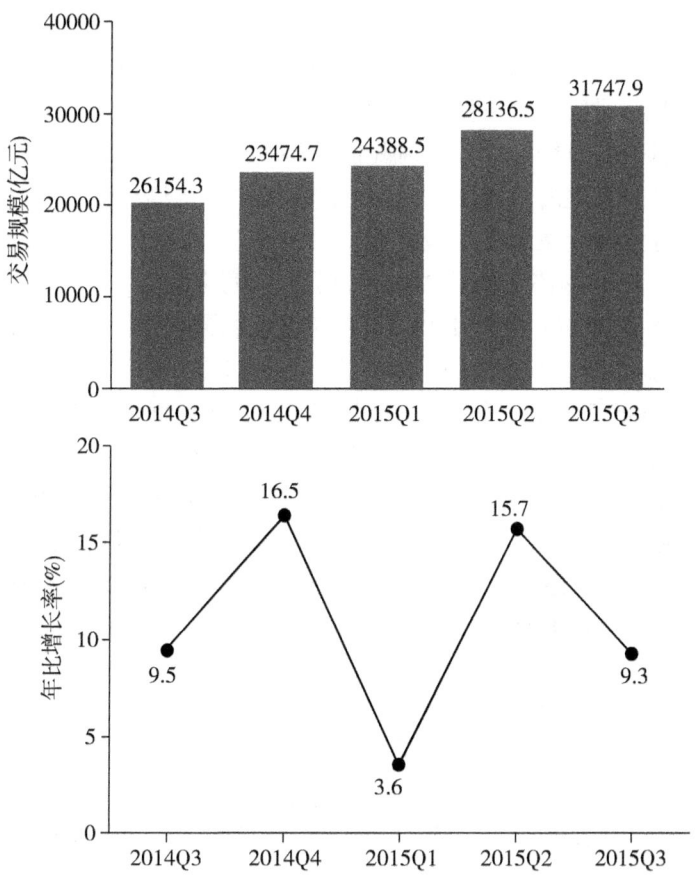

图 2-5　2014Q3—2015Q3 我国第三方互联网支付交易规模及环比增长率
资料来源：根据艾瑞咨询网站整理取得

网络贷款平台有人人贷、红岭创投和拍拍贷等。具体交易过程是借款方把需要融资的项目和借款方案发送给网络贷款公司，网络贷款公司基于互联网大数据对借款方的项目可行性、信用资质和资金实力进行分析评估，得出具体的资格审查报告，并将借款信息和资格审查报告一并发布在门户网站上，而平台上有投资需求的人通过考虑各种现实情况和项目风险，自主决定是否借款给借款人。

P2P 网络贷款有助于解决我国中小企业融资问题，弥补了我国金融机构在中小型企业融资问题上的空白，大幅降低了信息不对称和交易成本，使资金需求方获得比民间借贷更便利、成本更低的信用融资渠道，投资人获得比银行存款更高的收益回报。并且随着P2P逐渐发展成熟，法律法规和监管体系逐渐健全，互联网金融将会产生明确的市场标准，抗风险能力将由弱到强，市场秩序将由乱到治，之前发生的P2P网贷平台跑路事件终将渐行渐远，P2P网络贷款行业将会逐渐趋于规范化。

我国P2P网络贷款从2006年起步，发展速度一直很快。根据易观智库发布的《中国P2P网络借贷市场趋势预测报告2016—2018》数据显示，截至2015年年底，我国P2P网络借贷市场交易规模达8686.2亿元，较2014年增长331.6%，而受监管细则出台影响以及各级监管机构对于P2P网络借贷平台准入的限制，预计未来几年我国P2P网络借贷市场交易规模增速将放缓，2018年交易规模数将达29432.1亿元人民币。根据网贷之家数据统计显示，从2012年到2015年，P2P网络贷款平台数从200家上升至3858家。表2-8所示的是2012—2015年P2P网络贷款综合统计数据。

表2-8　　2012—2015年P2P网络贷款综合统计

时间	成交量（亿元）	累计运营平台数（家）	综合利率（%）	当期投资人数（万人）	当期借款人数（万人）
2012	212	200	19.13	5.1	1.9
2013	1058	800	23.05	25	15
2014Q1	363.37	1023	20.78	55.49	10.82
2014Q2	483.23	1184	19.41	85.75	20.44
2014Q3	729.2	1430	17.46	154.74	31.17
2014Q4	952.37	1575	16.26	246.07	46.1
2015Q1	1185.56	2278	15.02	265.24	53.45
2015Q2	1820.64	2814	14.17	394.15	83.57
2015Q3	2951.64	3448	12.63	624	155.98
2015Q4	3865.21	3858	12.45	845.98	208.52

数据来源：根据网贷之家数据整理取得

③基于大数据的网络小额贷款。

基于大数据的网络小额贷款是指互联网企业通过旗下电子商务平台客户的财务状况、行为特征、行业环境、信用记录对客户的还款能力和还款意愿进行评估，确定贷款的利率和期限，由其控股的小额贷款公司为电商平台客户提供小额信用贷款的过程。例如阿里巴巴所属的网络贷款公司阿里小贷经营的业务就是向淘宝商家提供小额贷款来获取利息收益，也帮助商家解决资金短期周转的问题。蚂蚁金融 COO 杨光在第五届中国小额信贷机构联席会年会上提到，阿里小贷服务了超过 140 万用户，贷款余额接近 4000 亿元，借款的平均期限是 127 天，坏账率只有 1% 多一点。

④众筹融资。

众筹融资是一种新型的网络股权融资模式，小企业、艺术家或创业个人等可以通过众筹融资平台集中众人的资金为其从事的某项活动提供必要的资金支持，并且回馈给投资人一定回报的融资模式。具体过程是具有创造能力但缺乏项目启动资金的人将项目信息发布在众筹平台上，获得众筹平台会员的关注，对该项目有投资意向的人通过团购或是预购的方式购买该产品，为项目的发起提供资金支持，同时可以获得相应回报的过程。阿里巴巴继支付宝、余额宝之后推出的娱乐宝其实质就是众筹融资。根据回报方式不同可以分为两类，一类是以投资对象的股权或利润作为回报的，例如天使汇；另一类是以投资对象的产品或服务作为回报的。图 2-6 所示的是众筹融资的基本过程。

据《2015 年全国众筹行业年报》显示，我国众筹融资截至 2015 年 12 月 31 日累计筹资规模近 140 亿元，2015 年全年的众筹资金就达 114.24 亿元，同比 2014 年增长 429.38%。累计众筹平台 283 家，同比 2014 年增长 99.30%。项目种类仍以智能硬件等综合类为主，音乐、影视、农业、公益和房产等垂直类也有显著增长。

⑤互联网理财。

互联网理财是投资者通过互联网平台购买理财产品以实现资金增值的行为。基于网络平台的不同，可以将互联网理财分为两类，一类是通过自有平台销售理财产品，实质是将传统理财业务从线下

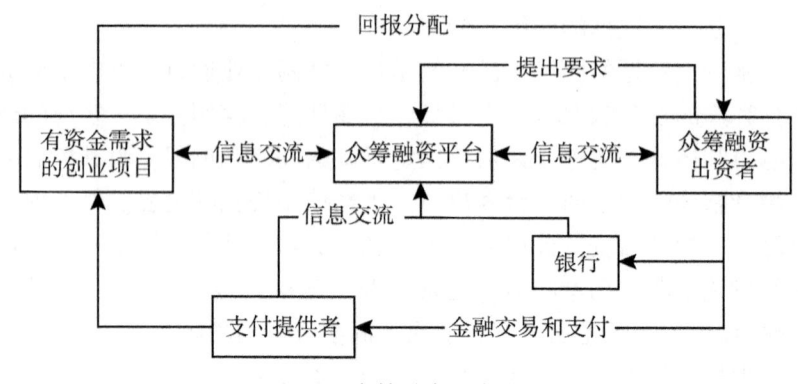

图 2-6　众筹融资基本过程

搬到了线上，理财公司在自建的网络平台上为投资人提供理财服务，例如银行在其门户网站上销售理财产品。另一类是通过非自有网络平台销售理财产品，实质是理财公司借助第三方互联网机构平台开展的理财产品销售行为，例如阿里巴巴联合天弘基金推出的余额宝就是天弘基金放在支付宝平台上进行基金销售的产品，用户在支付宝平台上可以直接购买余额宝进行理财，将资金放入余额宝，不仅能够实现资金增值，还能随时转入和转出，购买商品时进行支付，像使用支付宝一样方便。余额宝的收益计算规则是在工作日的下午三点之前转入资金的，余额宝会在第二个工作日起开始计算收益，下午三点之后转入资金的，将在第三个工作日开始计算收益。余额宝 2014 年 1 月至 2015 年 12 月每月 1 日的万份收益和七日年化收益率如图 2-7 所示。

中国互联网络信息中心（CNNIC）在 2014 年 7 月发布的第 34 次《中国互联网发展状况统计报告》中指出，我国互联网理财产品的用户规模在 2014 年 6 月已经增长到 6383 万，使用率为 10.1%。互联网理财产品之所以受到热捧，是因为其具有门槛低、收益高、流动性强的优势，用户通过购买理财产品，不仅可以达到像把资金放在银行一样随存随取的目的，而且获得的利息收益也比将资金放在银行得到的更多。互联网理财在开始的一年多时间里发展势头迅猛，用户规模激增，产品种类也逐渐多元化，但从 2014 年后半年

第一节 金融发展制度背景

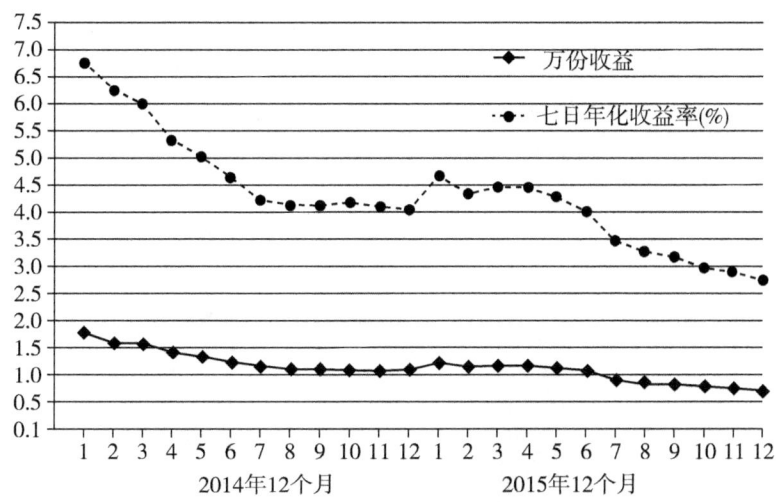

图 2-7 2014 年 1 月—2015 年 12 月每月 1 日的万份收益和七日年化收益率
资料来源：根据余额宝官方网站数据整理取得

开始，用户规模的增长速度开始放缓，同时新产品扩容速度也有所放慢，主要原因是政府采取宽松的货币政策，使得货币基金的收益开始变得不景气，而互联网理财产品大多数都是与货币基金对接的，这就导致这些理财产品的收益率逐渐低迷。从图 2-7 中可以看出余额宝的收益率正在逐渐下滑。余额宝尚且如此，其他理财产品更不例外，所以大多数互联网理财产品对资金的吸引能力正在逐渐下降。同时，股票市场也有所回暖，使得互联网理财用户发生分流，对互联网理财产品用户规模的持续快速增长造成一定影响。中国互联网络信息中心（CNNIC）在 2015 年 2 月发布的第 35 次《中国互联网络发展状况统计报告》中指出，我国互联网理财产品的用户规模在 2014 年 12 月已经达到了 7849 万，与第 34 次统计相比，环比增长了 22.97%，使用率达到 12.1%，比第 34 次统计增长了 2%，由此可见，互联网理财产品的用户规模的增长速度有所放缓。在 2015 年上半年，货币政策持续宽松和股市暴涨持续影响着互联网理财的发展，使互联网理财的用户规模进入平台期，中国互联网络信息中心（CNNIC）在 2015 年 7 月发布的第 36 次《中国互联网络发展状况统计报告》中指出，我国互联网理财产品的用户规模截至2015年6月仍然为7849万，与2014年12月持平，使用率为11.8%，较2014年12月下降了0.3%。图2-8所示的是2014.6—2015.6互联网理财用户规模及使用率的变化情况。

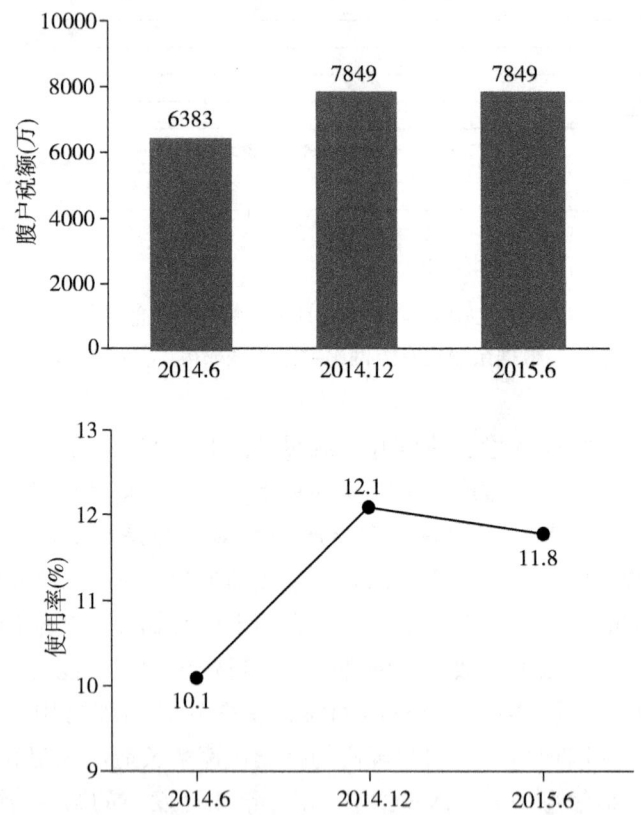

图2-8　2014.6—2015.6互联网理财用户规模及使用率
资料来源：根据中国互联网络信息中心（CNNIC）第35，36，37次《中国互联网络发展状况统计报告》整理取得。

从互联网理财的发展趋势上分析，互联网理财产品正在逐渐由货币基金打天下向以货币基金为主，债券型、指数型基金产品快速成长的多元化新格局转变，并有望带动互联网理财市场的第二轮增长。

三、结论

我国金融发展的起点非常低，之后取得了巨大的发展。但是我国的金融体制改革历程中包含了很多政府层面的控制因素，使得金融货币化的发展程度达到相当高的水平，经济高水平发展主要依靠银行业而不是直接金融资产来支撑。金融市场整体仍然处于初级阶段，相对银行业而言，资本市场尚不发达，整体规模偏小，金融自由化进程发展相对较慢，直接融资和间接融资的差距悬殊太大，股票市场和债券市场结构失衡，企业外部融资严重依赖银行信贷，这与我国金融体系由国有银行主导有必然的联系。相比于成熟的资本市场或处于类似经济阶段的其他新兴资本市场，我国的资本市场在很多方面依然存在某种差距，进一步讲，如果政府仍然利用金融部门作为干预国家经济发展的手段，长期看来必然会导致经济体系中其他方面的扭曲。

第二节　理 论 基 础

一、金融发展理论

(一) 金融发展概念

1. 国内外学者对金融发展概念的解析

在国外，美国经济学家 Gurley 和 Shaw①(1960)最早定义了金融发展的概念，他们先后发表了三篇有代表性的文献，从规模的角度将金融发展定义为各类金融机构的设立和金融资产的增多。此后，Goldsmith(1969)②在考察金融发展变化时，对35个国家1860年至1963年长达100年间的金融相关资料进行分析、整理后，提

---

① Shaw Edward. Financial Deepening in Economic Development. Oxford University Press, 1973.

② Goldsmith R W. Financial structure and development. New Haven: Yale University Press, 1969.

出了金融发展主要反映了一国金融结构在一段时期内的变化，不同种类的金融机构和工具间的相对、绝对规模组成一国的金融结构，他将金融结构进行细化，分为一国拥有的金融机构和金融工具，以及它们之间各种规模、性质以及表现形式，金融发展是金融结构间不同形态的演变。

Mckinnon 和 Shaw(1973)[1]将金融发展的内涵进行扩展，提出"金融抑制论"或"金融深化论"。Mckinnon 曾出版著作《经济发展中的货币与资本》，在该著作中，他提出了"金融发展"这样的定义，并对它进行描述，认为金融发展是金融要素的相对、绝对规模的变化，主要分为两个方面：首先是金融要素的增长，例如有关货币需求的绝对增长量和货币供给的绝对增长量；其次是金融要素与社会宏观角度衡量的经济变量间的相对变化率，例如储蓄/GDP、货币或金融资产/名义收入、实际国民收入等。通过相对规模比率的研究，认为发展中国家应借助市场的力量实现储蓄、投资、利率与经济增长间的协调发展，政府应减少对金融市场的过度干预，否则会抑制金融市场的发展。Shaw 提出的金融深化论中，将金融深化从四个方面进行讨论，我们也可以理解为金融发展包含四个方面：①金融资产的种类、范围、期限及与经济总量的相对规模；②金融资产流动或变化量(率)；③金融机构和规模；④利率。

金融制度逐步向深化的方向发展，早期主要体现在金融资产的数量扩大以及种类增多。到 20 世纪 90 年代，金融功能论成为研究热点。该观点的发起人 Merton(1995)和 Levine(1997)从金融功能的角度对金融发展进行定义，他们认为定义应该表现在是金融要素的数量与种类的增多，实质上看是金融体系功能的提升，以金融体系自身具有的功能以及这些功能所具有的效率来定义金融发展。

Levine(2002)在将金融体系功能总结成五种之后，认为金融体系通过这五种功能，对储蓄和投资产生影响，并最终导致经济增长。他将金融发展定义为金融市场、工具和中介结构不断改善经济

---

[1] Mckinnon R, Shaw E. Financial Deepening in Economic Development. Washington: Brookings Institution, 1973.

活动中交易者之间信息不对称、摩擦而产生的问题，降低交易成本，提高五大金融功能的一种动态过程。

国内学者对金融发展的研究起步较晚，对金融发展的概念没有统一的认识，大致可分为四种：

一是从 Goldsmith(1969)的金融结构论视角。在我国较早提出这个视角概念的是吴先满，他在 1994 年时就已经指出金融发展是整个金融市场、金融资产和金融体系之间综合的动态变化过程。到 2000 年，谈儒勇提出金融发展不是狭义的金融结构演变，而应从广义视角来看，金融结构要包括整个金融市场、工具、机构的变化。韩廷春(2002)和谈儒勇(2000)的观点基本一致。

二是从金融效率的视角。杨咸月(2002)认为，从完整的角度来定义金融发展，不仅仅是指金融产品的增多，还指金融效率的提高。陈金明(2002)将金融资源的内外部效应协调统一，定义金融发展为"金融体系的各个组成部分在经济体系的内部需求与外部压力的推动下，不断进行优化组合、改革创新和发展完善，最终实现金融资本配置成本的最小化和效率最大化"的过程。沈坤荣(2004)认为金融发展是金融市场和金融中介体的发展，在发展中通过汇率和利率等金融杠杆促使更高的储蓄转化为投资，以提高金融资本配置效率和资金的使用效率，最终促进经济增长。黄炳艺(2005)也是站在金融效率动态优化的角度，系统总结了金融发展的定义，即在金融增长的基础上，对金融结构进行持续的调整，不断提高金融效率的过程。

三是基于 Mckinnon 和 Shaw(1973)的金融抑制论或金融深化论视角。学者们一致认为，新兴市场的发展中国家，不够成熟的经济体系决定了金融抑制问题普遍存在。我国经济学家普遍认为金融发展就是金融的市场化或金融的自由化(黄金老，2001；刘毅和申洪，2002；樊纲①等，2003；王少国，2005；周业安，2005)，表达出了金融深化论的本质含义。

---

① 樊纲，王小鲁，张立文，等．中国各地区市场化相对进程报告．经济研究，2003(03)．

四是从金融功能论的视角。尹恒(2001)、白钦先和谭庆华(2006)认为，金融发展是将金融功能的制度机构重新组合，以提高金融效率的过程。姚勇(2003)直接将金融发展定义为"金融组织的演进过程"。

由此看来，国内外学者对金融发展进行了广泛的定义，从简单到复杂，从金融机构数量的绝对扩张，到金融结构的变迁，进而演变到金融市场的扩大、金融资产的丰富和金融工具的增加，后提升到对金融效率的关注角度，涵盖了金融结构论、金融抑制论、金融效率论、金融功能论等各个视角，其作用机制涵盖了金融体系对经济增长影响的各个方面，研究方法从简单到复杂，研究广度从最初的宏观视角拓展到后期的宏微观结合的全面视角。

2. 本书对金融发展概念的解析

我国当前金融体系属于银行主导型，金融改革的目标是金融市场化。本书认为金融体系规模的增长、金融结构的演进、金融效率的提升三个方面应该是全面解读金融发展概念时不可分割的组成部分。因此，结合我国的制度背景以及现阶段金融发展的现状，从金融深化论视角来定义金融发展最适合，金融深化的过程实质上就是金融市场化的过程。本书参照 Mckinnon 和 Shaw(1973)、黄金老(2001)、樊纲(2003)、张春田(2008)等学者的观点，结合我国新兴加经济转轨的发展中国家这一特征，对金融发展进行定义：金融发展是金融体系、金融组织和金融功能逐渐演进的动态过程。在这个过程中，金融资产、金融工具、金融结构和金融中介运营效率不断增长、改善和创新，实现金融资源配置不断优化，最终推动经济的增长。

(二)金融发展水平度量

有关度量金融发展水平的研究中，内容范围并不完全一样。有的单纯考虑了金融发展的深度，有的仅考虑了金融发展的结构，但是这些指标并不能完全代表一国的金融发展水平。由于经济发展水平和法律制度的不成熟不完善，在发展中国家仅仅用单一指标来衡量整个社会的金融发展水平，势必会存在片面和偏误，根据这样的数据进行研究得出的结论会存在很大的分歧，严重时甚至会误导信息使用者。

本书根据对金融发展的定义,结合国内外研究现状以及我国的实际情况进行分析,认为应该从三个方面度量我国金融发展水平,即金融发展的规模、金融结构的组成和金融效率的高低。首先,金融规模即金融总量的扩张最直观地反映出我国金融发展状况;其次,仅从规模上并不能完全反映金融发展水平的高低,金融资源分配的合理与发展均衡可以从金融结构中体现出来。例如,我国银行业从最初的专业银行逐渐进行转变,商业银行分离出来,到后来证券市场建立,保险业务发展,互联网金融兴起,金融中介的发展不能单从规模上对比,金融结构可以从某一个层面对这些金融中介进行合理分析,有助于金融市场的进一步发展;再次,金融市场中金融资源如何配置,其效率如何,不仅影响了金融市场的发展,也影响了整个社会的生产力发展,那么,金融效率也应该是度量金融发展的一个重要因素。

金融规模反映的是金融市场发展规模,通常以金融深度指标(如 M2/GDP,FIR)来度量;金融结构指标反映了金融市场发展水平,通常用金融中介间接融资总量和金融市场直接融资总量的比例来度量;金融效率指标反映了金融资源的配置效率,通常用金融机构对私人部门的信贷总量来度量。

1. 金融规模度量指标

对金融规模度量主要包括:金融机构、金融资产、货币供应量等金融要素指标的增加。当前研究主要采取两种指标进行度量,一是 Goldsmith(1969)最先提出的指标——金融相关比率①Fir 即金融资产总额与 GDP 的比率,用来度量金融资产的规模,简称为戈氏指标(即金融总量指标)。

---

① 金融资产总额=一国广义货币资产总量(货币和准货币广义或称 M2)+股票年市价总值+金融债券市场年末余额+保险类资产总量(年度保费收入),广义的货币和准货币(M2)即广义货币供应量(M2)=狭义货币供给量加上团体、学校、机关、企业、部队等单位在银行的定期存款+城乡居民在银行的各项储蓄存款+证券客户的保证金。

二是 Mckinnon(1973)提出的金融货币化比率，简称为麦氏指标（即金融中介总量指标），用广义货币总额 M2 与 GDP 的比率来衡量的是货币供应量（金融中介）的规模，即经济体的货币化程度。后来的学者如 King 和 Levine(1993)、Demirguc-Kunt 和 Maksimovie(1996)、Rajan 和 Zingales(1998)、谈儒勇(1999)、Wulrgler(2000)、Cetorelli(2002)、卢峰和姚洋(2004)、康继军等(2005)在研究中也都采用了此指标，来衡量经济货币化程度。

但是，也有学者对这两类指标产生质疑，提出其他的测度指标，例如 Arestis 等(2001)、Allen 等(2003)曾用银行贷款与 GDP 的比率来衡量一国的金融发展规模。

2. 金融结构度量指标

金融中介是金融发展的一部分，但是仅反映了银行体系发展状况，并没有反映出非银行金融体系例如股票、债券市场的作用。金融结构论即是指金融体系中各种不同金融要素的组合及其运作状态。金融结构指标的选择相对于金融规模指标标准较为模糊，目前尚没有一种适用于所有国家的通用的金融结构度量模式。Demirguc-Kunt 和 Ross Levine(1996)采用股票市场规模与 GDP 比重来衡量金融结构。

我国学者也采用类似的非银行资产占金融总资产的比重来衡量金融结构（谈儒勇，1999；王志强，孙刚，2003；陈柳钦，曾庆久，2003；马长有，2005；康继军等，2005）。本书也将采用该比例来衡量我国金融资产结构。

3. 金融中介效率度量指标

仅从数量和机构两方面来度量金融发展水平并不能满足实际需求。20 世纪 70 年代发展中国家开始了金融国际化与自由化的改革，使金融资产、金融机构和金融工具数量发生了爆炸性增长，远超出了同期发达国家金融规模扩张的速度。如果仅停留在数量研究，并不能真实反映一国的金融发展水平和深化程度。

King 和 Levine(1993)专门设计了 3 个效率度量指标，如表 2-9 所示。

表 2-9　　　　　　　　　　金融效率度量指标

金融效率度量指标	公　式
Bank	商业银行的信贷资产/(商业银行的信贷资产+中央银行国内资产)
Private	商业银行对私营企业的贷款/(国内信贷总量-银行间贷款)
Privy	商业银行对私营企业的贷款/GDP

对于 Bank 指标，主要用于衡量一国商业银行占中央银行规模的比重。Private 指标用于衡量商业银行对私营企业的贷款水平，Privy 指标在性质上与 Private 指标相同，所以，Private 和 Privy 都可以作为衡量金融中介在经济中的金融功能。

Levine 和 Zervos(1998)则用商业银行等金融机构对私有部门贷款比 GDP 来衡量金融效率水平。

国内学者谈儒勇(1999)、孙杰(2002)、卢峰和姚洋(2004)、潘文卿和张伟(2003)、周立和王子明(2002)、康继军等(2005)，均采用与 Levine 和 Zervos(1998)类似的指标即非国有经济获得贷款水平表示金融中介效率。

但是，这一指标一直存在争议。学者们认为，虽然在过去的 30 年发展中国家非公有制经济发展很快，但是到目前为止，国有经济在整个国民经济中的比重仍然很大。照搬发达国家的做法，无视发展中国家的实际情况，采用非国有经济获得银行贷款比例来衡量金融效率必然是不合理的。于是，国内学者还采用了存贷利差(孙杰，2002)、储蓄贷款比率(王志强，孙刚，2003)、实际利率(陈柳钦，曾庆久，2003)、银行业竞争(卢峰，姚洋，2004；李斌，江伟，2006)等指标来测度金融中介效率。

(三)金融发展基本理论

1. 早期金融发展理论

根据观点视角和思想流派不同，按时间先后顺序，金融发展理论主要分为三个方面：第一个是金融结构论(Goldsmith, 1969; Patrick, 1966)；第二个是金融抑制论和金融深化论(McKinnon,

Shaw，1973）；第三个是金融功能论（King，Levine，1993）。

（1）金融结构论

金融发展理论的开山鼻祖——耶鲁大学教授美籍比利时经济学家Goldsmith（1969）最早提出金融发展的概念（巴劲松，2009）。此后，金融发展被引入经济学家的视野，成为一个相对独立的领域，这对金融发展理论来说是一个开创性的贡献。

1969年，Goldsmith出版了《金融结构与金融发展》一书，提出"金融发展即金融结构的变化"。"金融结构论"从宏观的角度研究一国的金融发展水平，认为金融结构就是一国现有的金融机构和金融规模及它们之间的结构比率，主要包括金融机构和金融工具的相对规模、各种金融中介机构的集中程度。

Goldsmith尝试提出了衡量金融结构的一系列指标，试图揭示金融结构变迁的内在规律。他将金融结构划分为三个层次：第一层次即"金融结构数量"与"经济基础总量"之比，也就是金融相关比率。具体公式为"某一时点现有的金融资产总额/（该时点国内实物资产总额+对外总资产）"，由此说明金融在整个社会经济体系中的重要性。第二层次即金融工具结构，他将金融工具划分为股权类和债权类两大类，主要研究不同种类、期限、性质的金融工具在其总额中的相对比重和在各个产业中的分布。第三层次即金融中介机构，研究不同类型的中介机构拥有的金融资产占整个金融机构总资产的比重，反映不同类型的中介机构所占有的市场份额。Goldsmith认为金融发展理论上存在促进经济增长的作用机制：不同类型的中介机构为储蓄者提供了储蓄方式，在让储蓄者得到利益的同时，将社会的闲散资金有效聚集起来，分配给投资收益率较高的投资项目，提高了社会平均投资效率，促进了经济增长。他对35个国家1860—1963年长达百余年的数据进行研究，得出了"经济增长与金融发展大致平行"的结论，但是这仅简单表达了二者的相关性，并没有得到二者间的因果关系。

美国耶鲁大学经济学家Patrick（1966）从量到质的转变、"供给-需求论"角度对金融发展、经济增长的因果关系进行了研究。他认为经济发展所处的不同阶段决定了二者间孰因孰果。在经济发展初期，金融体系可以通过大规模吸纳社会闲散资金，实现资本数量的膨胀，以促进经济增长，所以在这个时期，量的增长是主要特征，金融发展属于"供给导向型"，金融发展是推动经济增长的主要原因；当经济增长到一定阶段，会对金融服务产生新的需求，这催生了新的金融机构和金融产品的出现，从而推动金融发展，所以在这个时期，质的增长是主要特征，金融发展属于"需求跟随性"，经济增长更可能是促进金融发展的主要原因。Patrick(1966)只是从理论上定性地研究了二者的关系，仍然没有对二者间的因果关系给出明确答案。

综上所述，金融结构论初步建立了度量金融规模增加和金融结构变化的指标，从定量发展到定性，为我国后来学者们在数量分析中提供了新的研究方法；并且也对金融发展促进经济增长的关系进行了揭示。但是，研究中不足之处也很明显：①在衡量金融要素的发展变化中，仅仅是数量间的对比，忽略了金融市场中利率对金融资源分配的影响。在金融体系里，利率是一个重要的因素，影响了整个国家的经济动态，因此，绝大多数国家对其都进行了某种程度的管制，应重要考虑。尤其当市场处于非均衡状态时，利率变量更不应该被忽略。②缺少对金融发展促进经济增长的作用机制(渠道)的研究。

(2)金融抑制论

第二次世界大战后发展经济学的研究兴起，使得学者们开始将目光从成熟的市场经济国家转移到发展中国家的经济增长方面，并发现其特殊的一面：①传统经济与现代经济并存的二元经济结构说明发展中国家经济的非均衡性；②发展中国家经济的增长主要体现在"量"的增长，而不是"质"的提高。

1973年，Mckinnon出版了著作《经济发展中的货币与资本》，同年Shaw也出版了著作《经济发展中的金融深化》，在著作中两位作者都敏锐地把握到发展中国家经济增长中面临的上述重要问题，他们分别从"金融抑制论"和"金融深化论"两个角度，阐述了金融发展与经济增长间的关系。由此，基于发展中国家金融发展为基础的金融抑制论产生。

Mckinnon 和 Shaw(1973)认为发展中国家在金融发展问题中存在金融抑制现象，政府对金融干预过多，例如设定利率上限①、最高银行存款准备金率②等管制手段，干扰了金融市场的正常运行，抑制了其发展，对整个社会经济增长起到阻碍影响。加上战后通货膨胀长期居高不下，货币实际利率常为负值，名义利率和实际利率间的巨大差异使居民储蓄的热情遭到打击，导致资本积累速度逐渐放慢。金融市场产生两个后果：一是储蓄率低。货币的存款贬值降低了人们的存款意愿，减少了意愿存款者的人数，金融资源可获得数量减少(Mckinnon, 1973)；二是降低了资金配置的效率。银行实际贷款利率过低造成企业的低融资成本，不能激励其将资金投入到收益较高的项目(Shaw, 1973)。

Mckinnon 和 Shaw(1973)建议发展中国家应该尽量减少对金融市场的人为干预，借助市场的力量来消除"金融抑制"的作用，实现社会经济增长、储蓄、利率和投资间的协调发展，达到资本配置效率的提高。

Fry(1997)在 Mckinnon 和 Shaw(1973)的基础上对设定利率上限对经济的扭曲影响效应做了更细致全面的分析：①低存款利率造成储蓄者减少在正规金融机构存款，更加偏好当前消费，或者到非金融机构投资，使金融储蓄降低到社会最优水平以下；②低贷款利率降低了企业取得金融贷款的门槛，融资成本降低，企业更倾向于投资资本密集、收益率低的项目，阻碍了经济的增长。因此，应取消利率上限的管控，由市场来决定存贷款利率，这样实际利率水平

---

① 利率上限(interest rate cap)是国家允许商业银行在基准利率的基础上调高的成数。因国家规定了一个基准利率，每家商业银行可以根据自己的情况在央行给定的基准利率上下浮动，上下限就是这个利率浮动的范围。比如基准利率是 5.58%，上限是允许调高 10%，那就是 6.138%，即 5.58%×(1+10%)。

② 存款准备金是指金融机构为保证客户提取存款和资金清算需要而准备的在中央银行的存款，中央银行要求的存款准备金占其存款总额的比例就是存款准备金率(deposit-reserve ratio)。中央银行通过调整存款准备金率，可以影响金融机构的信贷扩张能力，从而间接调控货币供应量。

可以上升到市场出清①水平，存款利率上升有利于增加储蓄，贷款利率上升使得融资成本上升，企业必须将资金投向高收益的项目，这样提高了资金的使用效率，也提高了投资效率，进而促进了经济增长，而经济增长又进一步增加了金融储蓄。

Mckinnon 和 Shaw(1973)的金融抑制论或金融深化论遭到许多学者的质疑和批判。学者们依据许多国家采取的不同金融政策造成了不同的后果，认为适度的金融抑制对经济的发展有利(Wade，1985；Patrick，1994；Stiglitz，1994；Demetriades，Luintel，1997)。他们列举了东南亚的韩国、新加坡以及中国台湾地区在第二次世界大战后的 60 年代至 80 年代都曾采取金融抑制政策，避免了通货膨胀带来的严重影响，取得了一定的经济成果，说明金融抑制论在特殊的时期及特殊的经济背景下，能够发挥其本质作用。值得一提的是，拉美国家在 20 世纪 80 年代经济改革中采取了自由经济政策即金融自由化，结果导致了严重的通货膨胀，相当长时期内经济增速放缓。

Mckinnon 和 Shaw(1993)、Fry(1997)之后对上述批判进行了回应。Mckinnon(1993)指出在实行金融自由化过程中应保持价格的稳定。Fry(1997)也认为 Mckinnon-Shaw 范式是建立在系列假设前提之上，例如实际存款利率、实际贷款利率和实际产出增长率之间成正比关系，投资率与实际贷款利率成反比，与实际产出增长率成正比。他同时也提出，政府在进行金融自由化改革过程中，应加强对金融市场的监督，加强中央银行的独立性，防止恶性通货膨胀，禁止财政赤字货币化，从而保持宏观经济稳定。

综上所述，金融抑制论或金融深化论的主要贡献是：①金融发展理论研究中首次将利率变量纳入考虑的重要因素。在发展中国家，经济发展的主要特征是二元经济结构导致的经济非均衡性，因

---

① 市场出清是指商品价格具有充分的灵活性(flexible)，能使需求和供给迅速达到均衡的市场。在出清的市场上，没有定量配给。资源闲置，也没有超额供给或超额需求。在实际中，这一理论适用于许多商品市场和金融市场，但不适用于劳动市场或许多产品市场。

此在研究中，应重点考虑利率变量对金融发展和经济增长造成的影响。②建议政府取消对利率的管制，真实反映资本的稀缺性，提高居民储蓄积极性，低效率投资活动会相应地得到抑制，提高资本的配置效率，进而促进经济增长。③金融深化论改革的前提是金融改革配套服务的完善与协调，以及国家各项监管制度的完备、投融资体制的合理、财税体制的完善，只有这样，才能真正实现金融深化的改革，保持国内经济的稳定发展。总之，金融抑制论建立在一系列假设命题之上，是在假设命题成立的前提下考虑金融发展和经济增长间的关系。但是该理论的研究工作仅仅局限于讨论政府抑制金融体系的不良后果，深度不够，因而仅能称得上是发展中国家的金融深化理论。

(3) 金融功能论

在金融结构论和金融深化论研究中，金融变量仅仅作为简单的外生变量，对金融发展和经济增长的内在机理缺少解释力。从20世纪80年代开始，学者们强调金融体系的功能，将信息经济学、新制度经济学及博弈论的分析工具与研究成果广泛应用于金融领域，例如不确定性（偏好冲击、流动性）、信息不对称（逆向选择、道德风险）、内生增长理论和监督成本等，由此对金融中介体和金融市场进行建模，将金融变量内生化，进一步研究金融发展影响经济增长的内在机制（功能），金融功能论由此产生。

Bencivenga 和 Smith(1993)为解释金融机构的形成机制，建立了内生金融机构模型，认为金融机构的作用是为当事人不确定的需求提供服务，而不是克服信息摩擦。Diamond(1991)认为金融机构对融资者即将投资的项目进行评估，有利于实现对融资者的监督和约束，从而减少道德风险问题。

King 和 Levine(1993)在建立模型时假定社会经济由金融中介、股票市场、企业家和家庭4个部分组成。个体虽然拥有创新才能，但是个人能力不足以支付雇佣的劳动力的工资支出，因此可以通过金融中介和股票市场为创新性企业提供资金保障。金融中介在为企业家提供融资的同时，对其投资项目进行评估，不仅激发了企业家的才能，还提高了中间产品生产的效率。

Greenwood 和 Smith(1997)认为金融市场存在"门槛效应"。经济发展早期，人均收入和财富都很低，无力支付金融机构的固定运行成本或参与成本，因此没有动机利用金融市场和金融中介进行融资；当经济发展到一定水平以后，人均收入和财富达到了"金融门槛"的临界值，这个时候，有能力支付金融机构固定运行成本或参与成本的人数增多，交易次数逐渐增加，金融市场逐渐形成。因此，他们为形容金融机构和金融市场的形成机制，建立了内生金融市场模型，金融市场的内生形成即存在的"门槛效应"源于金融机构的固定运行成本或参与成本。

Levine(1997)也认为金融发展具有内生性。交易成本和信息成本的存在促使金融市场和金融机构的产生和发展，金融市场和金融机构提供各种服务功能，促进了经济增长，经济增长又反过来对金融机构和金融市场产生新的需求，促进了金融发展。Levine 详细总结了金融体系的 5 大功能：配置金融资源，加强储蓄流动性，分散风险，监督约束融资者和改进公司治理，提高产品或服务的交换效率。在此之前，Merton 和 Bodie(1995)也对金融体系的功能进行过分析总结，即动员储蓄、分散风险、集散信息、平滑交易和公司监控，显然没有 Levine 描述得系统和具体。Merton 和 Bodie(1995)特别指出，金融发展最重要的不是描述金融系统为市场导向还是银行导向，而是金融体系提供完善的服务功能的可能性。

Blackbum 和 Hung(1998)在研究中以研发为例，阐述了激励相容理论和道德风险理论。他们认为激励相容借款契约使企业研发产生了固定成本，金融中介对借款企业的投资项目进行评估，并监督企业项目的实施，一方面可以降低企业的研发成本，另一方面也可以避免企业管理方和金融中介间信息不对称造成的道德风险问题。

Rajan 和 Zingales(1998)的研究更为系统全面。他们建立了理论模型证明金融体系内生形成于经济发展的过程。引入交易成本、不确定性、信息不对称等相关理论对金融市场和金融中介的形成与发展进行分析。他们认为，在金融交易活动中存在信息不对称和不确定性等因素，产生了交易成本，随着经济的增长，交易成本会对经济系统产生越来越明显的影响。经济增长到一定程度，为了降低交易成本,规范交易行为,会内生地促进金融体系的产生。Nadeem U. Haque(1999)在其论文《新兴经济中的金融市场发展——基于功能的观点》中,也强调了利益相关方的信息不对称要求金融市场和金融中介的发展必须以功能为基础,在金融市场和金融中介的发展中不能仅局限于完成经济功能的发展,而应将主要精力集中于金融市场和金融中介的功能发展。

综上所述,金融功能论是建立在内生增长理论框架下进行分析。由借款方和贷款方之间的信息不对称导致的事前逆向选择问题来说明金融市场和金融中介的功能;在研究金融发展对经济增长的影响时,从储蓄率、投资效率、人力资本、知识和技术积累等内在因素角度考虑。创业者进行投资时,需要向金融机构融资,金融机构通过知识和技术积累对投资项目进行评估,甄选好的投资项目,创业者在获得资金的同时,也降低了投资风险,促进了企业投资和技术的创新(Greenwood, Jovanovie, 1990;Bercivenga, Smith, 1991, 2000;King, Levine, 1993);另外,金融机构为减少信息不对称风险,对贷款项目进行代理监督,在保证项目顺利实施的同时也降低了贷款风险,提高了资本收益率(Townsend, 1979;Diamond, 1984, 1991;Bencivenga, Smith, 1993;Blackburn, Hung, 1998)。

2. 金融发展理论的进一步拓展

20世纪90年代的金融功能论以内生增长理论框架为基础,研究金融市场和金融中介的内生形成原因,从功能的角度揭示金融发展的内在机理。这个时期经济学家们更关注站在制度立场来研究金融和经济增长间的复杂关系,由此也创立了几种金融发展理论学派。

一是金融约束论。Greenwald 和 Stiglitz(1990)在研究金融自由化的发展中,运用信息经济学理论,认为金融体制不能随意放松管制,而应适度加强政府的干预,政府的干预可以减少信息不对称影响程度,约束管理者的道德风险,有助于金融发展和经济增长。因此,合理的金融约束是通过金融自由化的必经阶段。

二是金融法律论。随着金融功能越来越强大,经济发展越来越快,相关者的利益保护成为学者们关注的热点。La Porta(1997)从投资者保护视角进行研究，发现一个国家对股东和债权人的保护程度越好，其资本市场的发展空间会越大。

Rajan 和 Zingales(1998)认为在法制比较弱的国家，势力强大的银行对融资企业的要求更严，迫使企业真实披露信息、及时偿还债务，因此，银行导向型的金融体系对经济增长更有利。随着法律的健全，这一优势会更加明显。

Levine(2000)进一步指出，真正影响国家经济增长的是金融的总体发展，而不是金融市场或金融中介导向的金融结构体系，而金融总体发展不仅包含金融市场和金融中介，还应包括法律和政治来保障其稳定发展。

La Porta(1998，2000)、Beck 和 Levine(2003)等人深刻揭示了金融法律论的实质。金融服务质量的提升有利于促进经济增长，法律是保障金融服务质量的制度基础。不同国家金融服务背后的制度载体——法律体系对保护投资者和债权人权益方面有不同的保护规定，会影响到企业融资效率、债务偿还、公司治理等，进一步影响国家经济的长期增长。

3. 金融发展理论的概括与总结

金融发展理论从对金融发展和经济增长的一般数量性描述(Goldsmith，1969)到以发展中国家为特定研究对象(Mckinnon，Shaw，1973)，即金融结构论和金融抑制论都是将金融作为经济增长的外生变量；到金融功能论时，创造性地将内生增长理论、不确定性、信息不对称和监督成本等因素引入经济增长理论模型中，论证了金融的内生性，对金融发展理论认识深入到微观层面。

可以看出，不管是金融结构论、金融深化论和金融功能论，还是后期的金融约束论、金融法律论，研究内容越来越具体，越来越客观，逐渐以定性和定量相结合，更加具有可操作性，为我国的金融发展理论提供了很好的经验。但值得注意的是，这些理论都是站在国家宏观层面进行研究，缺少对微观企业层面机理的探索。

我国金融体系的形成与发展，是金融政策从金融抑制逐步转化成金融市场化的过程。国内学者白钦先(2001)提出以渐进式发展为主的金融可持续发展理论；周小川(2005)提出金融生态的概念；

黄金老(2001)、周业安(2005)、刘毅和申洪(2002)和樊纲(2003)等学者提出金融发展是金融自由化或金融市场化的观点。在学术界影响最大的是樊纲的金融市场化概念，樊纲等学者的金融市场化指数在学术界得到广泛运用(周业安，2005)。本书认为我国属于新兴市场加转轨经济的发展中国家，存在二元经济结构，在二元经济结构的发展中国家主要存在金融抑制现象，减少政府对金融的干预，推行金融市场化，是计划经济成功向市场经济转变的一个重要因素。我国目前处于计划经济向市场经济转轨的时期，不仅金融体制还不完善，而且还是银行主导型的金融体系，符合 Mckinnon 和 Shaw(1973)的金融发展理论的前提条件。因此，本书采用 Mckinnon 和 Shaw(1973)、黄金老(2001)、周业安(2005)和樊纲(2003)等人的金融发展理论范式，在中国各地区视角下，通过实证研究，定量和定性分析金融发展对公司微观资本配置效率的影响规律，以揭示金融发展影响公司资本配置效率的微观机理。

二、公司治理理论

(一)公司治理产生动因

从企业的发展历程来看，其组织形态大体经历了个人业主制、合伙制、现代股份制公司三种演变形式。前两种形式尽管企业构成、经营模式略有差别，但在产权形态上，企业出资人财产与企业财产是一致的。到了现代股份制公司时，企业出资人的财产所有权开始与企业财产权分离，产生了所有者和经营者分离的关系，进一步产生企业各项资源配置的决策权、权力制衡及利益冲突等一系列问题，公司治理应运而生。如何解决这些问题，实现企业资源的优化配置和企业的可持续发展是公司治理的根本任务。

Berle 和 Means(1932)提出了公司治理就是所有权和控制权的分离问题。Oliver Hart(1995)[①]研究了公司治理产生的动因，重点关注两个方面的问题，一是所有者和经营者分离产生的代理问题，

[①] Hart O, Moore J. Debt and seniority: An analysis of the role of hard claims in constraining management, *National Bureau of Economic Research*, 1995.

即企业组织成员(所有者、经理人)间存在的利益矛盾;二是交易费用,交易费用的存在使代理问题不可能通过合约来完全解决。Hart认为公司治理存在的理论基础或条件应该是代理问题和合约的不完全性作为。公司治理的主要目的,应该是在维持公司所有利益相关者间平衡或不失衡基本利益的前提下,追求股东的利益最大化(张会丽,陆正飞,2012)。

(二)公司治理概念研究

在国外,Fama和Jensen(1983)将公司治理表述为经营权、所有权分离下的"代理人问题",公司治理要解决的核心问题就是如何降低企业的代理成本,最终实现所有者和经营者的利益一致性(Berle,Means,1932;Jensen,Meckling,1976)。Shleifer和Vishny(1997)认为公司治理应是一系列保护投资者利益(使其避免遭受高管人员等侵害)的机制;Cochran和Wartick(1988)将公司治理的概念扩大,他们认为公司治理的核心问题是协调解决公司董事会、高级管理人员、股东及其他利益相关者间的各种利益问题;Blair(1995)从广义和狭义的角度来阐述公司治理的概念,他认为狭义的公司治理就是对公司董事会、经理层、股东之间的制度性安排,而广义的公司治理是对控制权和剩余索取权的制度性安排。Shleifer和Vishny(1997)、Denis(2001)将公司治理机制区分为内部治理和外部治理,认为公司治理是解决现代公司所有权和控制权的分离所导致的公司内部人(主要指控制股东和经理人)间代理问题的各种机制的总称。后来学者们对公司治理的定义多从机制设计角度来开展。Becht、Bolton和Roell(2002)认为公司治理的核心应该是围绕如何平衡董事会角色、董事会的信托责任和公司选举权间的量裁权及对中小投资者的保护来展开。

Diane和Mccoimel(2003)提出了公司治理机制的概念,认为公司治理是企业内外部机制的总和,公司内外部机制的制定可促使那些决定公司的运作同时又追逐个人利益的公司控制者在作出决策时,能以公司所有者利益最大化为原则。此后,Gillan和Starks(2000)对公司治理进行了更广义的界定,认为公司治理是由控制公司营运、法律与规则等各项因素组成的整个系统。Gillan(2006)

勾勒了公司治理的详细框架，将公司治理分成内部治理和外部治理，内容划分更加清晰。其中内部治理分为5类：①董事会；②管理者激励；③资本结构；④内部控制系统；⑤规章与章程条款。外部治理也分为5类：①法律与规制；②各种要素市场；③各种信息市场；④各种服务市场；⑤外部监督市场。

国内学者早期对公司治理的理解也有不同的阐述。吴敬琏(1994)认为，公司治理结构就是指由公司所有者、董事会和经理人员三者组成的组织结构。认为企业应该明确划分董事会、股东和经理人员各自的相关权力、责任和利益，以形成三者间的相互制衡关系。林毅夫等(1995)认为公司治理结构中最基本的成分应该是通过竞争的市场机制实现的外部治理(间接控制)。通常人们关注的公司治理仅是指对公司的内部治理(直接控制)，但是外部治理应该是重要和必要的，应该借助于各种可供利用的组织形态和制度安排，来最大程度地降低外部公司治理带来的信息不对称的可能。因此，公司治理就是对企业经营管理和经营绩效进行控制和监督的一整套制度性安排。张维迎(2000)参照 Blair(1995)的观点，也将我国的公司治理结构分成狭义和广义两类。他认为狭义的公司治理结构是对公司董事会的结构、功能和股东权力的各项制度安排，而广义的公司治理是指对公司控制权和剩余索取权的一系列法律、文化及制度性安排，这些安排决定了公司的治理目标，需要考虑实现目标在什么状态下实施、如何控制、不同利益方的风险和收益如何分配等相关问题。显而易见，广义的公司治理就是对企业所有权的安排，即对企业所有权安排的具体化。

李维安(2005)对上述定义提出了中肯的意见，所站的角度更高。他认为，在对公司治理进行定义时，需要转变两个方面的观念。首先，从权利制衡到科学地决策。公司治理的目的应该是决策科学化，而不是相互制衡；另外，从传统的治理结构转向治理机制。传统的公司治理较多地把目光放在对董事会、股东、监事会和高层管理者间的制衡关系层面，侧重于公司的内部治理机构方面。从科学的决策角度来看，仅靠公司治理结构远不能解决所有问题，公司治理不仅需要一整套完备有效的治理结构，有效运作的治理机制更为需要。公司的有效运行和科学决策需要通过董事会、股东会和监事会发挥作用的内部治理监控机制，更需要一系列通过产品市场、证券市场及经理市场发挥作用的外部治理机制。

考虑到我国特殊的制度环境对公司治理的影响，本书认为应该从内部机制和外部机制两个方面综合考虑公司治理具体情况。参考张维迎(2000)、Diane和Mccoimel(2003)、李维安(2005)等学者的定义，采用广义的公司治理概念，将公司治理定义为：公司治理是企业内外部机制的总和，用来协调各种不同层次的利益相关方之间的行为和利益关系，并且受到有关市场、法律和企业自身等方面的制度性安排，其核心是实现企业权利的合理配置，达到权利主体间的激励相容性。

(三) 公司治理特征

1. 权力配置——纵向授权

在公司中，各层级之间都是通过委托代理关系连接起来的。股东们作为公司所有者召开股东大会，选举董事会和监事会，将其财产委托董事会代为管理，董事会任命并委托管理人员对公司进行管理，在经营中股东大会委托监事会对董事会和经理人员进行监督，如图2-9所示。可以看出，在经理人员以上的层级，都是通过委托代理的契约形式来维系的，经理人员以下的层级也分为若干个不同的层级，通过劳动契约来维系。从股东大会到基层的经营管理组织，无论是委托代理关系还是劳动契约关系，都是自上而下的垂直授权。

2. 权力制衡——权责分明

公司治理结构中，各项领导体制间权责明确，互相制衡。主要由权力机构(股东大会)、决策机构(董事会)、监督机构(监事会)和执行机构(经理人员)组成。其中，股东大会代表了全体股东的利益，是公司的最高权力机构，对公司所有资产拥有最终的决策权和控制权；董事会执行股东大会的决议，对股东大会负责，是公司的经营决策机构；监事会代表股东大会依法对董事会和经理人员的经营行为进行监督，是公司的监督机构；作为公司决策的执行者的经理人员，在董事会授权和公司章程范围内行使职权，具体负责公

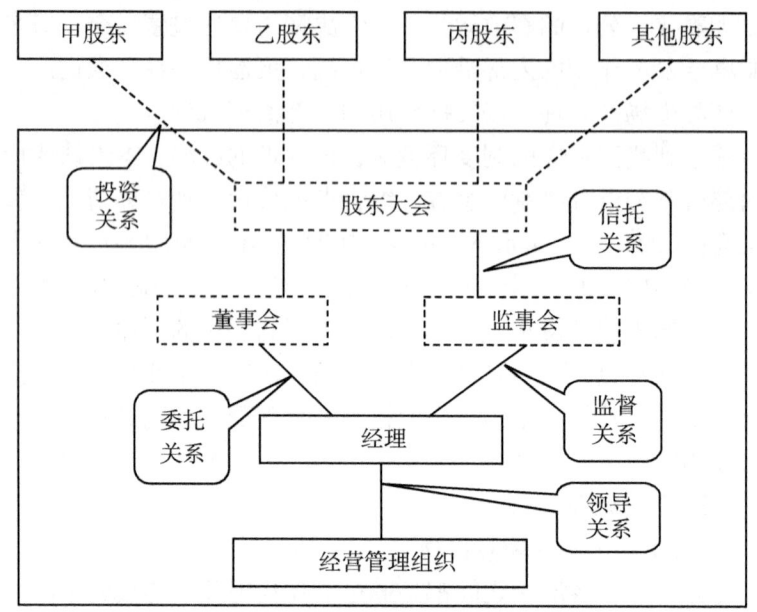

图 2-9　公司治理组织结构图

司的日常经营和管理。由此可以看出，各个机构权责分明，职责明确，相互协调也相互制衡，共同推动公司的有效运作。

3. 激励和制衡机制并存

在公司治理中，由于委托人和代理人之间的信息不对称，很可能发生"逆向选择"和"道德风险"。逆向选择是由于代理人掌握着委托人不知晓的私有信息，在和委托人签订契约时，就有可能利用他掌握的多于委托方的信息提出有利于自己的代理条件。在签订契约后，代理人在从事经济活动中，利用委托人不在现场监督、双方信息不对称的机会，不仅最大限度地增进自身效用，还做出不利于委托人利益的行为，而风险全部由委托人承担。因此，为了尽可能避免损失，作为委托人，有必要建立一定的激励和制衡机制。

在激励方面，委托人可以通过一套激励机制和措施使代理人的行为目标最大限度地同委托人所要达到的目标保持一致。激励措施包括：高新聘请、带薪休假、股票期权等，将代理人的努力诱导出来，以克服其偷懒行为。在制衡方面，从公司治理内部来看，股东大会、董事会、监事会、经理人员四者之间都存在相互制衡关系。从公司治理外部来看，也有几个方面会对代理人行为产生一定的约束作用：①证券市场的约束。如果企业股票在股票市场持续低迷，董事会会对经理人员的能力产生怀疑，甚至会因为其经营业绩差而将其解聘。②经理人市场的约束。经济越发展，经理人市场越活跃。董事会到经理人市场聘请优秀经理人的机会也越多。经理人为了避免在任期内由于业绩不佳遭到解雇，损坏自己在经理人市场的名声，会迫使自己努力为公司工作。③公司兼并的约束。我国股市的羊群效应使大部分股东普遍看涨不看跌，当公司业绩不佳造成股票下跌时，股东大多会选择抛售股票以减少自己的损失，股票的大量抛售会造成股价大幅下跌，而上市公司股票自由买卖制度会使公司经常被"恶意收购"。如果公司被"恶意收购"，原有经理人员很可能会遭到解聘。因此，经理人员为了保住自己的位置通常会努力工作。④法律制度和中介机构的监督。政府相关部门制定的立法和执法体制对代理人是一种威慑，独立外部审计制度对代理人的机会主义行为也起到了有效的制约。

(四) 公司治理理论基础

公司治理主要以信息不对称理论和委托代理理论为基础来进行研究。本书研究的资本配置效率理论也以此为基础展开分析。

1. 信息不对称理论

在传统经济学研究中，通常会事先假定一些条件，来满足研究的需求。例如，假设市场中各交易主体间的信息是完全对称的，随时可以获得准确的信息。然而，在实际交易过程中，交易主体会面临很多不确定的因素，导致交易参与人对信息了解程度不一致。通常，由于交易双方的信息不对称，会使掌握信息较多的一方在交易中处于优势地位。

美国加利福尼亚大学的 George Akerlof 1970 年发表论文《柠檬市场：质量的不确定与市场机制》，主要研究产品市场上的信息不对称，被公认是信息经济学领域最重要的开创性文献。斯坦福大学 Michael Spence 主要研究劳动力市场的信息不对称，其重要成果是具有信息优势的一方在避免逆向选择发生的前提下，如何将信息

"信号"可信、有效地传递给信息劣势的一方。哥伦比亚大学的 Joseph Stiglitz 进一步把信息不对称研究引入保险市场和信贷市场领域，并且在诸多领域也都有建树。

这三位经济学家在20世纪70年代提出的信息不对称理论，突破了信息完全的假设，弥补了传统经济学的理论漏洞，极大地推进了经济学体系的完善，增强了解释现实的能力。他们也由于自己的杰出贡献荣获了2001年度诺贝尔经济学奖。信息不对称理论构成了当代信息经济学的核心。

信息不对称理论认为，交易主体间掌握信息较多方会处于优势地位，可以通过向掌握信息较少方传递信息来获益，而掌握信息较少方也会努力地从另一方获取相关信息。三位经济学家认为，该理论虽然阐述了信息的重要性，但是也注意到相关问题：相关人员随着拥有信息量和获得信息渠道不同而获益的同时，也承担了一定的风险。

信息不对称理论对传统的自由市场理论有一定的冲击和影响。经济学家们也看到了一种情况：行业中由于信息不对称问题的广泛存在，掌握信息较多方很可能会为了个人的私利而做出违反道德的事情。通常信息不对称情况会出现在两个时间段：一是在交易活动之前出现，会导致逆向选择现象发生；二是在交易活动之后出现，会导致道德风险的产生。值得注意的是，这两种情况都会产生市场机制扭曲效应，很可能会对市场信息产生一定的误导，进而造成市场失灵。

2. 委托代理理论

美国学者 Berle 和 Means 于1932年发表了著作《现代企业与私人财产》。在著作中，他们提出并鼓励企业应该将所有权和经营权相分离，这样会给股东带来巨大收益。但是，由于所有权和控制权的分离，会导致公司治理中股东和管理者的冲突，由此，学者们展开了对公司治理大量的相关研究，大多围绕公司所有者委托经营者代理管理企业出现的相关问题展开，委托代理理论产生。

Jensen 和 Meckling(1976)研究发现，公司经理虽然对公司进行经营，其并不一定拥有公司的股份，不一定是公司的所有者，对公司的经营并不负具体的责任。因此，公司的股东和代理经营者间的利益并不完全一致,这种不一致的原因在于二者间责任、权利和义务的不一致及二者间信息是不对称的。Jensen 和 Meckling(1976)进一步提出,委托代理成本的存在主要包括3个原因:信息不对称、不确定性和交易费用,建立在非对称信息博弈的基础上。委托代理关系是所有者和代理经营者间的契约,或隐含,或鲜明。根据契约规定,行为主体在为其他行为主体提供服务后,应按提供服务的数量和质量获得相应的报酬。契约的不完备性造成企业各利益主体间的利益往往不一致,任何一方甚至都可能为了谋求自身利益而牺牲其他方利益,更多时候还会出现相互间的利益契约冲突。因此,委托代理理论实际上是一系列不完备的契约关系。

Ross(1973)最早提出了委托人和代理人的概念。他解释:当代理人代替委托人的利益来实施决策时,委托代理关系就形成了。理论上代理关系的明确能提高双方的总体收益。Wilson R. (1969)认为当某人对另一个人的行为产生依赖时,代理问题就形成了,采取行动的一方为代理人,受影响的一方为委托人。Holmstrom(1979)则认为委托代理关系应该是委托人利用某种契约形式(补偿形式)驱使代理人为其利益服务。Bernheim 和 Whinstou(1986)发现从契约角度来研究委托代理关系更有说服力。Fama 和 Jensen(1983)也认为,公司治理研究对象主要是所有权和控制权分离时的代理问题,核心应该是如何降低代理成本。

上述研究从不同角度研究了委托代理问题,都认为委托代理关系是委托方和代理者之间的契约关系,本书也认可这种契约关系。因此,将从委托代理理论视角研究公司治理相关问题,其中主要分析由所有权和经营权分离而产生的代理问题,以及如何减少不同产权性质下内部管理者的机会主义行为,从而提高公司的微观资本配置效率(赖建清,2007)。

三、资本配置效率理论

(一)资本配置效率界定

1. 资本的定义

从亚当·斯密(Adam Smith)到庞巴维克(Eugen Bohm-Bawerk)、

马克思(Karl Marx)、萨缪尔森(Paul A. Samuelson)、舒尔茨(Thodore W. Schults),几乎所有的经济学大师,都在开山之作中对资本给出了自己研究领域范围内的定义。介于考虑问题的出发点不同,不同的经济学派给出的定义也有所不同。见表2-10。

表2-10 资本的定义

经济学家	对资本的定义
Adam Smith(1776)	用来生产并取得相应利润的生产资料
Eugen Bohm-Bawerk(1884)	用来作为获得钱财或货物手段的产品
Karl Marx(1867)	社会关系的反映,是能够带来剩余价值的价值
Paul A. Samuelson(1948)	一种生产出来的生产要素,一种自身就是经济产出的耐用投入品
Thodore W. Schults(1960)	资本并不总是物质的、有形的,也可以体现在人力身上,形成人力资本

从上面的定义可以看出,资本在具有经济价值的同时也具有一定的社会价值,是自然属性和社会属性的统一体。资本在经济活动中产生增值,并成为经济发展和增长的动力,这就是资本的自然属性;它是在经济活动中产生的,不可避免地会产生人与人的关系、人与物的关系,资本所反映出的社会关系是资本的社会属性。

2. 资本配置效率的定义

经济学家们对资本都从宏观层面进行定义。本质上,"资本的要素数量效应"和"资本的配置效应"应是资本增长的来源和动力。从Harrod(1939,1948)和Domar(1947)的Harrod-Domar模型,到Solow(1956)和Swan(1956)的Solow-Swan新古典增长模型,再到20世纪80年代的内生增长理论,都指出了经济增长的基本变量是资本的要素数量效应。除此之外,资本增长的另一个途径是其配置效应。提高资本的配置效率是转变经济增长方式、提高投资质量的需要。Jeffrey Wurgler(2000)认为,企业(行业或地区)的利润率有不同和差别,资本追逐利润的本性(即资本逐利性)会导致资本从利润率较低的企业(行业或地区)向利润率较高的企业(行业或地区)流动,实现资本的优化配置,进而会提高资本配置效率。

本书在 Wurgler(2000)的思想基础上将资本配置效率定义为:衡量资本从低回报率流向高回报率的程度。因此,资本配置效率的提高将意味着如果某企业(行业或地区)资本回报率低,应及时削减资金流入;如果资本回报率高,则应继续追加投资,最终使资源配置到效率高、效益好、成长性高的企业(行业或地区),提高全要素生产率,增加投资效益,改善企业(行业或地区)结构,进而推动经济增长的集约化。

(二)资本配置效率测度方法

国内外学者在测度资本配置效率时,由于研究视角的不同,划分的层次也不同,主要分为微观和宏观两个层次。微观层次包括企业之间和企业内部资本配置效率,宏观层次包括行业和区域层面的资本配置效率。

1. 宏观层面资本配置效率测度方法

现有的研究文献主要有两种方法来测度宏观层面资本配置效率。

(1)第一类测度方法

第一类测度方法的基本思想是:当处于无摩擦的理想状态时,资本应该在各企业(行业或区域)间高效流动,理论上从资本报酬率低的企业(行业或区域)向高的企业(行业或区域)流动,最终达到各企业(行业或区域)间资本边际产出相同。此时,可以通过测度各企业(行业或区域)的边际产出率来度量各企业(行业或区域)资本配置效率的差别程度。

我国学者龚六堂和谢丹阳(2004)采用了柯布-道格拉斯(Cobb-Douglas)生产函数来度量我国的资本配置效率:

$$Y = A(t)L^{\alpha}K^{\beta}\mu \qquad (2.1)$$

式中,Y 代表产出,A 代表综合技术水平,K 代表资本的投入,一般用固定资产净值度量,L 代表劳动力数。但是,不同企业(行业或区域)生产函数选择的不一致,会导致资本配置效率的测度结果间缺乏可比性。韩立岩和王哲兵(2005)认为该类方法只能用来考察某种措施采取后,资本配置效率是否得到了改善,并不能给出资本配置效率的具体数值,在实际应用中相关数据的获得难度较大。

(2) 第二类测度方法

依据新古典经济学中的帕累托最优效应,资本配置实现最优的充要条件应该是项目间边际成本之比一直等于相应的价格之比,也就是:

$$\mathrm{MC}_i/\mathrm{MC}_j = P_i/P_j \tag{2.2}$$

换算后得到:

$$\frac{P_i - \mathrm{MC}_i}{\mathrm{MC}_i} = \frac{P_j - \mathrm{MC}_j}{\mathrm{MC}_j} \tag{2.3}$$

方军雄(2006)认为:当 i 项目的边际收益大于 j 项目时,应该削减 j 项目的投资,增加对 i 项目的投资,以实现资本配置效率的帕累托最优化。因此,资本配置效率的提高意味着投入不断追加到高资本投资回报率的行业,及时削减低投资回报率的行业。

美国耶鲁大学教授 Wurgler(2000)在此思想的指导下,创建了一种衡量资本配置效率的经典模型:

$$\ln \frac{I_{i,j}}{I_{i,j-1}} = \alpha + \eta \ln \frac{V_{i,j}}{V_{i,j-1}} + \varepsilon_{i,j} \tag{2.4}$$

模型中,I 代表固定资产原值,V 代表资本产出,通常情况下用行业的税后利润来表示,i 是行业,j 是年度,$I_{i,j}$ 代表第 i 个行业第 j 年的固定资产原值,$V_{i,j}$ 代表第 i 个行业第 j 年的资本产出,η 代表行业投资的反应系数,$\varepsilon_{i,j}$ 代表残差。直观上,模型的左边代表了行业的资本投入即固定资产原值的投入,右边代表了行业的资本产出,投资反应系数 η 为正值且越大时,表明行业资本投入增减对效益的反应速度越灵敏,资本配置效率就越高。

Wurgler(2000)模型由于可以通过测算得出资本配置效率的具体数值,能够进行横向比较和动态分析,引起了学者们的广泛关注,并且被许多国内学者所采用(米运生,谭莹,2007)。在研究行业或区域层面的资本配置效率时,国内学者潘文卿和张伟(2003)、韩立岩和王哲兵(2005)、方军雄(2006)、曾五一和赵楠(2007)、蒲艳萍和王维群(2008)、李青原、赵奇伟和李江冰等

(2010)、王永剑和刘春杰(2011)、陈艳利等(2014)多采用了该种模型或改进后的 Wurgler(2000)模型。

2. 微观层面资本配置效率测度方法

现有文献从微观层面考察资本配置效率时，学者们进行了大量的研究，影响最大的有以下三种测度方法。

(1) FHP(1988)投资—现金流敏感度模型

1988年，Fazzari，Hubbard 和 Petersen[①]建立了投资—现金流敏感性模型，简称 FHP 模型，从敏感性角度判断公司有大量自由现金流时的投资行为。后经 Carpenter(1995)、Kadapakkam 等(1998)、Lyandres(2007)等学者不断加以完善，其一般形式如下：

$$Invest = \beta_0 + \beta_1 \times Cfo + \beta_2 \times Tobin's\ Q + \beta_3 \times \sum Controller + IndustryDummies + YearDummies + \varepsilon \quad (2.5)$$

在该模型(2.5)中，Invest 代表企业年度新增资本投资水平，Cfo 为公司内部自由现金流，Tobin's Q 代表企业的投资机会，Controller 为控制变量，学者们采用的控制变量通常有：企业规模、资产负债率、上一年度的资本投资、现金持有量、主营业务收入、股票年度收益率等。β_1 显著大于 0 时，说明资本投资对企业内部现金流敏感，β_1 值越大，说明敏感性越高，资本投资过度依赖内部现金流，偏离最优的投资水平越严重。值得注意的是，该模型还可以将待检验的变量与自由现金流 Cfo 交乘，用以测试该变量对企业自由现金流 Cfo 的影响。FHP 模型被国内外学者广泛接受并采用(Hoshi 等，1991；Houstou，James，2001)，研究成果大致有两类：第一类通过分组检验来考察不同组别偏离资本投资最优水平的根源，第二类对待检验变量和自由现金流 Cfo 交乘，测试该变量对企业内部现金流的影响。

我国学者江伟(2005)通过该模型考察了控股股东持股比例对公司投资现金流敏感性的影响，发现二者呈正相关关系；朱红军、何贤杰和陈信元(2006)发现，要想真正地减轻企业的融资约束，

---

① Fazzari S, Hubbard R G, Petersen B C. Financing constraints and corporate investment. *Brookings Papers on Economic Activity*, 1988.

必须从提高金融发展和预算软约束两方面同时入手;支晓强和童盼(2007)发现上市公司投资现金流敏感性①受到融资约束和代理冲突的影响;在研究管理层报酬和投资现金流敏感性的关系时,发现控股股东的性质影响很显著。罗琦等(2007)进一步研究发现,我国上市公司内部现金流与资本投资之间敏感性根源在于融资约束和代理冲突。其中,融资约束是造成国有控股企业投资—现金流敏感的主要原因。代理冲突是造成地方国有企业、民营企业投资—现金流敏感的主要原因。

2012年,Mclean在Fazzari、Hubbard和Petersen(1988)、Wurgler(2003)、Rauh(2006)等学者的研究基础上,用融资约束和投资效率两个方面来表示企业的资本配置效率,建立模型(2.6)。其主要思路是:预测滞后一期的现金流及Tobin's Q与企业投资间的关系。

$$\frac{V_t}{A_{t-1}} = \beta_0 + \beta_1 \times \frac{Cfo_{t-1}}{A_{t-1}} + \beta_2 \times \text{Tobin's Q}_{t-1} + \beta_3 \times \sum \text{Controller}$$
$$+ \text{IndustryDummies} + \text{YearDummies} + \varepsilon_{i,t} \quad (2.6)$$

式中,V是投资水平Invest的简写,A是固定资产Asset,需要滞后一期。

$$\frac{V_t}{A_{t-1}} = \beta_0 + \beta_1 \times \frac{Cfo_{t-1}}{A_{t-1}} + \beta_2 \times \text{Tobin's Q}_{t-1} + \beta_3 \times \frac{Cfo_{t-1}}{A_{t-1}} \times \text{variable}$$
$$+ \beta_4 \times \text{Tobin's Q}_{t-1} \times \text{variable} + \beta_5 \times \sum \text{Controller}$$
$$+ \text{IndustryDummies} + \text{YearDummies} + \varepsilon_{i,t} \quad (2.7)$$

在公式(2.7)中,用投资对现金流和对Tobin's Q的敏感性来度量企业的融资约束和投资效率,同时引入待检验变量(这里用variable来表示)与现金流和投资机会进行交乘,来考察该变量对企业融资约束和投资效率的影响。

国内学者陈德球、李思飞、钟昀珈(2012)用该模型考察了我

---

① 对企业现金流敏感性的解释目前主要存在三类观点:融资约束,Fazzi等(1998);管理者代理行为即代理问题,Jensen(1996);管理者情绪即管理者过度自信,Malmendiar和Tate(2005)。

第二节 理论基础

国地方政府质量对企业资本配置效率的影响机理,发现政府质量与投资和现金流敏感度呈负相关关系,与投资和Tobin's Q敏感度呈正相关关系。由此可以看出,政府质量可以明显改善资本配置效率。按企业性质分类,发现政府质量最能改善民营企业的资本配置效率,其次是地方国有企业,最后才是中央国有企业。于文超、何勤英(2013)在研究地区投资者保护、政治联系对企业资本配置效率的影响时,也采用了该模型。

(2) Vogt(1994)[①]的投资机会与现金流交乘项判别模型

$$Invest = \beta_0 + \beta_1 \times Cfo + \beta_2 \times Tobin's\ Q + \beta_3 \times \sum Controller + IndustryDummies + YearDummies + \varepsilon \quad (2.8)$$

$$Invest = \beta_0 + \beta_1 \times Cfo + \beta_2 \times Tobin's\ Q + \beta_3 \times Cfo \times Tobin's\ Q + \beta_4 \times \sum Controller + IndustryDummies + YearDummies + \varepsilon \quad (2.9)$$

在该模型中,相关变量定义同前。模型(2.8)用来检验企业的内部现金流与资本投资之间的相关性。β_1 显著为正,说明企业投资对内部现金流反应敏感。模型(2.9)进一步检验了投资与内部现金流间敏感的原因。将 Cfo 与投资机会 Tobin's Q 进行交乘,当交乘项系数 β_3 显著为负时,表明投资过度,反之则表明投资不足。我国学者何金耿和丁加华(2001)、唐雪松等(2007)、李维安和姜涛(2007)、张纯和吕伟(2009)、张功富和宋献中(2009)等在研究时都曾采用过该种模型。

但是,Vogt(1994)模型只能从整体角度判断全样本公司是投资不足还是过度投资,并不能具体判定每一家公司的具体情况,更不能给出非效率投资(投资不足还是过度投资)的具体数值。学者们利用该模型得出的研究结果往往都一样,即我国上市公司整体上判定属于过度投资。该结论的意义不是很大,并没有深究过度投资、投资不足的根源及抑制措施。学者们在这一模型的基础上,继续深

[①] Vogt S C. The cash flow/investment relationship: evidence from US manufacturing firms. *Financial Management*, 1994.

入研究，得出了非效率投资的根源：代理冲突会导致过度投资，融资约束易导致投资不足。

（3）Richardson(2006)①非效率投资的残差度量模型

Richardson(2006)在 Vogt(1994)模型的基础上，寻找克服该模型缺陷的方法，构建了一个真实衡量企业投资不足还是过度投资的模型，其模型如下：

$$\text{Invest}_{new,t} = \beta_0 + \beta_1 \times \frac{V_t}{V_{t-1}} + \beta_2 \times \sum \text{Controller} + \text{IndustryDummies} + \text{YearDummies} + \varepsilon_{i,t}$$
(2.10)

模型(2.10)中，$\text{Invest}_{new,t}$表示第 t 年新增的资本投入，其他变量定义仍同前。其中，新增资本投入$\text{Invest}_{new,t}$分为预期资本投入和非预期资本投入，预期资本投入是投资净现值为正的项目投资。该模型的拟合值代表企业预期投资，残差项代表企业的非预期投资水平，当$\varepsilon_{i,t}$大于 0 时表示企业过度投资，小于 0 时表示投资不足。

Richardson(2006)模型可以具体度量出企业投资不足还是过度投资，有利于从微观企业层面进行分类考察资本投资效率，便于学者深入研究和寻找非效率投资的根源，得到了国内外学者的广泛采用。国内学者杨华军和胡奕明(2007)、辛清泉等(2007)、魏明海和柳建华(2007)、程仲鸣等(2008)、王彦超(2009)、姜付秀等(2009)、徐晓东和张天西(2009)、梅丹(2009)、张洪辉和王宗军(2010)、李青原等(2010)、钟海燕等(2010)、杨兴全等(2010)、李云鹤等(2011)、陈运森和谢德仁(2011)、张会丽和陆正飞(2012)、程新生等(2012)、申慧慧等(2012)、刘慧龙等(2012)、方红星和金玉娜(2013)等在研究中都对该模型进行了运用。其中，辛清泉、林斌和王彦超(2007)利用该模型检验了高管薪酬对公司资本投资行为的影响；魏明海和柳建华(2007)利用该模型检验了内部治理机制对公司资本投资行为的影响；程仲鸣等(2008)利用

---

① Richardson S. Over-investment of free cash flow. *Review of Accounting Studies*, 2006.

该模型检验了地方政府对公司资本投资行为的影响；李青原（2009）利用该模型检验了会计信息质量对公司资本投资行为的影响；钟海燕、冉茂盛和文守逊（2010）用该模型检验了控制权对公司资本投资行为的影响，研究结论和相关建议均具有一定的价值，也证明了该模型使用的可行性。

四、融资约束理论

在 Modigliani 和 Miller（1958）描述的完美的资本市场世界中，投资决策和融资决策是独立的，企业的投资支出与资本结构无关，仅依赖于投资机会的大小。但是在现实世界当中，市场摩擦是必然存在的：企业所有权和经营权的分离使股东和管理者之间存在代理问题以及外部主要利益相关者和内部经理人之间存在信息不对称，而信贷市场的信息不对称会产生逆向选择和道德风险问题，导致信息成本和交易成本的产生，企业融资成本随之产生。企业融资约束形成主要由于金融市场的不完善性。金融市场的市场结构主要包括金融市场信息环境、资金供给双方负有权利和义务的法律规定、企业自身特征及宏观经济政策等几方面，这些都会对企业的融资约束产生影响。

融资约束是一个多层面概念：从较为狭义层面理解，即为企业外源资金的约束；从更狭义的角度理解，融资约束即银行的信贷约束；从广义层面解释，即为企业同时受到内源融资或外源融资的约束，或者同时受到两方面约束。当企业内源和外源融资成本存在差异，即外源融资成本高于内源融资成本时，导致企业无法获得外源融资，而受到融资约束。本书主要从广义角度来定义。

企业融资约束理论，主要来源于委托代理问题、信息不对称以及交易成本的存在，使企业内源融资成本和外源融资成本产生差异。委托代理成本和信息不对称表明投资者要求取得风险溢价，信息不对称越严重，该溢价会越高，融资约束程度也越严重；企业发行新股和债券时会发生认购费、登记费及管理费，交易成本产生，由此可能导致外源融资成本高于内源融资成本，企业受到外部的融资约束。

企业融资通常包括权益性融资和债务性融资两类。企业权益性融资主要指股票融资；债务融资主要包括银行等金融机构或商业信用融资，而银行贷款是债务融资的主要形式。按照西方的有序融资理论，企业融资时通常会出于融资成本的考虑，遵循内部融资＞债务融资＞权益融资的顺序。但是在我国，上市公司的融资顺序更多反映为股权融资＞短期债务融资＞长期债务融资＞内源融资（章卫东，王乔，2003；李芸达，范丽红，费金华，2012），这与我国的制度背景有关。本书所讲到的融资主要是债务性融资，不考虑权益性融资。

有关企业融资约束测度的方法，学者们曾采用反映公司特征的单变量，作为衡量融资约束的指标，例如股利支付率、公司规模、公司年限、利息保障倍数、负债率等。根据多个与融资约束程度相关的变量构建的融资约束指数主要有以下4个[①]。

1988年，Fazzari、Hubbard和Petersen建立了投资—现金流敏感性模型，简称FHP模型，将投资对现金流敏感性作为衡量企业融资约束程度，并将敏感性系数作为衡量融资约束严重程度的证据。投资—现金流敏感性越高，融资约束越强，开启了融资约束衡量模型的开端，在以后的文献中，以投资支出和现金流间关系来衡量融资约束几乎成了学术界公认的标准方法。

1997年，Kaplan和Zingales首次基于系列财务指标，以经营性净现金持有量、现金流、负债程度、派现水平和成长性等5个因素，将定性和定量信息相结合，构建了一个综合加权指数（KZ指数），作为衡量融资约束的代理变量，在融资约束研究领域也得到了广泛运用。

2006年，Whited和Wu在考虑融资约束风险与股票收益间关系时，基于动态结构估计方法，以公司规模、现金流、行业销售收入增长率、负债率、公司销售收入增长率及股利支付哑变量等6个因素，构建了WW线性指数，认为这一指标更能测度企业的融资

---

① 詹雷，何娟. 融资约束度量方法及其运用. 财会月刊，2013(03).

约束状况①。

2010年，Hadlock和Piece基于企业的规模（Size）和年龄（Age），构建了SA指标来衡量融资约束水平。

值得注意的是，学者们使用不同的融资约束度量模型得出的结论不尽一致，有的结果往往互相矛盾，甚至相反，在某种程度上说明模型本身存在固有缺陷。因此，迄今为止并没有一个公认的最佳度量模型。在进行研究时，应根据具体研究对象选用模型，最好将不同方法相互结合进行印证，以增强结论的稳健性。

---

① 使用WW指数的文献有Livdan等（2009）、Li（2011）、Panousi和Papanikolaou（2012）、Lin等（2011）。

第三章 金融发展、产权性质与微观资本配置效率

引 言

金融资源是一国发展最基本的战略性资源(白钦先,2005)。理论上,良好的金融制度环境是改善资本配置效率的重要因素(Wurgler,2000),对此,相关学者进行了富有成效的实证研究。King 和 Levine(1993)、范学俊(2008)、王永剑和刘春杰(2011)及张国富(2011)等从国家层面证实了金融发展对资本配置效率的重要作用;Rajan 和 Zingales(1998)、Wurgler(2000)、韩立岩等(2002)、潘文卿等(2003)、方军雄(2006,2007)、曾五一等(2007)及李青原等(2010)从地区或行业角度研究了金融发展等制度环境因素对于资本配置效率的重要作用。

与此同时,Demirguc-Kunt(1998)从外部融资的便利程度,Love(2003)从融资约束的放松程度等微观企业财务层面对此也进行了研究。然而,上述研究并未对企业的产权性质进行重点关注。产权性质是指企业最终控制人的性质特征,最终控制人是隐藏在大股东背后的控制性股东(La Porta 等,1999),通常根据最终控制人是否为政府而将企业分为国有控制企业和非国有控制企业。在公司治理中,最终控制人在我国上市公司中普遍存在,并且可以通过一系列控制链实现对企业的真正控制,并实际影响管理层和董事会的各项决策,是公司治理的核心(刘芍佳等,2003;王福胜等,2012);同时,实证研究表明不同的产权性质在提高企业经营绩效、改善公司治理等方面发挥着重要作用(Claessens,2002;La Porta 等,

2002；徐晓东，陈小悦，2003；叶勇等，2005；徐莉萍等，2006；武立东等，2007；吕长江等，2007；雷光勇，刘慧龙，2007；马忠等，2008；梁琪等，2009；高友才等，2012；王福胜等，2012；刘广瑞等，2013）。在我国转型期这一特殊时期，产权性质等一些公司治理因素对企业的发展有着重要的影响，对企业的行为及经营绩效也产生了很大的影响。忽略产权性质对微观资本配置效率的影响，可能会给研究结论带来一定的偏误。鉴于此，本章实证检验金融发展对微观企业资本配置效率的影响，并进一步从产权性质视角进行检验，产生了"企业投资效率之谜"（刘瑞明，石磊，2010；喻坤等，2014）。

借鉴Mclean等（2012）、陈德球等（2012）、于文超等（2013），本章从融资约束、投资效率两个方面研究企业的微观资本配置效率，用现金流的敏感性即经营活动产生的现金流量来度量企业融资约束，用Tobin's Q来度量投资效率。本章选取了2004—2015年较长的样本区间进行检验，发现在样本初期2004—2006年间，随着金融发展水平提高，国有控制企业的投资效率低于非国有控制企业，但是到2007年之后，非国有控制企业的投资效率反而低于国有控制企业，并且这一差异呈扩大趋势。分析之后，发现金融发展水平的提高并没有显著提高国有控制企业的投资效率，非国有控制企业的投资效率反而迅速下降，这一研究结果同喻坤、李治国、张晓蓉和徐剑刚（2014）的研究结论基本一致。那么，到底该如何解释这一现象呢？

现有的文献主要从信息不对称理论与代理理论来研究企业的投资效率（Stein，2003），认为信息不对称问题会导致企业面临外部融资约束，进而导致企业投资不足（Rajan R.，Zingales L.，1998），代理问题会导致企业过度投资（Jensen，1986），从而引起企业投资效率的下降。本章在进行稳健性测试时，控制了内部代理问题，发现非国有控制企业的投资效率仍然明显低于国有控制企业。基于此，本章提出相关疑问：这和我国转型期特殊的制度环境有关吗？

金融发展理论认为：金融市场对企业投资效率存在影响，金融发展会降低企业的融资约束，降低投资—投资机会敏感度，提高资本配置效率(Wurgler, 2000; Love, 2003; Laeven, 2003)。我国当前新兴资本市场加经济转轨的双重特征导致了投资效率有着浓厚的政府色彩，政府行为对资本市场资源配置具有重要的影响作用(夏立军，方轶强，2005)。与发达国家相比，我国的金融体系以银行信贷为主，而四大国有银行占据了金融市场的主要市场份额，国有银行在进行信贷决策时势必要受到政府行政指令的干预(La Porta 等，2002)。在我国资本市场中，上市公司多数为国有控制，它们在满足自身经营的同时，还承担了大量政策性负担，包括增加就业率、增加税收收入和促进经济增长等；同时，政府会通过信贷扶持等手段对国有控制企业进行补贴(林毅夫，李志赟，2004)。国有控制银行在贷款时，不仅会考虑政策因素，还会因为非国有控制企业的信用度低、可抵押资源少及发放贷款成本高等原因，而倾向于给国有控制企业更多的贷款支持。现有文献都支持了非国有控制企业在信贷市场存在"信贷歧视"现象，从而造成非国有控制企业的融资约束(Brandt, Li, 2003; 孙铮，刘凤委，李增泉，2005; Alllen F., Qian J., Qian M., 2005; 江伟，李斌，2006; 余明桂，夏新平，邹振松，2006; 陆正飞，2009; 唐建新等，2009; 李广子，刘力，2009; 沈洪波等，2010; 陈德球，李思飞，王丛，2011; 魏志华，曾爱民，李博，2014)。政府对国有控制企业诸如信贷支持的各种补贴，造成国有控制企业在存在道德风险及预算软约束问题的同时，也占用了非国有控制企业的其他资源，诸如在享受公共服务时明显比国有控制企业少，从而拖累了非国有控制企业的投资效率，形成"双重效率损失"的现象(刘瑞明，石磊，2010)。

　　喻坤等(2014)认为，产权性质对企业投资效率影响有两种共同因素在产生作用：一是国有控制企业由于政策负担和行政干预的存在，造成投资效率相对较低；二是政府对国有控制企业特殊的"父爱情结"(赵纯祥，张敦力，2013)造成非国有控制企业在信贷市场的融资约束，抑制了其投资效率。基于此，本章认为：非国有控制企业的投资效率低于国有控制企业可能是由于政府的行政干预造成的。尤其是近几年我国金融发展水平提高，强化了产权性质下的融资约束差异，从而导致非国有控制企业面临日益严重的信贷融资约束,使其资本配置效率明显持续下降,甚至低于国有控制企业。

图 3-1 给出了我国东、中、西部各地区金融发展近几年的变化趋势,图 3-2 给出了上市公司的负债比率的变化趋势。从图中可以明显看出,各地区金融发展水平呈逐渐上升趋势,2009 年之后上升趋势更加明显,2008 年次贷危机发生,政府推出了"四万亿"投资计划来刺激经济。与之相对应的是,非国有控制企业负债比例从 2007 年起开始逐渐低于国有控制企业,并且这一差距在 2008 年后呈现扩大的趋势,说明 2008 年出台的"四万亿"投资计划并没有给非国有控制企业融资带来"春天",70% 以上的资金都流入国有控制企业,这也反映出金融信贷市场对非国有控制企业的融资约束程度日益严重。

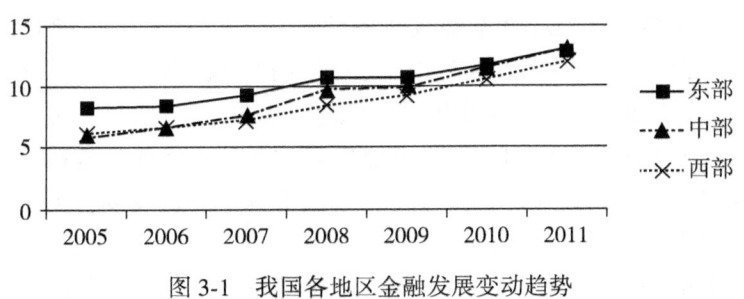

图 3-1 我国各地区金融发展变动趋势

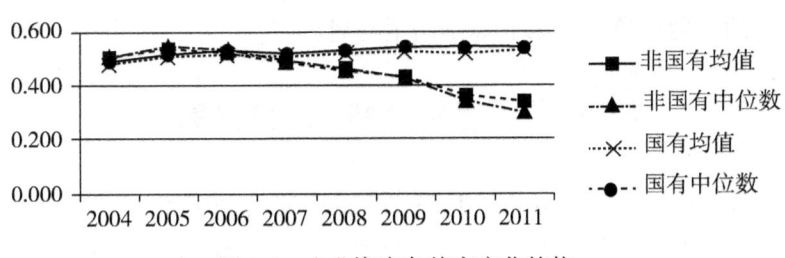

图 3-2 企业资产负债率变化趋势

本章的研究贡献主要在于:首先,主张从微观资本配置效率这一新的视角,研究金融发展对微观企业资本配置效率的影响,拓展了现有资本配置效率研究局限于国家、区域或行业的研究思路；其次，结合我国转型期上市公司普遍存在最终控制人这一特殊的特征，在剖析金融发展对微观资本配置效率影响的同时，回答了产权性质对微观企业资本配置效率的作用机理，丰富了有关资本配置效率形成路径的研究成果；最后，本章以金融发展为视角，实证结果检验了刘瑞明、石磊（2010）、喻坤等（2014）提出的国有企业"双重效率损失"假说，即政府对低效的国有控制企业的特殊关爱政策会进一步损害非国有控制企业的投资效率。同时本章也支持喻坤等（2014）的观点：政府对国有控制企业信贷资源的倾斜和补贴是实现这一拖累的一个重要渠道。基于此，本章试图结合国内外文献以及我国特殊的"新兴加转轨"制度背景，运用2004—2015年我国A股上市公司1272家数据，基于企业异质产权结构导致的融资约束差异和代理成本理论为视角，从微观企业财务层面来研究"金融发展能否起到优化微观资本配置效率的作用"及"产权性质能否影响金融发展对微观资本配置效率的优化作用"等相关理论的假设检验并提供了实证证据，以试图阐明金融发展、产权性质与公司投资效率三者间的关系，同时丰富金融制度环境、公司治理与微观资本配置效率方面的研究文献，为公司合理做出资本配置决策、实现资本配置效率最优提供理论依据。

本章后续部分结构如下：第一节是理论分析与研究假设，第二节是研究设计与样本选择，第三节是实证结果与分析，第四节进行相应的稳健性检验，第五节是结论与讨论。

第一节 理论分析与研究假设

在 Modigliani 和 Miller（1958）描述的完美的资本市场世界中，投资决策和融资决策是独立的，企业的投资支出与资本结构无关，仅依赖于投资机会的大小。但是在现实世界当中，市场摩擦是必然存在的：企业所有权和经营权的分离使股东和管理者之间存在代理问题（Jensen，1986；Richardson，2006）及外部主要利益相关者和内部经理人之间存在信息不对称问题（Jensen，Meckling，1976；

Myers、Majluf，1984；Fazzari，1988；White，1992），而信贷市场的信息不对称会产生逆向选择和道德风险问题（Stiglitz Weiss，1981），使得市场不可能如此完美地运行，公司始终面临着投资不足或者投资过度的风险，从而潜在地影响投资效率，导致企业往往偏离最优投资水平（Stein，2003；李青原，2010），这种信息不对称现象在金融市场发展水平较低的国家和地区尤其严重（应千伟，连玉君，陆军，2010）。同时，Fazzari、Hubbard 和 Petersen（1988）发现，市场摩擦的存在影响了投资支出与投资机会（Tobin's Q）的敏感性，也使公司经营活动产生的现金流成为影响公司投资支出的重要因素。

本章在上述理论分析基础之上，借鉴于文超、何勤英（2013）的研究方法，将重点关注金融发展与产权性质对企业融资约束和投资效率即微观资本配置效率的影响。其中，融资约束主要反映在公司投资支出与内部经营活动产生的现金流的依赖程度，若二者之间敏感性越强，则说明公司面临的融资约束越强，越依赖于内部融资；反之，若二者敏感性越弱，则表示公司面临的融资约束越弱，公司越容易获得外部融资。投资效率主要反映在公司投资支出与投资机会（通常用 Tobin's Q 表示）间的方向变动是否同向，当二者同方向变动时，说明投资支出能够根据投资机会的变化迅速作出反应，对投资机会的敏感性越高，投资效率就越高。

一、金融发展与企业投资

在 Rajan 和 Zingales（1998）、Love（2003）提出不能仅局限于宏观层面来研究金融发展与经济增长的关系，而应深入了解微观机理后，学者们开始从微观企业财务层面研究金融发展对企业投融资决策的影响，并取得了较为一致的结论。

企业的融资约束不但受到企业的规模、资产结构、盈利能力及成长性等自身因素的影响，在很大程度上还取决于一个国家的金融发展水平（Rajan，Zingales，1998；Beck 等，1999，2002）。大量文献显示，在金融发展欠发达的国家，企业通常会受到当地金融机构规模的限制，面临更严重的融资约束问题（Rajan，Zingales，1998；

Love，2003），外部融资成本会更高，迫使企业进行内部融资以避免外部高昂的融资成本约束（Khurana 等，2006）。

　　有关金融发展对融资约束的缓解作用已经被学者广泛研究证实，可以从规模和效率两个方面来影响企业的融资约束（沈洪波，寇宏，张川，2010）：第一，金融发展通过扩大金融资源、增加金融产品来降低投资者的交易成本，进而扩大企业的融资渠道，由此带来的规模效应可以分散贷款的风险。发达的金融发展水平能够更加有效地分配资金资源（Greenwood，Jovanovic，1990；King，Levine，1993），融资企业能够享受发达的金融发展水平带来的融资便利，企业在获得充足的外部资金的同时，还能确保投资者获得企业投融资决策的相关信息（Demirguc-Kunt，Maksimovic，2002；Khurana，2006），有利于更好地把握投资机会，实现企业的成长（Rajan，Zingales，1998）。第二，金融发展能降低利率和融资契约成本（Lerner，Schoar，2005；Qian，Strahan，2007），降低对抵押品价值要求（Liberti，Mian，2010），减少契约不完备和信息不对称导致的金融市场不完善，提高资金分配的效率，最终缓解融资约束（唐建新，陈冬，2009）。因此，金融发展可以帮助企业克服"逆向选择"和"道德风险"问题，减少代理问题、信息不对称导致的市场不完善后果，从而减轻企业的融资约束（Love，2003）。

　　企业融资的主要目的是促进投资，投资的增加反过来促进了企业融资。因此，企业投融资间存在很强的互动机制。对于企业的投资，不仅取决其自身的投资需求，也会受到影响企业融资约束因素的影响，例如金融发展。金融发展会减轻企业的融资约束，融资约束进一步影响了企业的投资行为，即金融发展对企业投资与内部现金流的敏感性会产生影响（朱红军，何贤杰，陈信元，2006）。金融发展会影响企业的融资环境，进而影响公司的投资效率。在金融发展影响投资的过程中，主要通过储蓄-投资时空分离、利率、货币政策、资本配置、信用创造等传动机制来运行（张春田，2008）。

　　有关金融发展与资本配置效率的关系引发了学者们的研究热情，但学术界关于二者关系的实证结论却并不一致，至今仍然没有形成统一的认识。陆家骝（2004）认为金融发展在某种程度上改善

第一节 理论分析与研究假设

金融体系的运作效率,改善了资本配置,进而提高投资效率。方军雄(2006)发现我国金融市场化的发展改善了行业资本配置效率,李青原、赵奇伟和李江冰等(2010)发现金融发展显著改善了地区资本配置效率,而且,我国各地区的资本形成更多依赖银行等金融机构的信贷支持(曾五一,赵楠,2007)。另一方面,范学俊(2008)却发现,我国金融体系整体上对资本配置效率的贡献很有限,金融发展与资本配置效率呈弱负相关关系,非国有银行金融机构的信贷、投资行为能够较大地促进资本配置效率的提升,而国有银行金融机构的信贷、投资行为却抑制了资本配置效率的提高(潘文卿,张伟,2003),甚至从宏观方面来看,我国信贷市场的规模与行业资本配置效率呈负相关关系(韩立岩,蔡红艳,2002)。我国整体的资本配置效率处于较低水平,呈东、中、西部梯度递减特征,不同行业之间有显著的差异性(张国富,2010)。金融发展对东部和中部地区资本配置效率促进最为显著,与西部地区关联不是很明显(王永剑,刘春杰,2011)。

就我国转型经济而言,金融发展实际上就是金融市场化过程(周业安,赵坚毅,2005)。然而,我国当前的金融市场环境以国有银行为主要市场份额,上市公司股权高度集中,企业以间接融资为主,并且大部分外部融资来自国有银行,造成企业的资金成本过高(陈雨露等,2006),金融市场发展在缓解企业融资约束中的作用远远大于股票市场的作用(饶华春,2009)。由于金融市场的信息不对称,造成外部融资成本高,因此企业的投资通常低于最佳投资水平;同时,金融发展能够缓解企业融资约束(Rajan, Zingales, 1998; Laeven, 2003; 朱红军,何贤杰,陈信元,2006; 饶华春,2009; 沈红波,寇宏,张川,2010),不一定能够带来高投资效率,反而可能助长企业过度投资(赵立彬,2012)。我国上市公司普遍存在过度投资倾向(张敏,吴联生,王亚平,2010)。贺力平(2004)对我国1981—2002年间金融发展与投资的关系进行研究,发现金融发展对投资规模扩大或投资效率提高的作用都不够显著。江伟(2011)却发现,我国的银行贷款对于上市公司的过度投资行为具有控制效应,但是这一控制效应并没有随着我国地区金融发展水平的逐渐提高而有所增强。赵立彬(2012)认为，金融发展水平的提高使企业获得更多的贷款，但是债务的增加并没有对过度投资行为产生抑制作用，将储蓄转为投资的效能并不高，不仅可能会导致坏账的产生，甚至会拖累经济的增长。由此可以看出，在我国股权集中的金融市场中，尤其是处于经济转型期这一制度背景下，金融发展势必会影响以间接融资为主的企业的融资约束，并进一步影响企业的投资效率。

由此，本章提出第一个假设：

H1：金融发展影响企业的融资约束和投资效率。

二、金融发展、产权性质与企业投资

国外关于金融发展缓解融资约束的研究结论通常处在一个较单纯的制度环境下，我国新兴加转轨时期特殊的经济、政治环境决定应根据实际情况具体分析。我国企业的融资约束外生于市场，在很大程度上来源于政府对市场的干预，而不是源于流动性约束和市场竞争引起的市场摩擦(邓可斌，曾海舰，2014)。

在我国，公司产权性质不同所遭受的融资约束差异较大(Chow，Fung，1998)。在不同的企业所有权下，金融发展缓解企业融资约束将会有不同的效应表现(沈洪波等，2010)。我国证券市场一个明显特征是政府显著影响国有上市公司的财务行为，国有产权在市场化国家被视为"掠夺之手"(grabbing hand)，国有控制企业相比非国有控制企业，在政治和财务上能够获得政府更多的支持(Qian，1994)，业绩下滑甚至亏损时可能从政府那里得到补贴(Lin，Tan，1999；Dong，Putterman，2003)。就融资而言，公有产权、父爱情结、政策性负担产生预算软约束导致资源错配，使国有控制企业更容易获得银行贷款、财政补贴及股市融资(Kornai，1998；林毅夫，李志赟，2004；Li等，2009)，并且银行贷款制定的限制条款更少(Firth等，2008)，贷款利率更低(Brandt，Li，2003)，因为此时融资决策是政府、银行和企业共同作出的(田利辉，2005)。相关实证研究也发现，受国有产权影响，银行贷款存在差异(江伟，李斌，2006)，国有控制企业更容易以长期借款挤

第一节 理论分析与研究假设

占短期借款(孙铮等，2005)。遵循这一逻辑，相比于非国有控制企业，国有控制企业更容易获得融资。

有关国有控制企业投资效率低下是一个不争的事实(刘瑞明，石磊，2010；申慧慧，于鹏，吴联生，2012)。从理论上看，主要体现在国有控制企业经营目标扭曲以及管理层激励约束机制缺失两个方面(Shleifer，1998；Chen，Firth，Rui，2006)。政府对国有控制企业的经营、设立的管制和干预使得国有控制企业成为国家政府领导下的附属机构，国有企业承担了大量的政策性负担(Kornai，1998；Boycko，Shleifer，Vishny，1996；林毅夫，刘培林，2001；林毅夫，李志赟，2004)，而且国有企业在选聘高级经理人员时往往关注的是政治资源而不是其管理能力(Krueger，1990)，国有企业管理者在任期内更多关注的是社会和政治目标而不是价值创造目标(Chen，Firth，Rui，2006)，对企业的经营效率关注不足(Boycko，Shleifer，Vishny，1996；姚洋，章奇，2001)，同时国有控制下政府官员的寻租行为对企业的投资也会造成不良的影响(Shleifer，1998)。国有控制企业的所有者是国家，国家委托经理人员代理经营，因此经理人员不是所有者，不具有剩余索取权，其面临着"决策或选择成本低承担"、"决策产生的收益低享受"情况(Alchian，1965；张维迎，1986；Hart，Shleifer，Vishny，1997)。国有控制企业所有者缺位以及委托代理环节等缺陷，造成其缺乏激励、监督和约束机制(张维迎，1995；钱颖一，1999)，导致资本配置和使用效率整体低下(路风，2000)。同时，国有控制企业在国家赶超战略实施中承担了大量政策性负担(Boycko，Shleifer，Vishny，1996；林毅夫，刘培林，2001)，从而产生了逆向选择和预算软约束，导致资本配置效率低下(林毅夫等，1997)。

国有控制企业的"经营目标扭曲"以及"管理层激励约束机制缺失"两方面的存在(Shleifer，1998；Chen，Firth，Rui，2006)，以及大量的研究都表明国有控制企业资本配置效率可能低于非国有控制企业(杨华军等，2007；俞红海等，2010)。但是，制度并不会一成不变，外部的冲击或者内部的自我推动都会使它产生变化(热若尔·罗兰，2005)。

从外部来讲，政府是国有控制企业的所有者，依靠其拥有的权力对企业的投资行为进行引导①。因此，国有控制企业相对民营企业获得了更多政策优势和投资机会。而且，非国有控制企业的内部融资通常会受到企业自身经营状况的制约，融资能力有限（陈德球，李思飞，王丛，2011），在这样的体制背景下，民营企业融投资机会就存在先天劣势和各种有形、无形的障碍。从企业自身来说，在我国这样的新兴资本市场中，非国有控制企业控股股东的代理行为普遍存在，在法制不太成熟健全的国家，控股股东的代理问题更加严重（McLean 等，2012），公司投资与投资机会之间的敏感性更低（Bertrand 等，2002）。而在我国，非国有控制企业普遍存在着过度投资和投资不足的现象（刘广瑞，杨汉明，张志宏，2013），由于管理层、控股股东的代理问题，很有可能继续维持低效率的投资甚至扩张性投资（罗琦，肖文翀，夏新平，2007；靳庆鲁，孔祥，侯青川，2012），从而降低公司的投资效率。由此可以看出，非国有控制企业外部的先天劣势及自身的代理问题，导致其投资效率即微观资本配置效率也没有达到理想状态。

喻坤、李治国和张晓蓉等（2014）指出，有两种效应共同决定国有和非国有控制企业的投资效率相对大小：一方面，政府的政策负担造成国有企业的投资效率较低；另一方面，政府通过对国有企业的信贷扶持和补贴政策挤出了非国有控制企业的信贷资源，使非国有控制企业受到融资约束，资本调整成本增加，导致投资效率下降。金融发展下融资约束问题主要通过信贷渠道对非国有控制企业的投资效率产生影响，股权融资渠道影响有限，我国近年来金融发展水平提高，强化了产权性质下的融资约束差异，政府对国有控制

---

① 现有文献对政府作用的研究主要聚焦于政府的"扶持之手"（Knack, Keefer，1995；Mauro，1995；Easterly，Levine，1997；Johnson 等，1997）与"掠夺之手"（Frye, Shleifer，1997；Shleifer, Vishny，1994）同时存在的效应。在现有的制度环境下，中国企业的行为特征不仅受到企业内部人（例如大股东和经理层）和外部投资者（例如中小股东和债权人）之间的代理关系的影响，更是企业的利益相关者与具有强制力的政府之间相互博弈的均衡结果（李增泉，孙铮，2009），因此，政府的双重角色在我国同样发挥着重要的影响。

企业的"父爱情结"拖累了民营企业的投资效率,在某种程度上强化了非国有控制企业的融资约束问题,使融资约束问题对投资效率的影响占据主导作用。非国有控制企业面临日益严重的信贷融资约束,投资效率持续下降,导致其投资效率低于国有企业,形成"双重效率损失"的现象(刘瑞明,石磊,2010)。借鉴以上理论分析及现有文献结论,本章提出如下假设:

H2:产权性质影响企业的融资约束和投资效率。

H3:金融发展水平对不同产权性质下的公司资本配置效率影响程度不同。

第二节 研究设计与样本选择

一、模型设计与变量定义

为了检验金融发展与资本配置效率间的关系,1988年,Fazzari、Hubbard 和 Petersen 从敏感性角度判断公司有大量自由现金流时的投资行为,建立了投资-现金流敏感性模型,简称 FHP 模型,开拓了微观资本配置效率研究的新局面。FHP 模型被国内外学者广泛接受并采用(Hoshi 等,1991;Houstou,James,2001;江伟,2005;朱红军,何贤杰,陈信元,2006;支晓强,童盼,2007;罗琦等,2007;孙晓琳,2010)。Wurgler(2000)首次构造出衡量行业资本配置效率的经典模型,该模型得到了我国理论界的认可和采用(潘文卿,张伟,2003;韩立岩,王哲兵,2005;方军雄,2006;曾五一,赵楠,2007;蒲艳萍,王维群,2008;李青原,赵奇伟,李江冰等,2010;王永剑,刘春杰,2011)。Mclean 等(2012)根据 Wurgler(2000)、Fazzari 等(1988)的设计思路提出了修正后的 FHP 模型来检验我国金融发展与微观资本配置效率之间的关系(李文贵,2013;于文超,何勤英,2013)。本章主要从融资约束和代理理论视角来研究,所以,Mclean 等(2012)提出的修正 FHP 模型构成本章衡量微观资本配置效率的基础。

本章结合我国上市公司的具体情况,构造两个完整的回归模型

第三章 金融发展、产权性质与微观资本配置效率

来检验金融发展、产权性质等制度因素对微观资本配置效率的影响：

$$\text{Invest}_{it} = \beta_0 + \beta_1 \times \text{Fdi} + \beta_2 \times \text{Fdi} \times \text{CFO} + \beta_3 \times \text{Fdi} \times \text{Tobin's Q} + \beta_4 \times \text{CFO} + \beta_5 \times \text{Tobin's Q} + \beta_6 \times \text{Lev} + \beta_7 \times \text{Size} + \beta_8 \times \text{Age} + \text{IndustryDummies} + \text{YearDummies} + \varepsilon \quad (3.1)$$

$$\text{Invest}_{it} = \beta_0 + \beta_1 \times \text{Ultimate} + \beta_2 \times \text{Ultimate} \times \text{CFO} + \beta_3 \times \text{Ultimate} \times \text{Tobin's Q} + \beta_4 \times \text{CFO} + \beta_5 \times \text{Tobin's Q} + \beta_6 \times \text{Lev} + \beta_7 \times \text{Size} + \beta_8 \times \text{Age} + \text{IndustryDummies} + \text{YearDummies} + \varepsilon \quad (3.2)$$

其中，在模型（3.1）中，被解释变量 Invest 表示上市公司的年度新增投资。解释变量为金融发展水平（Fdi）、企业产权性质（Ultimate）、公司现金流水平（Cfo）与投资机会（Tobin's Q）。本章在模型（3.1）和模型（3.2）中加入资产负债率（Lev）、公司规模（Size）、上市年限（Age）等作为控制变量，以及企业所处的年份、行业等虚拟变量①。以上各变量的定义如表3-1所示。

表 3-1 主要变量定义和说明

变量名称	变量名称	数据来源
Invest	年度新增投资	企业购建固定资产、无形资产和其他长期资产所支付的现金/期初总资产
Fdi	金融发展	樊刚和王小鲁（2011）报告中的金融业市场化指数
Ultimate	最终控制人	上市公司第一大股东的最后控股股东的类别。国有控制取 1，非国有控制则取 0

---

① 无论公司治理还是企业投资效率都会随行业的不同而呈现出不同特点。公司治理与企业投资效率的真正关系也可能会在特定行业影响下被掩盖。因此，控制好行业变量，对厘清公司治理和企业投资效率的真实关系是必要的。

续表

变量名称	变量名称	数据来源
Cfo	内部现金流	经营活动现金流量净额/总资产账面价值
Tobin's Q	投资机会	(流通股市值+非流通股账面价值+负债账面价值)/总资产账面价值
Lev	资产负债率	负债总额/资产总额
Age	上市年限	企业上市年度数的自然对数
Size	公司规模	企业总资产账面价值的自然对数
Year	年度哑变量	企业属于某年份时，赋值为1；否则，赋值为0。2004—2011年，共7个年度哑变量
Industry	行业哑变量	企业属于某行业时，赋值为1；否则，赋值为0。证监会2001年把所有上市公司分类，共分为21个行业，非制造业一级分类，制造业二级分类，剔除金融保险业，以农林牧渔业为基准，共20个行业哑变量

金融发展(Fdi)采用樊纲、王小鲁和朱恒鹏(2011)设计的《中国市场化指数》中的金融业市场化指数，该指标数值越大，代表金融市场发展程度越高。稳健检验部分同时采用子指数——"信贷资金分配市场化程度指数"、"金融业市场竞争程度指数"，该数据在现有实证研究中得到了较为广泛的应用(夏立军，方轶强，2005；方军雄，2006；罗琦等，2009；唐建新等，2010；黎来芳等，2012)。本章直接选取其中2004—2009年的数据，考虑到金融市场化环境的稳定性和延续性，本章通过2007—2009年、2008—2010年连续三年的移动平均法，分别估算出2010年和2011年各地区的金融发展水平指标。

对于产权性质(Ultimate)，本章使用二元虚拟变量进行赋值：当上市公司的最终控制人为政府即为国有控制时，变量Ultimate取

127

值 1，否则，Ultimate 取值 0。这一方法在已有的研究中得到广泛使用（夏立军，2005；徐莉萍等，2006；朱红军，何贤杰，陈信元，2006；余明桂，潘红波，2008；宋玉，2009；李青原，陈超，赵曌，2010；王福胜，宋海旭，2012；谢军，黄志忠，2014）。

模型（3.1）用于检验假设 H1，考察金融发展是否影响其融资约束和投资效率等微观资本配置效率；模型（3.2）主要用于检验假设 H2，考察产权性质对企业微观资本配置效率的影响，并将金融发展分组来检验假设 H3。

二、研究样本与数据来源

本章选取我国沪深股票市场所有 A 股非金融类上市公司 2004—2011 年数据为样本①，并按以下原则进行筛选：①由于财务结构的不同，删除金融保险类上市公司；②剔除在 2004—2011 年中出现 ST、PT 类非正常交易的公司以及数据不连续、数据异常的上市公司；③剔除最终控制人不详的公司；④为消除异常值的影响，对相关连续财务指标（Invest、Tobin's Q、Cfo 及 Lev）在 1% 和 99% 分位水平上进行了首尾调整；⑤为了减少可能存在的内生性影响，本章将解释变量 Tobin's Q 滞后一期，所以模型中用到的样本是从 2005—2011 年这 7 年数据。按照上述标准筛选后，本章得到的有效样本观测值共 1272 家样本公司、12056 个测试样本②。

本章数据中公司财务数据及公司治理数据均来自 CSMAR 中国股市和财务研究数据库，都取其年末值；金融发展指标数据来自《中国统计年鉴》、《中国金融年鉴》、中国人民银行网站及中国经济研究网；产权性质数据来自北京色诺芬公司与北京大学中国经济

---

① 考虑到樊纲等（2011）提供的各地区市场化指数以及各项分指数更新到 2009 年，由于该数据收集较复杂、更新较慢，在一定程度上制约了相关领域的研究。为了保持数据的真实完整性，本章预测了后两年的指数，将样本的终止年份设定为 2011 年。第四章和第五章的样本终止年份也设为 2011 年。

② 房地产和公用事业如电力等所谓垄断暴利行业的公司占有比例不超过 10%，只占少数，在大规模的统计分析中并不会对统计结果造成显著影响和扭曲。

研究中心(CCER)联合开发的中国经济金融数据库。基础数据使用 EXCEL 处理，混合数据的统计检验和回归分析使用 STATA12。表 3-2 是研究样本的行业/年度分布，由此可以看出企业在各个行业均有分布。

表 3-2　　样本的行业/年度分布

行业/年度	2004	2005	2006	2007	2008	2009	2010	2011	合计	所占比例
A 农林牧渔	24	26	28	28	30	31	43	40	250	2.07%
B 采矿业	18	18	22	34	37	40	46	55	270	2.24%
C 制造业	668	677	727	798	832	925	1163	1335	7125	59.10%
D 电热、燃气等	54	54	56	56	58	60	63	66	467	3.87%
E 建筑业	24	25	29	33	34	38	41	49	273	2.26%
F 交通运输等	51	52	57	63	62	66	68	72	491	4.07%
G 信息技术业	68	68	77	84	86	115	159	174	831	6.89%
H 批发和零售	73	81	82	85	87	89	104	121	722	5.99%
J 房地产业	50	55	57	65	73	84	94	112	590	4.89%
K 社会服务业	35	36	39	44	45	50	61	68	378	3.14%
L 传播与文化	7	6	6	9	11	13	16	28	96	0.80%
M 综合类	88	74	72	73	72	72	66	46	563	4.67%
合计	1160	1172	1252	1372	1427	1583	1924	2166	12056	100%

表 3-3 报告了分布样本共有 12056 个。其中，样本总量呈现出逐年递增的趋势，从 2004 年的 1160 个逐年增加到 2011 年的 2166 个，这与我国股票市场规模不断扩大的趋势相同。从产权性质的角度来看，国有控股公司有 6982 个，占总样本的 57.91%，这说明我国上市公司多数依然为国有控制企业。值得注意的是：整体上看，国有控股公司的比例呈现逐年递减的趋势，从 2004 年的 72.41% 逐年降到 2011 年的 43.12%，究其原因，这是因为我国从 2005 年开始实行股权分置改革、国有股减持等一系列降低国有持股比例的宏

观经济政策。

表 3-3　　样本的产权性质/年度分布

年份	样本总量	非国有控制	国有控制	国有控制所占比例
2004	1160	320	840	72.41%
2005	1172	344	828	70.65%
2006	1252	423	829	66.21%
2007	1372	514	858	62.54%
2008	1427	553	874	61.25%
2009	1583	692	891	56.29%
2010	1924	996	928	48.23%
2011	2166	1232	934	43.12%
合计	12056	5074	6982	57.91%

第三节　实证结果与分析

一、描述性统计和分组检验

首先，对 2004—2011 年 1272 家公司的 12056 个总体样本进行描述性统计，见表 3-4。从全样本统计结果可以看出：①公司投资支出(Invest)平均值为 0.064，中位数为 0.046，最大值为 0.279，最小值为 0，这说明公司之间投资水平存在着很大的差异；②投资机会(Tobin's Q)的最大值(6.343)与最小值(0.792)间差异很大，明显说明不同企业间的投资机会差距很大，为本章研究的可行性提供了支持；③经营活动产生的现金流(Cfo)的平均值仅为 0.049，最小值为-0.194，最大值为 0.274，中位数为 0.048，由此可看出现金持有水平在企业间存在明显差异；④最终控制人性质(Ultimate)的平均值为 0.579，最大值为 1，最小值为 0，标准差为 0.494，说明我国上市公司大多数被政府部门控制，这和王雄元、何婕(2012)的统计结果(平均值58.2%)趋于一致;此外,上市公司在上市年限(Age)、公司规模(Size)及资产负债率(Lev)等控制变量的标准差较大,说明企业间存在比较大的差异。各变量的统计值和刘广瑞等(2013)的统计结果类似,进一步表明样本数据的选择是稳健的。

另外,本章还按产权性质对企业进行了分类描述性统计,结果显示:国有控制企业相对于非国有控制企业拥有的投资机会较少(1.562~1.832),但是二者的投资支出大致相同(0.063~0.065);同时,国有控制企业的信贷融资即资产负债率(0.510)要显著高于非国有控制企业(0.420),这与现有文献发现一致(孙铮等,2005;余明桂等,2006;方军雄,2010),证明了非国有控制企业在信贷市场确实受到一定的歧视,为本章的研究提供了数据支持。另外,国有控制企业还普遍拥有比较高的现金流、上市年限及规模等。

表3-4 变量描述性统计

变量	样本量	平均值	中位数	标准差	最小值	最大值
全样本(样本量=12056)						
Invest	12040	0.064	0.046	0.060	0.000	0.279
Tobin's Q	11855	1.674	1.341	0.968	0.792	6.343
Cfo	12056	0.049	0.048	0.081	−0.194	0.274
Ultimate	12056	0.579	1	0.494	0	1
Age	12056	13.534	14	5.386	2	21
Size	12056	21.539	21.383	1.209	16.508	28.282
Lev	12056	0.472	0.485	0.208	0.047	0.991
非国有控股公司(样本量=5074)						
Invest	5063	0.065	0.048	0.061	0.000	0.279
Tobin's Q	4914	1.832	1.471	1.067	0.792	6.343

续表

变量	样本量	平均值	中位数	标准差	最小值	最大值
Cfo	5074	0.041	0.041	0.083	-0.194	0.274
Age	5074	11.251	11	5.907	2	24
Size	5074	21.109	21.013	0.971	16.508	25.381
Lev	5074	0.420	0.426	0.219	0.047	0.991
国有控股公司(样本量=6982)						
Invest	6977	0.063	0.045	0.059	0.000	0.279
Tobin's Q	6941	1.562	1.250	0.875	0.792	6.343
Cfo	6982	0.055	0.053	0.079	-0.194	0.274
Age	6982	15.193	16	4.267	2	24
Size	6982	21.852	21.671	1.267	18.477	28.282
Lev	6982	0.510	0.520	0.191	0.047	0.991

二、相关性分析

检验本章假设所设定模型(3.1)和(3.2)中涉及的主要变量的Pearson积差相关系数的检验结果见表3-5。从表3-5可以看出，企业投资支出(Invest)与投资机会(Tobin's Q)正相关，与现金流(Cfo)在1%水平下显著相关，与金融发展指数(Fdi)的相关系数为0.024，且在5%水平下显著正相关，与最终控制人性质(Ultimate)显著负相关。在控制变量中，所有控制变量都与投资支出在1%水平上表现出显著关系，说明这些控制变量的引入基本恰当。所有相关系数值都未超过0.4，低于共线性的一般门槛值0.7，无论在线性和非线性意义上都说明了企业投资支出(Invest)与金融发展指数(Fdi)和现金流(Cfo)之间存在相关关系，并且非高度相关，排除了高度共线性问题，这初步证实了本章的假设。同时，VIF共线性诊断的结果都在2.5以下，说明变量之间的重叠性较低。

表 3-5　　　　　　　　　主要变量相关系数

变量	Invest	Tobin's Q	Cfo	Fdi	Ultimate	Age	Size	Lev
Invest	1							
Tobin's Q	0.006	1						
Cfo	0.183***	0.049***	1					
Fdi	0.024**	0.327***	-0.106***	1				
Ultimate	-0.015*	-0.149***	0.087***	-0.199***	1			
Age	-0.234***	-0.063***	0.052***	-0.253***	0.361***	1		
Size	0.109***	-0.206***	0.042***	0.117***	0.304***	0.132***	1	
Lev	-0.154***	-0.202***	-0.069***	-0.076***	0.147***	0.324***	0.253***	1

注：表中为 Pearson 相关系数，*、**、***分别表示 10%、5% 和 1% 水平上显著（双尾检验）。

三、实证结果与分析

表 3-6 列示了模型(3.1)、(3.2)的估计结果：在第(1)列不加入交互项的基础方程中，变量 Fdi 显著为正，变量 Ultimate 显著为负，这说明金融发展、最终控制人性质对投资支出产生直接影响（Schich, Pelgrin, 2002；陈邦强，张宗益，2006；Anwar S., Nguyen L. P., 2009）。滞后一期的 Tobin's Q 的系数显著为正，说明公司的投资机会越多，投资支出越大，这和于文超、何勤英(2013)的研究结果一致；内部现金流 Cfo 的系数为正且在 1% 水平上显著，说明投资支出显著依赖于内部现金流，即企业投资和内部现金流敏感性显著为正，内部现金流越多则投资越大，表明我国上市公司明显存在融资约束现象，这和魏锋等(2004，2005)、朱红军等(2006)、李斌等(2006)、罗琦等(2007)、沈洪波等(2010)、黄志忠等(2013)的研究结果相一致，此结果也支持了传统的融资约束理论。

Cfo)回归系数负相关但不显著,系数为-0.006,与投资机会(Tobin's Q)的交乘项(Fdi×Tobin's Q)回归系数正相关但不显著,为0.00005,说明国有控制企业投资对投资机会的反应为正;第(2)列依次加入公司特征后,金融发展(Fdi)这一变量与融资约束(Cfo)的交乘项回归系数仍旧保持负相关关系,为-0.007,并且在10%水平上显著,与投资机会(Tobin's Q)的交乘项(Fdi×Tobin's Q)回归系数正相关,为0.0002,效果仍不显著,值得注意的是,系数值变化也很小;这表明:金融发展水平的提高显著减轻了国有控制上市公司的融资约束,但是并没有显著提高其投资效率,总体资本配置效率并没有得到明显提高。

表 3-7 金融发展、产权性质与微观资本配置效率回归分析(2)

变量	被解释变量(Invest)			
	国有控制(1)	国有控制(2)	非国有控制(3)	非国有控制(4)
Fdi	0.001*	0.001*	0.002***	0.001**
	(1.66)	(1.83)	(3.86)	(2.18)
Fdi×Cfo	-0.006	-0.007*	-0.0002	-0.003
	(-1.49)	(-1.76)	(-0.04)	(-0.54)
Fdi×Tobin's Q	0.00005	0.0002	-0.002***	-0.002**
	(0.11)	(0.39)	(-3.37)	(-3.17)
Cfo	0.11***	0.09***	0.08***	0.08***
	(11.26)	(10.14)	(7.24)	(7.42)
Tobin's Q	-0.001	0.003**	-0.001	0.004**
	(-1.04)	(2.83)	(-0.75)	(2.98)
Lev		-0.02***		-0.03***
		(-4.16)		(-6.44)
Age		-0.002***		-0.003***
		(-9.43)		(-16.62)

续表

变量	被解释变量(Invest)			
	国有控制(1)	国有控制(2)	非国有控制(3)	非国有控制(4)
Size		0.01***		0.006***
		(15.87)		(5.91)
行业	控制	控制	控制	控制
年份	控制	控制	控制	控制
常数项	0.06***	-0.11***	0.09***	0.03
	(10.67)	(-7.65)	(10.75)	(1.42)
F值	33.14	39	23.22	28.52
调整后的R^2	0.1839	0.229	0.186	0.272
N	5790	5790	3704	3704

第(3)、(4)列是非国有控制企业的相关特征,第(3)列单变量回归,结果表明,金融发展(Fdi)这一变量与融资约束(Cfo)的交乘项(Fdi×Cfo)回归系数负相关但不显著,为-0.0002,与投资机会(Tobin's Q)的交乘项(Fdi×Tobin's Q)回归系数在1%水平显著负相关,为-0.002;第(4)列依次加入公司特征后,金融发展(Fdi)这一变量与融资约束(Cfo)的交乘项回归系数仍旧保持负相关关系,系数为-0.003,仍不显著,与投资机会(Tobin's Q)的交乘项(Fdi×Tobin's Q)回归系数在5%水平显著负相关,为-0.002,说明金融发展并没有明显减轻非国有控制企业的融资约束,反而导致非国有控制企业的投资效率的降低,融资约束假设成立。

邹检验(Chow Statistic Test)的结果表明,这两个方程系数之间存在显著差异($X^2(55)=283.47$,Prob>$X^2=0.0000$),说明国有产权控制企业投资现金流敏感度并不低于非国有产权控制企业。这一点和以往的一些文献(朱红军等,2006;张纯等,2009)研究结论并不一致,但和刘瑞明等(2010)、喻坤等(2014)、王茂林等(2014)的研究结论基本一致。总体上,这些结果支持本章的假设

H2 和假设 H3。

另外，从表 3-6 和表 3-7 中可以看出，现金流（Cfo）和投资支出（Invest）之间都呈正相关关系，无论国有控制还是非国有控制企业，系数都呈 1% 的显著性，这种高度的敏感性是融资约束和预算软约束下的代理成本二者共同作用的结果，与马君潞、李泽广和王群勇（2008）的研究结论一致。

第四节　稳健性检验

在本章第三节中使用 Mclean 等（2012）提出的修正 FHP 模型，考察了金融发展对不同产权性质下微观资本配置效率的影响，并进一步讨论了金融发展与产权性质在这些影响中的作用机理。本章的基本结论表明：整体上金融发展减轻了企业的外部融资，但是并没有带来投资效率的提高；我国近年来金融发展水平提高，强化了产权性质下的融资约束差异，但政府对国有控制企业的"父爱情结"拖累了民营企业的投资效率，在某种程度上强化了非国有控制企业的融资约束问题。非国有控制企业面临日益严重的信贷融资约束，投资效率持续下降，导致其投资效率低于国有控制企业，形成"双重效率损失"的现象。

这些关系会不会因为变量替换、数据变换和模型估计方法而产生不同的表现呢？本章从以下三个方面进行了稳健性检验。

一、变量替换

对于因变量，除使用企业购建固定资产、无形资产和其他长期资产所支付的现金/期初总资产作为衡量投资支出指标外，本章还使用现有文献常用的（构建固定资产、无形资产和其他长期资产所支付的现金−处置固定资产、无形资产和其他长期资产而收回的现金）/年初总资产作为新增投资指标（以下用 Invest2 表示），对假设进行重新估计，作为稳健性检验，回归结果基本一致，见表 3-8 和表 3-9。对于金融发展变量（Fdi），除了采用樊纲、王小鲁和朱恒鹏（2011）设计的《中国市场化指数》中的金融业市场化指数，本章

第四节 稳健性检验

采用其子指数"信贷资金分配市场化程度指数"、"金融业市场竞争程度指数"分别进行回归测试,结果基本类似,未予列出。对于投资机会,除 Tobin's Q 之外,本章还分别使用了营业收入增长率(Growth)和市净率(P/B)来度量①,把新的解释变量分别放入模型中进行回归,回归结果与前文得到的结论没有实质性差异。

表 3-8 金融发展、产权性质与投资效率:变量替换(1)

变量	被解释变量(Invest2)		
	(1)	(2)	(3)
Fdi	0.001	0.001	
	(1.41)	(1.62)	
Ultimate	-0.005***		-0.005***
	(-4.23)		(-4.52)
Fdi×Cfo		-0.005*	
		(-1.71)	
Fdi×Growth		-0.0007**	
		(-1.98)	
Ultimate×Cfo			0.036**
			(2.70)
Ultimate×Growth			0.0004
			(0.31)
Cfo	0.08***	0.08***	0.062***
	(11.31)	(11.45)	(6.05)
Growth	0.006***	0.007***	0.006**
	(9.193)	(8.24)	(6.61)
Age	-0.003***	-0.003***	-0.003***
	(-23.42)	(-24.71)	(-23.29)
Size	0.013***	0.0130***	0.014***
	(24.40)	(24.06)	(25.29)

① 营业收入增长率(Growth)=(本年营业收入-本年年初营业收入)/本年年初营业收入,市净率(P/B)=每股股价与每股净资产比率。

续表

变量	被解释变量(Invest2)		
	(1)	(2)	(3)
Lev	-0.026***	-0.026***	-0.026***
	(-8.41)	(-8.39)	(-8.54)
行业	控制	控制	控制
年份	控制	控制	控制
常数项	-0.215***	-0.204***	-.223511***
	(-17.88)	(-16.82)	(-19.01)
F值	60.99	72.14	73.33
调整后的R^2	0.261	0.265	0.265
N	9158	9158	9344

此外，本章还借鉴 Ang 等(2000)的研究方法，采用管理费用比销售收入来衡量代理成本，同时引入两职合一、第一大股东持股比例、董事会规模等可以反映企业内部代理问题的指标来进行检验。结果证明，在控制了企业内部代理问题后，检验结果仍没有发生实质性变化，非国有控制企业投资效率仍然低于国有控制企业。由此说明，本章的结论并未因不同的变量替换而发生不同。

表3-9 金融发展、产权性质与微观资本配置效率：变量替换(2)

变量	被解释变量(Invest2)			
	国有控制(1)	国有控制(2)	非国有控制(3)	非国有控制(4)
Fdi	0.0001	0.0001	0.003***	0.001
	(0.19)	(0.21)	(3.86)	(1.40)
Fdi×Cfo	-0.004	-0.005	0.002	-0.001
	(-1.04)	(-1.17)	(0.28)	(-0.22)
Fdi×Growth	0.0001	0.0002	-0.002**	-0.002**
	(0.11)	(0.46)	(-3.09)	(-2.98)

续表

变量	被解释变量(Invest2)			
	国有控制 (1)	国有控制 (2)	非国有控制 (3)	非国有控制 (4)
Cfo	0.1045***	0.088***	0.065***	0.063***
	(10.68)	(9.37)	(5.57)	(5.89)
Growth	0.002	0.008***	0.002	0.009***
	(1.54)	(6.33)	(1.35)	(6.45)
Lev		−0.017***		−0.029***
		(−4.07)		(−5.79)
Age		−0.002***		−0.004***
		(−10.46)		(−19.50)
Size		0.014***		0.012***
		(21.03)		(12.47)
行业	控制	控制	控制	控制
年份	控制	控制	控制	控制
常数项	−0.006	−0.280***	0.014*	−0.193***
	(−0.93)	(−17.73)	(1.88)	(−8.83)
F 值	35.58	49.48	20.34	34.48
调整后的 R^2	0.194	0.268	0.183	0.309
N	5602	5602	3556	3556

二、数据变换

(一) 样本区间缩小解释

本章将样本区间缩小到 2007—2011 年股权分置改革后所有 A 股上市公司,将它们作为研究样本,进行所有回归。在表 3-10 中第(2)列,Fdi×Cfo 系数为 −0.004,Fdi×Tobin's Q 系数为 −0.0002,

和之前回归相比(-0.007**和-0.001**)，都变得不显著，但是符号仍没变；Ultimate×Cfo 系数为 0.031**，Ultimate×Tobin's Q 系数为 -0.001，显著性和符号方向同原有模型一致。表 3-11 的结果符号、显著性大小和原有模型(3.1)、(3.2)回归结果都一致。

表 3-10 金融发展、产权性质与微观资本配置效率：样本区间缩小(1)

变量	被解释变量(Invest2)		
	(1)	(2)	(3)
Fdi	0.00004	0.0002	
	(0.08)	(0.35)	
Ultimate	-0.004**		-0.004**
	(-2.75)		(-2.66)
Fdi×Cfo		-0.004	
		(-0.98)	
Fdi×Tobin's Q		-0.0002	
		(-0.46)	
Ultimate×Cfo			0.031**
			(2.14)
Ultimate×Tobin's Q			-0.001
			(-0.58)
Cfo	0.082***	0.084***	0.068***
	(10.55)	(10.27)	(6.06)
Tobin's Q	0.001	0.001	0.001
	(1.46)	(1.62)	(1.56)
Age	-0.003***	-0.003***	-0.003***
	(-17.77)	(-18.91)	(-17.84)
Size	0.008***	0.008***	0.009***
	(14.38)	(13.98)	(14.86)

续表

变量	被解释变量(Invest2)		
	(1)	(2)	(3)
Lev	-0.023***	-0.024***	-0.024***
	(-6.90)	(-6.94)	(-6.99)
行业	控制	控制	控制
年份	控制	控制	控制
常数项	-0.124***	-0.117***	-0.132***
	(-9.41)	(-8.97)	(-10.33)
F值	52.08	50.91	48.93
调整后的 R^2	0.226	0.226	0.225
N	7222	7222	7368

表3-11 金融发展、产权性质与微观资本配置效率：样本区间缩小(2)

变量	被解释变量(Invest2)			
	国有控制 (1)	国有控制 (2)	非国有控制 (3)	非国有控制 (4)
Fdi	0.0002	0.00004	0.001*	-0.00002
	(0.23)	(0.07)	(1.87)	(-0.03)
Fdi×Cfo	-0.006	-0.007	0.009	0.004
	(-1.08)	(-1.40)	(1.30)	(0.62)
Fdi×Tobin's Q	0.0003	0.001	-0.001**	-0.0009*
	(0.69)	(1.40)	(-2.49)	(-1.75)
Cfo	0.1***	0.091***	0.062***	0.066***
	(8.91)	(8.40)	(4.76)	(5.26)
Tobin's Q	-0.002*	0.002	-0.001	0.002*
	(-1.82)	(1.52)	(-1.16)	(1.93)
Lev		-0.011**		0.029***
		(-2.40)		(-5.54)
Age		-0.002***		-0.003***
		(-7.47)		(-15.47)

续表

变量	被解释变量(Invest2)			
	国有控制(1)	国有控制(2)	非国有控制(3)	非国有控制(4)
Size		0.01***		0.006***
		(13.46)		(5.33)
行业	控制	控制	控制	控制
年份	控制	控制	控制	控制
常数项	-0.008	-0.18***	0.008	-0.053**
	(-1.10)	(-10.60)	(0.96)	(-2.31)
F 值	28.03	35.05	20.09	24.47
调整后的 R^2	0.178	0.221	0.189	0.278
N	4211	4211	3011	3011

(二) 制造业单独回归

本章单独考虑制造业数据，进行所有回归，结果也与预期一致，见表3-12和表3-13，进一步强化了前述研究结果的稳健性和可靠性。值得注意的是，在表3-13中，国有控制企业中 Fdi×Cfo 系数无论从单变量回归还是加公司特征后的回归，结果都显著为负，分别为-0.014**和-0.015**。由此可以看出，金融发展显著减轻了国有制造企业的融资约束。

表3-12 金融发展、产权性质与投资效率：制造业单独回归(1)

变量	被解释变量(Invest2)		
	(1)	(2)	(3)
Fdi	0.002***	0.003***	
	(4.58)	(5.10)	
Ultimate	-0.005**		-0.005***
	(-3.04)		(-3.47)
Fdi×Cfo		-0.013**	
		(-3.15)	

续表

变量	被解释变量(Invest2)		
	(1)	(2)	(3)
Fdi×Tobin's Q		−0.001	
		(−1.42)	
Ultimate×Cfo			0.014
			(0.72)
Ultimate×Tobin's Q			0.0003
			(0.19)
Cfo	0.072***	0.07***	0.068***
	(7.28)	(7.02)	(4.56)
Tobin's Q	0.002*	0.002**	0.002
	(1.77)	(2.35)	(1.40)
Age	−0.003***	−0.003***	−0.003***
	(−17.38)	(−18.62)	(−17.37)
Size	0.011***	0.01***	0.011***
	(12.95)	(12.59)	(13.93)
Lev	−0.026***	−0.027***	−0.026***
	(−6.34)	(−6.46)	(−6.34)
行业	控制	控制	控制
年份	控制	控制	控制
常数项	−0.182054***	−0.1778965***	−0.195891***
	(−10.45)	(−10.13)	(−11.39)
F值	27.11	26.85	26.45
调整后的 R^2	0.184	0.185	0.183
N	5508	5508	5619

表3-13 金融发展、产权性质与微观资本配置效率：制造业单独回归(2)

变量	被解释变量(Invest2)			
	国有控制(1)	国有控制(2)	非国有控制(3)	非国有控制(4)
Fdi	0.001*	0.001**	0.005***	0.003***
	(1.75)	(2.00)	(5.92)	(3.78)

续表

变量	被解释变量(Invest2)			
	国有控制 (1)	国有控制 (2)	非国有控制 (3)	非国有控制 (4)
Fdi×Cfo	-0.014**	-0.015**	-0.001	-0.006
	(-2.55)	(-2.81)	(-0.09)	(-0.88)
Fdi×Tobin's Q	0.001	0.001	-0.0029**	-0.002*
	(1.02)	(1.28)	(-3.10)	(-2.71)
Cfo	0.085***	0.056***	0.077***	0.075***
	(6.43)	(4.21)	(4.78)	(4.72)
Tobin's Q	-0.001	0.002*	-0.001	0.004**
	(-1.15)	(1.72)	(-0.95)	(2.82)
Lev		-0.024***		-0.024***
		(-4.31)		(-3.62)
Age		-0.002***		-0.004***
		(-7.93)		(-14.34)
Size		0.012***		0.007***
		(12.61)		(5.18)
行业	控制	控制	控制	控制
年份	控制	控制	控制	控制
常数项	-0.01	-0.228***	-0.011*	-0.109**
	(-1.63)	(-10.74)	(-1.90)	(-3.59)
F值	13.24	18.31	8.37	15.81
调整后的 R^2	0.129	0.187	0.121	0.218
N	3165	3165	2343	2343

由此可以看出，数据变换中，无论样本区间缩小，还是对制造业单独回归，结果和原模型的回归结果基本一致。所以，本章的结论并未因不同的数据而发生改变。

三、模型估计方法替换

本章采用了 Mclean 等(2012)提出的修正 FHP 模型进行回归测试。无论进行变量替换，还是数据变换，都得到了基本一致的结论。为了使结果更具有说服力，将使用 Vogt(1994)的投资机会与现金流交乘项判别模型和 Richardson(2006)非效率投资的残差度量模型对模型(3.1)、(3.2)进行分别检验，显示的回归结果与模型(3.1)、(3.2)的回归结果基本保持一致(回归过程在第四章中列出)。这些结果表明：本章的结论并不因不同的回归方法而发生变化，结论是稳健可接受的。

第五节 本章小结

本章实证检验了金融发展与产权性质对企业资本配置效率的影响。结果表明，金融发展能够降低企业融资约束，但是不能提高企业投资效率；产权性质对企业的融资约束产生显著影响，但对企业投资效率的影响并不明显。主要原因是，产权性质对不同性质的企业带来了不同的政策优势和资源倾斜，对投资效率的影响程度不同；但是，国有控制企业在获得了便利条件的同时，也会受到政府的过度干预，反过来，非国有控制企业在政策资源获得少的同时，受到政府干预的程度也会降低，势必也会影响企业的投资效率。因此，政府的政策倾斜与否、过度干预与否这两个因素对企业投资效率的影响应该是相互抵消的。在考察金融发展对不同产权性质企业的影响时，本章发现，金融发展明显减轻了国有控制企业的融资约束，政府的"父爱情结"使非国有控制企业在信贷融资时被边缘化；金融发展并没有改变国有控制企业的投资效率低效的现状，反而拖累了非国有控制企业，致使其投资效率低于国有控制企业，两种产权性质的企业都没有达到资本配置效率的最优化。

上述经验证据提出了投资效率之谜，为本章理解新兴加转轨经济期企业的投资活动提供了理论支持。微观企业资本配置效率不仅是宏观经济增长的基础，而且也是企业价值创造与成长的基础。尤其是近几年我国金融发展水平提高，强化了产权性质下的融资约束差异，使得融资约束问题对投资效率的影响占据了主导作用。政府通过干预资本市场来支持国有控制企业的低效率运营，资本市场的扭曲反过来又损害了非国有控制企业的效率，造成了非国有控制企业与国有控制企业的投资效率的差异反转（喻坤等，2014）。所以，金融发展并没有使投资效率得到显著改善，投资效率低下反而还有继续扩大的趋势，非国有控制企业的投资效率甚至低于国有控制企业，我国现行融资体制的深层次矛盾暴露出来，资本市场的扭曲损害了非国有控制企业的微观资本配置效率。就效率层面而言，深层次的国有企业改革应是国有企业的民营化，"减少政府对资源的直接配置，使市场在资源配置中起决定性作用"，"鼓励非公有制企业参与国有企业改革"①，只有这样，才能最终清除阻碍企业经营生产的体制弊端，提升经济的整体效率。

需要指出，本章的分析结果显示金融发展与微观资本配置效率有直接的相关性，但是金融发展对不同产权性质下的资本配置效率研究提供了与以往研究观点不同的证据，说明在这个过程中，金融发展的影响是复杂的，与以往研究的逻辑有待重新梳理。另外，不同产权性质下金融发展究竟是通过何种传导机制对微观资本配置效率产生影响？金融发展水平提高，强化了产权性质下的融资约束差异，这种差异如何度量？融资约束对非国有控制企业投资效率的影响程度如何度量？如何从理论上对融资约束与投资效率间的逻辑关系进行严密的推理和演绎？是今后需要关注的问题。

---

① 《中国共产党第十八届中央委员会第三次全体会议：中共中央关于全面深化改革若干重大问题的决定》，2013年11月12日。

第四章 金融发展、管理者权力与微观资本配置效率

引　言

近年来，我国上市公司治理水平呈逐步完善的趋势，但总体水平仍然较低(Allen F., Qian J., Qian M., 2005)。公司制下所有权和经营权分离产生了股东与管理者、大股东与小股东间的委托代理问题(Jensen, Meckling, 1976)。公司治理中，管理者的一个重要特征——管理者权力对企业有重要的影响。管理者掌握着公司关键资源的配置权，在公司经营运营中，不断形成并提升对影响董事会决策或意愿的能力(王茂林，何玉润，林慧婷，2014)，利用其组织地位、信息优势等实现权力，进而影响公司各项财务决策的制定和实施。

与国外相比，制度背景决定了我国上市公司的管理者权力形成具有一定的特殊性。从20世纪80年代开始，国有企业不断进行改革，但是整个改革历程效果并不理想，制度转型、治理弱化等内外约束下衍生出"政企不分"、"内部人控制"等问题，管理者权力甚至会凌驾于公司治理机制之上，对企业决策权甚至超过了董事会和控股股东的影响力，而作为所有者的国家因为"缺位"无法实现有效地监督约束。在非国有控制企业中，业主常包含于管理者，控股股东长期兼任总经理的情况时常发生，因此，管理者的"话语权"会更强，以个人的意愿影响企业的各方面决策，为管理者滥用职权提供了温床。另外，我国的经理人市场还不发达、不完善，没有一套完整的监督、激励、约束经理人行为的市场机制，市场声誉约束

难以实现；同时，上市公司内部治理机制也存在很多缺陷，没有对管理者形成有效的约束。与此同时，投资过度现象在我国上市公司中普遍存在（杨华军，胡奕明，2007；姜付秀，伊志宏，苏飞等，2009；俞红海，徐龙炳，陈百助，2010；张会丽，陆正飞，2012；张丽平，杨兴全，2012；杨汉明，刘广瑞，2014），但是投资收益并不理想。辛清泉、林斌和杨德明（2007）通过计算得出我国上市公司投资回报率仅为2.6%，这严重损害了投资者的利益。

有关管理者权力的探讨，现有研究文献大部分集中在管理者权力对薪酬激励的影响方面（Bebchuk，Fried，2004；Grinstein，Hribar，2004；Cheng，2005；王克敏，王志超，2007；卢锐，2008；吕长江，赵宇恒，2008；权小锋，吴世农和文芳，2010；陈震，丁忠明，2011；Morse，Nanda，Seru，2011；王雄元，何捷，2012；詹雷，王瑶瑶，2013；卢鑫，2014），关于管理者权力影响投资效率的文献比较少见。具有强大权力的管理层除了通过薪酬契约实现自身利益之外，在公司的具体财务决策中同样具有绝对的权力。从微观资本配置效率角度，对于管理者利用其权力影响企业的投资决策进一步影响到企业的投资效率鲜有清晰的理论解释。管理者作为制定公司财务决策的重要参与者，在很大程度上影响企业投资决策的施行，在影响企业投资效率过程中扮演怎样的角色、发挥怎样的作用值得探究。

鉴于我国新兴加转轨的特殊制度背景，上市公司的产权性质、所在地区金融市场化程度显著影响了公司投资效率，还进一步影响管理者权力对投资效率的影响。基于此，本章以企业异质产权结构导致的融资约束差异和代理成本理论为基础，将宏观层面的金融市场化进程和微观层面的公司管理者权力结合来研究上市公司的投资效率。研究主要围绕以下问题展开：第一，管理者权力是否会影响上市公司的投资支出决策？会产生何种后果？第二，宏观金融发展水平的提高是否影响管理者权力与投资效率间的关系？是促进还是抑制作用？本章结合我国特殊的金融制度环境讨论管理者权力对投资效率的作用机制更具有现实意义，为解读我国上市公司"高投资—低效率"现象、丰富财务理论和公司治理理论提供了新的经验证据。

本章后续部分结构如下：第一节是理论分析与研究假设，第二节是研究设计与样本选择，第三节是实证结果与分析，第四节进行相应的稳健性检验，第五节是结论与讨论。

第一节 理论分析与研究假设

Berle 和 Means(1932)提出了公司治理就是所有权和控制权的分离问题，Hart(1995)认为公司治理存在的理论基础或条件应该是代理问题和合约的不完全性作为。对于代理问题中所有者和经营者的分离，使经营管理者成为公司的最终代理人，本应该拥有一定的控制权，但是由于现实中契约的不完备性，使管理者不仅行使权力，还成为权力的"受益者"，为管理者逆向选择提供了可能。同时，由于管理者掌握着公司更多关键资源(供应商、客户等)(Arrow，1962)，对公司的各项战略决策起到重要影响。通常，管理者的权力越大，其"话语权"就会越强，在公司"话语权"越有分量，受到的监督约束就越弱(卢锐，2008)。

一、管理者权力与公司投资支出

现代公司制下的代理问题、董事长与总经理两职合一、管理层持股、管理者背景和独立董事监督等各种因素共同决定了管理者权力的大小，并进一步影响了企业的投资决策。

理论上，良好的公司治理可以通过对经理人的监督和制衡作用，达到对其机会主义行为的有效遏制(李维安，姜涛，2007)。在 Modigliani 和 Miller(1958)描述的完美的资本市场世界中，投资决策和融资决策是独立的，企业的投资支出与资本结构无关，仅依赖于投资机会的大小。但是在现实世界当中，市场摩擦是必然存在的：企业所有权和经营权的分离使股东和管理者之间存在代理问题(Jensen，1986；Richardson，2006)及外部主要利益相关者和内部经理人之间存在信息不对称问题(Jensen，Meckling，1976；Myers，Majluf，1984；Fazzari，1988；White，1992)，而信贷市场的信息不对称会产生逆向选择和道德风险问题(Stiglitz Weiss, 1981)。代理理论认为,现代公司制下所有权和控制权分离,在信息不对称、道德风险存在的情况下,管理者和股东之间的利益冲突容易导致企业投资行为的扭曲,产生盲目、多元化过度投资或投资不足等非效率投资行为(Jensen, Meckling, 1976; Stulz, 1990)。信息不对称理论认为,管理层与外部投资者间的信息不对称,既可能引发过度投资,也可能引发投资不足的后果。管理者由于了解公司较多内部信息,势必会存在机会主义行为。为了追求个人利益最大化,赚取社会声誉,建造"企业帝国"(Murphy, 1985),享受更多的在职消费,会导致过度投资行为(Jensen, 1986);而潜在投资者和债权人由于对投资公司的信息不对称会导致逆向选择,这样会增加公司的融资成本,导致投资不足现象发生(Myers, Majlu, 1984)。

大量文献研究了管理者的非效率投资行为。Berle 和 Means (1932)发现在所有权与经营权分离的情况下,出现"经营管理者支配"现象,即管理者为了追求其私有利益而牺牲股东利益。公司董事会是一个群体决策机构,由于不参与企业的实际经营,内部沟通不畅,交流的效率比较低,使得他们在决策时很难达成统一意见,容易沦为实际管理者的附庸,造成管理者权力强化(Cheng, 2008)。管理者也会通过和股东合谋获利、两职合一等导致公司代理问题混乱,衍生出管理者权力高于董事会的影响力,逐渐"俘房"董事会,使董事会沦为"橡皮图章",掌握公司的实质控制权,依靠权力自定薪酬(Bebchuk, Fried, 2004),或者利用权力影响公司的财务决策,进行权力寻租,实现其自利目的(Rabe, 1962; Bergstresser, Philippon, 2006; Burns, Kedia, 2006)。Jensen 和 Meckling(1976)发现,当管理者与股东之间利益不一致时,管理者作为外部股东的代理人,为了获取更多的私人利益,构建自己的"企业帝国",常常具有强烈的投资扩张冲动。Jensen(1986)还发现,在投资中,管理者努力经营的收益由股东分享,而经营失败的成本却由管理者独自承担,收益与成本之间的不平衡势必导致管理者从私人利益(权力、声望和报酬)角度出发,投资有利于自身利益而非有益于股东利益的项目,进而导致非效率投资。Shin 和 Kim

(2002)也发现,当管理者与股东间激励不相容时,管理者投资行为与公司成长机会间关系并不密切,这时管理者就有可能不以价值最大化为投资目标,而是采取非效率投资。当公司具有大量的自由现金流时,管理者构建"企业帝国"的意愿会更强烈(Grossman,Hart,1980),会将剩余现金投资于扩大公司的投资规模并且能够给自身带来非金钱收益的项目上(Jensen,1986)。经理人的过度自信,通常也会高估投资项目的盈利前景,会倾向于过度投资(Lin,Hu,chen,2005;Ben-David,Graham,Harvey,2006)。当公司股权高度分散时,经理人会为了掌握更多的资源进行过度投资,甚至投资于净现值为负的项目,以获得超常在职消费(Stulz,1990)。Rajan 和 Wulf(2006)发现,公司规模越大、管理层级越多或者成立时间越长,管理者享受在职消费越多。另外,管理者在经营管理时,认为多元化投资可以提高公司对他的依赖度,公司很难轻易替换他,他的职位会更安全(Morck,Shleifer,Vishuy,1988;Denis等,1997),而且投资项目周期越长,公司对他解雇的可能性越低,他的地位越稳固,这是典型的敲竹杠行为(Noe,Rebelle,1997),也增加了管理者寻租的机会和可能(Scharfstein,Stein,2000;Bertrand,Mullainathan,2001)。从另一方面来讲,经理人市场的竞争、公司对管理者的监督约束机制对管理者也是一种压力。他们会担心因经营不善造成其能力不佳的信息,损坏自己在经理人市场的名声(Baker,2000),为了保全职位、保持良好的市场声誉,管理者在投资时会出于谨慎考虑,选择相对安全的项目(Homstrom,Costa,1986)。Jensen 和 Meckling(1976)指出,如果管理者持股,就会使管理者的利益与公司股东利益趋于一致,持股比例的增加也能够带来"利益趋同效应",进而降低代理成本,抑制过度投资行为的发生。

我国的企业大部分为国有控制。公司"所有者缺位"导致"内部人控制"现象比较严重。管理者普遍持股不多,却拥有经营管理权,在对企业决策控制、经营管理等方面由于信息获得优势,使管理者的权力逐渐形成并不断提升,而作为所有者的国家因为"缺位"无法有效地监督约束。一方面,作为股东的国家缺乏行使权力的基础，无法明确掌握企业的实际运行情况及投资需求；另一方面，作为"代理人"的管理者却在很大程度上实际掌握着企业的筹资、投资、经营等各项活动。我国的经理人市场还不发达、不完善，使非国有控制企业尤其是民营企业外聘的职业经理人与大股东存在特定关系，民营企业大多数是家族企业，为了避免其"隐私经营"泄露的风险，在上市之后管理者主要是由创始人等元老或家族成员担任，因此，业主常包含于管理者，控股股东长期兼任总经理的情况时常发生，管理者的"话语权"会更强，以个人的意愿影响企业的各方面决策；在治理公司中，对企业资源的配置可能会高于董事会和控股股东的决策能力和影响力（王茂林等，2014）。由此看来，外部经理人市场的不完善、上市公司内部治理机制缺陷没有对管理者形成有效的约束；多数国有控制上市公司具有国有企业"政企不分"、"内部人控制"等方面的先天性缺陷，非国有控制企业上市之后仍然由创始人或家族人员控制，为管理者滥用职权提供了温床。一方面，管理者可能会为建造"企业帝国"而过度投资，另一方面，也可能会因为对风险的厌恶或追求安逸生活而投资不足；管理者和股东间的信息不对称会成为管理者过度投资的"掩体"，公司和外部投资者间的信息不对称也会使成长机会好的公司因为无法将有利的投资机会传递给市场，而不能及时筹到足额资金满足投资机会，从而出现投资不足（张功富，宋献中，2009）。

卢锐（2008）发现我国企业中普遍存在管理者利用权力进行寻租和在职消费的行为，并且在职消费水平与企业规模正相关（陈冬华，陈信元，万华林，2005；冯根福，赵珏航，2012）。并购行为在增加企业规模的同时，还给管理者带来了权力增加、名声提高及地位稳固等好处（韩立岩，陈庆勇，2007）。无论是股权集中公司中的控股股东还是股权分散公司中的管理者，都具有追求规模扩张的强烈动机，因此，代理问题特别是大小股东间的利益冲突，会成为过度投资的主要诱因（杨兴全，张照南，吴昊旻，2010）。由于管理者有急于扩大投资资本的欲望，他们甚至会选择一些投资收益率非常低的项目，造成投资效率低下（杜丽虹，朱武祥，2003）。另外，管理者可以利用自身权力实现薪酬制度的安排，并获取私有收益(吕长江,赵宇恒,2008;权小锋,吴世农,文芳,2010),企业规模越大,管理者薪酬越高,而投资是扩大规模的重要途径。拥有较多内部信息的管理者受股东委托代理管理,但是他自身存在机会主义行为动机,如为了赚取声誉(Holmstrom,1999)、建造"企业帝国"(唐雪松等,2007)、在职消费及其他隐性福利(Jensen,1986,1993;魏明海,柳建华,2007)等,追求个人利益最大化而扩大投资支出水平。

由此可以看出,我国上市公司并没有对管理者形成有效的监督、约束机制(何金耿,丁加华,2001),在这种情况下管理者会追求其个人利益最大化以及成本最小化,产生过度投资行为,这是导致资本配置效率低下的根本原因(杨兴全,2002)。并且管理者权力越大,进行无效规模扩张意愿越强,非效率投资越严重(张丽平,杨兴全,2012)。因此,本章提出以下假设:

H1:限定其他条件,管理者权力越大,企业投资支出越高。

H2:限定其他条件,管理者权力越大,企业越可能发生非效率投资,或者非效率投资水平越高。

我国的制度背景决定了不同产权性质下管理者进行投资决策时受到的影响因素有所差异。在国有控制企业中,管理者的任命带有较强的行政色彩,其在进行投资决策时,不仅会考虑个人私利的满足,还会有企业内部的制度约束、上级和证券市场的监督以及"政治成本"、"声誉影响"等方面的考虑;我国尚未完善的经理人市场,使得非国有控制企业管理者的激励约束机制并没有有效建立,管理者通常由创始人或家族人员控制,话语权更强,由于缺乏企业内部有效的监督和约束,更容易追求自身利益最大化,由此产生过度投资行为,导致公司资本配置效率低下(杨兴全,2002)。通过以上分析,本章认为非国有控制企业的非效率投资要比国有控制企业更严重,程度更高。因此,本章提出第三个假设:

H3:限定其他条件,相比国有控制企业,非国有控制企业管理者权力越大,非效率投资程度越高。

二、金融发展、管理者权力与企业投资

Zingales(1997)认为,公司治理作为公司的约束和控制系统,从内外两方面进行,内部治理机制包括了大股东权力、管理层持股、独立董事监督、管理者背景等,其中管理者的权力结构是公司内部治理的核心要素之一。外部治理机制主要包括债权人、产品市场竞争、控制权市场和经理人市场等。

我国各地区治理环境差异比较大,导致了不同地区上市公司治理情况存在一定的不同①,而公司所处的宏观环境是重要的外部治理约束机制。当宏观经济、法律政策比较健全、信息披露机制比较完善时,会对管理者产生良好的约束效应,抑制其非效率投资行为。La Porta 等(1997)认为,当一个国家所处的宏观政策和法律对股东和债权人的保护程度越好,其资本市场的发展空间会越大。我国上市公司所处地区的市场化程度、市场干预程度以及法律政策等方面有很大的差异,对公司的投资行为会有不同程度的影响,其中金融市场的发展对公司的融资产生直接影响。

现实中,我国企业始终面临着过度投资和投资不足的问题(肖珉,2010)。金融发展水平的提高缓解了企业融资约束,自有现金流富足减缓了企业投资资本金的紧张。但是这又带来了新的问题:内部人的道德风险可能会使企业由于丰富的现金流导致发生过度投资。另外,现有研究多将非效率投资研究焦点集中在过度投资上,实际上我国上市公司投资不足的问题更严重(张功富,宋献中,2009;周伟贤,2010;申慧慧,于鹏,吴联生,2012;方红星,金玉娜,2013;王茂林等,2014)。公司现金流短缺通常容易发生投资不足,从另一个角度来讲,内部现金流一定时,如果公司盲目追求并过度投资,会影响到企业的可持续发展,导致投资不足,因此,某种意义上,这种情况下的投资不足也成为过度投资(王茂林等,2014)。张功富(2012)认为我国上市公司的过度投资主要与管

---

① 南开大学公司治理评价课题组. 中国上市公司治理状况评价研究. 管理世界,2010(01).

理者和股东间的代理问题有关,另一方面,投资不足与大股东占用资金、投资者和公司间的信息不对称导致的融资约束有关。由于研究角度、样本选择、选用模型等方面的不同,金融发展对企业投资效率的影响至今在我国尚未有统一的结论。

金融发展水平越高,越能够缓解企业融资约束(Rajan, Zingales, 1998; Laeven, 2003; 朱红军,何贤杰,陈信元, 2006; 饶华春, 2009; 沈红波, 寇宏, 张川, 2010)。既可以为企业提供充足的外部资金,还可以减少信息不对称的程度,增加相关投资者获得企业投融资决策的信息,提高资金分配的效率(唐建新,陈冬, 2009),提高企业投资效率(Demirguc-Kunt, Maksimovic, 2005; Khurana, 2006),同时地区金融市场的发展引起市场环境的规范,政府对市场干预越来越少,上市公司非效率投资行为也会减少(罗党论,唐清泉等, 2007),处于上升期的行业会增加投资的幅度,处于下降期的行业会减少投资的幅度(方军雄, 2006),过度投资行为受到抑制(张栋等, 2008)。也有学者认为,银行贷款能够抑制上市公司的过度投资行为,但是随着金融市场的发展,这一控制效应并没有得到增强(江伟, 2011)。

近年来,我国总体金融发展水平得到很大提升,但是由于国家政策、政府干预、地理位置等方面的不同,我国不同地区和不同省份间的市场化程度存在明显的差异(樊纲等, 2011),会导致公司治理水平作用发挥不同,进而对公司的投资行为产生一定的影响。目前学术界对此方面的研究并没有统一的结论。公司所在地区的金融发展水平高时,理论上会使公司的融资约束得到缓解,而银行等金融中介机构自身会更规范合理地提升贷款项目的管理水平,金融中介在与贷款公司的长期合作中,可以熟悉掌握公司的各项投资经营信息,做到心底有数,有效地降低了监管成本(Diamond, 1984; Bencivenga, Smith, 1993)。公司贷款越多,银行对其事前和事中的监督、控制的动力和能力会越强(江伟, 2011)。从公司内部来看,债务契约的存在,对代理经理人是一种无形的监管,某种程度上降低了监督公司经理人行为的成本(Townsend, 1979; Gale, Hellwig, 1985; Boyd, Smith, 1994)。换句话说,债务契约会对经理人员产生还本付息的压力，增加其危机感，避免其工作松懈怠慢，而是努力为公司创造价值(Aghionetal，1999)，提升投资效率。但是，也有学者认为，金融发展程度提高尤其是货币政策宽松期，融资成本也会降低，以间接融资为主要融资来源的企业能比较容易获得银行贷款，加上管理层、控股股东的代理问题，公司很有可能继续维持低效率的投资甚至扩张性投资(罗琦，肖文翀，夏新平，2007；靳庆鲁，孔祥，侯青川，2012)。

本章认为，在金融发展程度比较好的地区，银行的信贷政策会更加市场化，相关的法律制度会更加完善，银行的监督、债务融资伴随的还本付息压力，使管理者在投资决策时更加谨慎，某种程度上抑制了非效率投资行为；但是从另一方面来讲，金融市场化程度的提高会使公司获得更多的信贷资源，在缓解外部融资约束的同时，也给管理者权力更大的寻租空间，更容易过度投资。金融发展对管理者权力与投资效率关系的影响，取决于这些方面综合作用的结果。

在金融发展程度比较低的地区，银行的信贷规模比较小，加重了企业融资约束现象，可供管理者建造"企业帝国"的机会减少，从某种程度上降低了非效率投资程度。但是管理者个人私利仍然存在，为了个人利益仍会侵占其他股东的利益，进行非效率投资，金融发展对管理者权力与投资效率关系的影响，也取决于这些方面综合作用结果的不同。

基于以上分析，本章提出以下假设：

H4：无论是国有控制上市公司，还是非国有控制上市公司，金融发展水平的提高都促使管理者增加投资支出。

H5a：金融发展水平的提高能够抑制管理者权力导致的非效率投资行为，有助于改善投资效率。

H5b：金融发展水平的提高不能够抑制管理者权力导致的非效率投资行为，不利于改善投资效率。

在我国，公司产权性质不同所遭受的融资约束差异较大(Chow，Fung，1998)。上市公司通过银行等金融中介进行融资，我国的金融体系是以银行信贷为主导的，而四大国有银行占据了金融市场的主要市场份额(La Porta 等，2002)，国有控制企业和国有银行的产权同源性使得国有银行更倾向于给国有控制企业更多的贷款支持(周红霞,欧阳凌,2004),对非国有控制企业存在信贷配给方面的歧视(Allen 等,2005;Brandt,Li,2003;卢峰,姚洋,2004;叶康涛,祝继高,2009;靳庆鲁,孔祥,侯青川,2012)。但是相比非国有控制企业,国有控制企业在获得更多贷款资源的同时,也承受了更多来自于金融中介监管的压力。

相比于金融发展水平比较低的地区,金融发展水平比较高的地区宏观经济、法律政策比较健全,金融中介监管水平提高。金融市场化程度的提高,一方面减轻了公司的融资约束,另一方面,也提高了国有和非国有上市公司管理者权力寻租的机会,管理者扩大投资的冲动会更强烈。国有上市公司的管理者在投资中,不仅会受到企业内部的制度约束、上级和证券市场的监督、"政治成本"以及"声誉影响"等因素,还会受到监管水平提高的银行的监督、债务融资伴随的还本付息。而非国有控制企业主要受到企业内部的制度约束,对由创始人亲自担任的管理者形不成有效的约束。同时,我国金融发展水平提高,有可能会强化产权性质下的融资约束差异,导致非国有控制企业面临日益严重的信贷融资约束,拖累了其投资效率。因此,本章认为,在金融发展程度比较高的地区,相比国有控制企业,非国有控制企业的非效率投资更严重。

在金融发展程度比较低的地区,银行的信贷规模比较小,法律制度也不够完善,在决定信贷资源的配置时很容易受到非市场因素的影响。金融市场化程度低造成融资约束,可供管理者建造"企业帝国"的机会减少,从某种程度上降低了非效率投资程度。但是国有银行会更加倾向于将贷款资源提供给国有控制企业,非国有控制企业融资约束程度更严重。同时,法制的不健全导致市场对非国有控制企业的管理者不能形成有效的监督,内部制度弱化对管理者不能形成震慑,非国有控制企业过度投资冲动依然强烈。因此,在金融发展程度比较低的地区,非国有控制企业相对于国有控制企业,非效率投资更严重。

通过以上分析,本章提出第六个假设:

H6:金融发展水平的提高,某种程度上抑制了国有控制企业管理者权力导致的非效率投资行为,但是不能抑制非国有控制企业管理者权力导致的非效率投资行为。

第二节 研究设计与样本选择

一、模型设计与变量定义

(一) 模型设计

借鉴 Fazzari、Hubbard 和 Petersen(1988)建立的投资-现金流敏感性模型(FHP)和 Richardson(2006)非效率投资模型,结合我国的制度背景,本章建立如下模型来检验相关变量间的关系。

为了检验假设 H1 管理者权力与企业投资支出的关系,本章设定如下模型:

$$\text{Invest}_{it} = \beta_0 + \beta_1 \text{Power} + \beta_2 \text{Director} + \beta_3 \text{Independ} + \beta_4 \text{Excushr} \\ + \beta_5 \text{Age} + \beta_6 \text{Size} + \beta_7 \text{Level} + \beta_8 \text{Ultimate} \\ + \text{IndustryDummies} + \text{YearDummies} + \varepsilon \quad (4.1)$$

在 FHP(1988)模型中,投资效率主要反映在公司投资支出与投资机会(通常用 Tobin's Q 表示)间的方向变动是否同向,当二者同方向变动时,说明投资支出能够根据投资机会的变化迅速做出反应,对投资机会的敏感性越高,那么投资效率越高。因此,在检验假设 H2 管理者权力对企业投资效率影响时,本章将管理者权力(Power)与投资机会 Tobin's Q 进行交乘。模型建立如下:

$$\text{Invest}_{it} = \beta_0 + \beta_1 \text{Power} + \beta_2 \text{Power} \times \text{Tobin's Q} + \beta_3 \text{Cfo} \\ + \beta_4 \text{Tobin's Q} + \beta_5 \text{Director} + \beta_6 \text{Independ} \\ + \beta_7 \text{Excushr} \beta_8 \text{Age} + \beta_9 \text{Size} + \beta_{10} \text{Level} + \beta_{11} \text{Ultimate} \\ + \text{IndustryDummies} + \text{YearDummies} + \varepsilon \quad (4.2)$$

为了检验假设 H3 金融发展对管理者权力与企业投资支出关系的影响,本章将金融发展水平指标(Fdi)与管理者权力指标(Power)进行交乘。模型如下:

$$\text{Invest}_{it} = \beta_0 + \beta_1 \text{Power} + \beta_2 \text{Fdi} \times \text{Power} + \beta_3 \text{Director} \\ + \beta_4 \text{Independ} + \beta_5 \text{Excushr} + \beta_6 \text{Age} + \beta_7 \text{Size}$$

$$+ \beta_8 \text{Level} + \beta_9 \text{Ultimate} + \text{IndustryDummies}$$
$$+ \text{YearDummies} + \varepsilon \qquad (4.3)$$

(二) 变量定义

1. 投资水平(Invest)

参照现有研究，本章使用如下两种方法度量公司投资水平：Invest1 定义为(公司固定资产+在建工程的增加额)/期初总资产；Invest2 定义为(构建固定资产、无形资产和其他长期资产支付的现金+取得子公司及其他营业单位支付的现金+支付其他与投资活动有关的现金)/期初总资产。Invest1 的检验结果在正文中报告，Invest2 的则在稳健性检验中报告。

2. 管理者权力(Power)

管理者权力泛指管理者对公司治理体系(主要包括决策支配权、监督权及执行权)的影响能力(干胜道，胡明霞，2014)。管理者可以根据自己的意愿对企业的决策施加影响(Rabe，1962)，让企业的战略朝自己的意愿发展(Finkelstein，1992)。现有文献主要包括：董事长和总经理两职兼任、CEO 任职年限、董事会规模、独立董事比例、管理层持股比例、金字塔控制链条长度、股权分散度等(王克敏，王志超，2007；吕长江等，2008；卢锐等，2008；权小锋等，2010；刘慧龙等，2012；王雄元等，2012；赵纯祥、张敦力，2013；王茂林等，2014；傅欣等，2014)。考虑到我国的制度背景，参考现有文献对管理者权力的度量，本章选择以下指标来衡量管理者权力。

(1) 两职合一(Dual)。公司董事会代表股东对管理者进行监督，使管理者的权力受到一定的约束。当董事长和总经理两职兼任时，其在董事会中就会有很大的发言权，董事会不能对其进行有效的监督。从代理理论视角来看，总经理和董事长两职兼任，体现了管理者对企业的控制力增大，意味着管理者权力越大，很可能会为了个人私利进行武断投资，从而加剧公司的非效率投资行为。但是，从管家理论视角来看，两职合一增加了管理者所承担的责任，抑制了其非效率投资行为。

(2) 总经理任期(Tenure)。总经理任职时间越长，代表其声望越高,在公司中控制的资源越多。其对董事会和公司的渗透力越强,越有机会干预精英团队和董事会的人事安排,提拔亲信,排除异己;同时越能影响到董事会的各项决策,很大程度上可以影响企业的各项战略朝其个人的意向发展,影响力和控制力增强,权力也越大。

(3)金字塔层级(Control-floor)。企业控制权通常会通过金字塔型自上而下转移到各级管理层手中,上一层管理者对下一层管理者具有一定的管理权。当管理者所处的层级越低时,受到实际控制人的干预会越少,决策自由权会越高,权力就越大。

管理者权力是一个综合的概念,是管理层执行自身意愿的能力,反映了其在公司所拥有的控制权和影响力。本章在以上指标基础上建立权力积分变量(Power),来衡量管理者权力的大小。该指标数值越大,表明管理者权力越大。

3. 金融发展水平(Fdi)

借鉴樊纲、王小鲁和朱恒鹏(2011)设计的《中国市场化指数》中的金融业市场化指数,该指标数值越大,代表金融市场发展程度越高。稳健检验部分同时采用子指数——"信贷资金分配市场化程度指数"、"金融业市场竞争程度指数",该数据在现有实证研究中得到了较为广泛的认可和应用(夏立军,方轶强,2005;方军雄,2006;罗琦等,2009;唐建新等,2010;黎来芳等,2012)。本章直接选取其中2004—2009年的数据,考虑到金融市场化环境的稳定性和延续性,本章通过2007—2009年、2008—2010年连续三年的移动平均法,分别估算出2010年和2011年各地区的金融发展水平指标。

4. 控制变量

本章还控制了管理者权力的其他替代变量,如:①董事会规模(Director),董事会规模越大,管理者越容易影响和操纵董事会(Jensen,1993);②独董比例(Independ),独立董事比例越高,对管理层的监管力度越强;③管理层持股(Excushr),管理层持股比例越高,权力越大。主要变量定义和说明见表4-1。

表 4-1 主要变量定义和说明

变量类别	名称		定义
被解释变量	年度新增投资(Invest1)		公司固定资产与在建工程的增加额/期初总资产
	年度新增投资(Invest2)		(构建固定资产、无形资产和其他长期资产支付的现金+取得子公司及其他营业单位支付的现金+支付其他与投资活动有关的现金)/期初总资产
解释变量	管理者权力积分变量(Power)	两职合一(Dual)	董事长和总经理合一时取1
		总经理任期(Tenure)	总经理从上任到当年年底任职时间,大于中位数时取1,小于中位数时取0
		金字塔层级(Control-floor)	从控股股东到最长控制链条的层数,最长层级大于中位数时取1,小于中位数时取0
	金融发展水平(Fdi)		樊刚和王小鲁(2011)报告中的金融业市场化指数
	内部现金流(Cfo)		经营活动现金流量净额/总资产账面价值
	投资机会(Tobin's Q)		(流通股市值+非流通股账面价值+负债账面价值)/总资产账面价值
控制变量	董事会规模(Director)		董事会人数,年报中披露的高级管理人员总人数,高级管理人员含总经理、总裁、管理者、副总经理、副总裁、董秘和年报上公布的其他管理人员
	独董比例(Independ)		独立董事占董事会的比例
	管理层持股(Excushr)		管理层持股比例,用CSMAR数据库中的高管持股比例表示
	财务杠杆(Level)		负债总额/资产总额
	上市年限(Age)		企业上市年度数的自然对数
	公司规模(Size)		企业总资产账面价值的自然对数
	年度哑变量(Year)		企业属于某年份时,赋值为1;否则,赋值为0。2004—2011年,共7个年度哑变量
	行业哑变量(Industry)		企业属于某行业时,赋值为1;否则,赋值为0。证监会2001年把所有上市公司分类,共分为21个行业,非制造业一级分类,制造业二级分类,剔除金融保险业,以农林牧渔业为基准

另外，本章同时控制了其他相关的变量：财务杠杆（Level）、公司规模（Size）、上市年限（Age）、产权性质（Ultimate）以及行业（Industry）和年度（Year）虚拟变量等①。

二、研究样本与数据来源

本章选取我国沪深股票市场所有 A 股非金融类上市公司 2004—2011 年数据为样本，并按以下原则进行筛选：①剔除在 2004—2011 年中出现 ST、PT 等重大事宜的公司；②剔除金融类上市公司；③为消除异常值的影响，对相关连续财务指标（Invest、Tobin's Q、Cfo 及 Lev）在 1% 和 99% 分位水平上进行了首尾调整（winsorize）；④为了减少可能存在的内生性影响，本章将解释变量 Tobin's Q 滞后一期，所以模型中用到的样本是从 2005—2011 年这 7 年的数据，按照上述标准筛选后，最终得到 9326 个有效样本（其中 2004 年 1074 个、2005 年 887 个、2006 年 964 个、2007 年 1044 个、2008 年 1082 个、2009 年 1169 个、2010 年 1453 个、2011 年 1653 个）。本章数据中公司财务数据及公司治理数据均来自 CSMAR 中国股市和财务研究数据库，都取其年末值；产权性质数据来自北京色诺芬公司与北京大学中国经济研究中心（CCER）联合开发的中国经济金融数据库；管理者权力数据从 CSMAR 得到，并根据年报等公开资料对部分信息进行补充修正；金字塔层级通过对企业的股权结构进行手工搜集整理获得。基础数据使用 Excel 处理，混合数据的统计检验和回归分析使用 STATA12。

第三节 实证结果与分析

一、描述性统计

对模型中所涉及的主要变量，本章首先进行了初步的描述性统

---

① 无论公司治理还是企业投资效率，都会随行业的不同而呈现出不同特点。公司治理与企业绩效的真正关系也可能会在特定行业影响下被掩盖。因此，控制好行业变量，对厘清公司治理和投资效率的真实关系是必要的。

计，结果见表4-2。

(1) 上市公司投资水平(Invest)即投资支出占年初总资产平均值为0.0652，但标准差较大，最小值为0.000282，最大值为0.279，可以看出不同企业之间投资支出水平差异很大。

(2) 管理者权力的代理变量中，两职合一(Dual)平均值是0.173，管理者任期(Tenure)平均2.920年，最长13.31年，由此可见管理者长期拥有企业的实际控制权。金字塔层级(Control-floor)平均值为2.781，最小值为0，最大值为11，可以看出金字塔链条层级差异比较大，管理者决策自由度不同，权利也不同。

(3) 金融发展水平(Fdi)平均值为10.70，最小值为3.970，最大值为15.04，说明我国各地区金融发展水平差异比较大。

(4) 现金流Cfo的均值为0.0489，和中位数(0.048)比较接近，在所有的样本变量中，企业的现金流水平普遍不高，最小值为-0.194，最大值为0.274，说明企业现金流紧张和充裕现象差别比较大。

(5) 投资机会(Tobin's Q)的平均值为1.672，最小值为0.792，最大值为6.343，代表的投资机会也存在比较大的差异。

表4-2　　　　　　　模型设计变量的描述性统计

变量名称	均值	中位数	标准差	最小值	最大值
Invest	0.0652	0.0475	0.0607	0.000282	0.279
Dual	0.173	0	0.378	0	1
Tenure	2.920	3	0.812	0.0417	13.31
Control-floor	2.781	2.93	0.803	0	11
Fdi	10.70	11.13	2.189	3.970	15.04
Cfo	0.0489	0.048	0.0810	-0.194	0.274
Tobin's Q	1.672	1.337	0.973	0.792	6.343
Lev	0.473	0.485	0.203	0.0466	0.991
Director	9.203	9	1.904	3	19

续表

变量名称	均值	中位数	标准差	最小值	最大值
Independ	0.358	0.333	0.0497	0	0.714
Excushr	0.0712	0	0.172	0	0.897
Age	13.30	14	5.428	2	21
Size	21.41	21.301	1.099	16.51	26.85
Ultimate	0.571	1	0.495	0	1

控制变量样本统计结果如下：

(1)管理者权力(Power)的其他替代变量中，董事会规模(Director)平均人数为9.203，最少3人，最多19人，表明上市公司董事会规模大小并不一致；独董比例(Independ)占全部董事(Director)比例平均值(中位数)为0.358(0.333)，最小值为0，最大值为0.714，表明有些公司没有聘请独立董事，有些独立董事在董事会人数中占比过高，公司治理存在很大差异；管理层持股(Excushr)平均值和中位数分别为0.0712和0，最小值为0，最大值则高达0.897，表明我国上市公司管理层持股比例普遍很低，只是象征性地持有很少股份甚至零持股，有限的持股比例并不能发挥作用。直接持股的比例很低，难以对其投资行为产生约束、激励机制(赵纯祥，张敦力，2013)。

(2)资产负债率(Lev)的平均数为0.473，最低值为0.0466，最高值为0.991，中位数略高，为0.485，说明企业负债将近总资产价值的一半。与周伟贤(2010)的研究结果基本一致。

(3)样本上市公司最短的上市时间(Age)为2年，最长为21年，平均上市13.30年。

(4)所有上市公司总资产的自然对数指标(Size)的均值(21.41)和中位数(21.301)非常接近，最小值为16.51，最大值为26.85，说明样本公司的规模之间存在较大的差异。

(5)国有控制企业(Ultimate)占比为0.571，说明我国上市公司大多数被国有政府部门所控制。

二、相关性分析

检验本章假设所设定模型中涉及的主要变量的 Pearson 积差相关系数的相关检验结果见表 4-3。从表中可以看出：

(1) 企业投资水平(Invest)与管理者权力(Power)的代理变量两职合一(Dual)、总经理任期(Tenure)、金字塔层级(Control-floor)均在 1% 水平显著正相关，表明管理者权力越大，企业投资支出越高。

(2) 企业投资水平(Invest)与金融发展指数(Fdi)的相关系数为 0.024，且在 5% 水平下显著正相关，与现金流(Cfo)在 1% 水平下显著正相关，与投资机会(Tobin's Q)在 1% 水平下正相关，理论上，Tobin's Q 代表了企业的投资机会，其值越高，说明企业成长性越好，投资支出越大①。

(3) 在控制变量中，所有控制变量都与投资支出在 1% 水平上表现出显著相关关系，说明这些控制变量的引入是基本恰当的。企业投资支出水平(Invest)与资产负债率(Lev)的显著负相关证实了企业投资受到其财务杠杆的重约束；与管理者权力(Power)的其他替代变量显著正相关说明了管理者权力对企业投资支出的重要影响；与企业规模(Size)的显著正相关表明了公司规模越大，公司资本投资越高，这和陈德球、李思飞和钟昀珈(2012)的研究结果基本相同。

另外，所有变量间的相关系数值都未超过 0.3，低于共线性的一般门槛值 0.7，无论在线性和非线性意义上都说明了企业投资支出(Invest)与管理者权力(Power)、金融发展水平(Fdi)和现金流(Cfo)等之间存在相关关系，并且非高度相关，排除了高度共线性问题，这初步证实了本章的假设。同时，VIF 共线性诊断的结果都在 2.0 以下，说明变量之间的重叠性较低。

---

① 丁守海(2006)、屈文洲等(2011)等的研究结果显示 Tobin's Q 呈负值，强调我国存在反 Tobin's Q 现象，企业投资是非理性的，有待下一步继续深究。

丁守海．托宾 q 值影响投资了吗？——对我国投资理性的另一种检验．数量经济技术经济研究，2006(12)．

表4-3 主要变量相关系数

变量	Invest	Dual	Tenure	Control-floor	Fdi	Cfo	Tobin's Q	Lev	Director	Independ	Excushr	Age	Size	Ultimate
Invest	1													
Dual	0.051***	1												
Tenure	0.057***	0.056***	1											
Control-floor	0.007***	-0.032	-0.06	1										
Fdi	0.024**	0.141***	0.082***	0.056***	1									
Cfo	0.167***	-0.043***	0.005	0.002	-0.111***	1								
Tobin's Q	0.060***	0.055***	0.039***	0.090**	0.130***	0.124***	1							
Lev	-0.141***	-0.127***	-0.052***	-0.236***	-0.096***	-0.063***	-0.207***	1						
Director	0.089***	-0.146***	-0.002	-0.165***	-0.103***	0.075***	-0.122***	0.097***	1					
Independ	0	0.091***	-0.016	0.187***	0.116***	-0.046***	0.064***	-0.014	-0.282***	1				
Excushr	0.103***	0.269***	0.086***	0.281***	0.262***	-0.091***	0.013	-0.288***	-0.154***	0.109***	1			
Age	-0.221***	-0.251***	-0.122***	-0.162***	-0.279***	0.075***	-0.018*	0.343***	0.063***	-0.076***	-0.588***	1		
Size	0.099***	-0.154***	-0.034***	-0.083***	0.091***	0.042***	-0.276***	0.277***	0.272***	0.013	-0.229***	0.180***	1	
Ultimate	-0.037***	-0.246***	-0.064***	-0.194***	-0.233***	0.092***	-0.131***	0.173***	0.235***	-0.105***	-0.460***	0.407***	0.294***	1

注：表中为Pearson相关系数，*、**、***分别表示10%、5%和1%水平上显著（双尾检验）。

三、实证结果与分析

对于本章的假设,本章首先进行基本因素回归,然后再细分项目,考察一些现有文献提到的可能会产生影响的重要因素。最后再考虑变量替换、数据变化和模型变换等结果是否稳健。

(一)管理者权力与企业投资支出

表4-4是管理者权力对企业投资支出影响的基本回归。结果显示:无论在总样本中,还是在国有控制和非国有控制企业样本中,管理者权力(Power)系数皆为0.002,且都呈显著性水平,分别在5%、5%和10%水平下显著正相关。表明管理者权力与企业投资支出显著正相关,这与赵纯祥、张敦力(2013)的研究结论一致。管理者权力越大,越有可能影响或俘房董事会,掌握公司的实质控制权;管理者任职时间越长,对企业的渗透越深,地位越稳固,越有可能对企业的财务行为进行控制和干预,越容易通过扩大投资来实现其自利目的。

表4-4 管理者权力与企业投资支出回归分析

被解释变量 (Invest)	(1) 总样本	(2) 国有控制	(3) 非国有控制
Power	0.002**	0.002**	0.002*
	(2.38)	(2.14)	(1.66)
Director	0.001***	0.001***	0.0002
	(2.47)	(2.42)	(0.31)
Independ	0.014	0.0179	0.0008
	(1.03)	(1.05)	(0.04)
Excushr	0.021***	−0.025	0.0115*
	(3.32)	(−0.42)	(1.77)
Age	−0.003***	−0.002***	−0.003***
	(−14.14)	(−9.21)	(−11.24)

续表

被解释变量 (Invest)	(1) 总样本	(2) 国有控制	(3) 非国有控制
Size	0.01***	0.011***	0.005***
	(13.79)	(12.83)	(4.41)
Lev	-0.024***	-0.02***	-0.025***
	(-6.49)	(-4.32)	(-4.23)
Ultimate	-0.005***		
	(-3.34)		
行业	控制	控制	控制
年份	控制	控制	控制
截距项	-0.102***	-0.161***	0.012
	(-6.59)	(-8.12)	(0.42)
样本量	7277	4358	2919
调整后的 R^2	0.2034	0.2057	0.2136
F 值	35.40	23.56	15.67

邹检验(Chow Statistic Test)的结果表明,管理者权力(Power)的方程系数之间存在显著差异 ($\chi^2(55) = 204.98$,Prob > χ^2 = 0.0000)。这说明国有控制企业投资支出和管理者权力敏感度并不低于非国有控制企业。总体上,这些结果支持我们的假设 H1。

(二) 管理者权力与企业投资效率

在表 4-5 第(1)列全样本回归结果中,Power×Tobin's Q 的回归系数为-0.001,但不显著,可能由于交互项带来某种程度的共线性问题,但是也说明了管理者权力降低了企业投资效率,管理者权力越大,企业非效率投资水平越高,假设 H2 得到验证。为了减少多重共线性对回归结果的影响,本章将研究样本按产权性质分为国有控制企业和非国有控制企业两类,分别进行回归,直接比较两类样本间 Power×Tobin's Q 的大小。在第(2)列国有控制上市公司中,

Power×Tobin's Q 为 0.0005，但不显著；而在第(3)列非国有控制上市公司中，二者交互项系数为-0.003，在5%水平下显著，说明"政治成本"、"声誉影响"、上级及证券市场的监管对国有控制上市公司管理者有一定的震慑作用，但是对非国有控制企业管理者的影响不大，非国有控制上市公司的管理者非效率投资的意愿更强烈，假设 H3 得到证实。

表 4-5　　　　　　管理者权力与投资效率回归分析

被解释变量 (Invest)	（1）总样本	（2）国有控制	（3）非国有控制
Power	0.002**	0.002*	0.003**
	(2.50)	(1.95)	(2.15)
Power×Tobin's Q	-0.001	0.0005	-0.003**
	(-1.55)	(0.50)	(-2.76)
Cfo	0.084***	0.08***	0.082***
	(10.25)	(7.52)	(6.31)
Tobin's Q	0.002**	0.003**	0.002**
	(2.56)	(2.46)	(2.07)
Director	0.001**	0.001**	0.00004
	(2.09)	(2.08)	(0.06)
Independ	0.014	0.018	-0.001
	(1.07)	(1.06)	(-0.03)
Excushr	0.03***	-0.065	0.021**
	(4.63)	(-1.22)	(2.77)
Lev	-0.021***	-0.016***	-0.024***
	(-5.63)	(-3.43)	(-3.94)
Age	-0.003***	-0.002***	-0.003***
	(-14.27)	(-9.05)	(-10.75)
Size	0.01***	0.012***	0.006***
	(14.10)	(12.89)	(4.95)

续表

被解释变量 (Invest)	（1）总样本	（2）国有控制	（3）非国有控制
Ultimate	-0.004**		
	(-2.60)		
行业	控制	控制	控制
年份	控制	控制	控制
截距项	-0.188***	-0.231***	-0.069**
	(-11.55)	(-12.00)	(-2.37)
样本量	7141	4340	2801
调整后的 R^2	0.2187	0.2260	0.2498

(三) 金融发展、管理者权力与企业投资效率

1. 金融发展、管理者权力与企业投资支出

表4-6是金融发展对管理者权力与企业投资支出关系影响的基本回归。回归结果显示：在总样本与分样本中，Fdi×Power 的回归系数为0.0003，在10%水平下显著，表明金融发展水平与管理者权力显著正相关，无论在国有控制企业还是非国有控制企业，Fdi×Power 的系数皆为0.0006，且都呈显著性。由此表明，宏观金融发展水平的提高促进了管理者增加投资支出的意愿，这一结论基本验证了管理者权力假设，即假设 H4 得到验证。

表4-6 金融发展、管理者权力与企业投资支出回归分析

被解释变量(Invest)	总样本	国有控制	非国有控制
Power	0.002**	0.002**	0.002
	(2.2)	(2.04)	(1.41)
Fdi×Power	0.0003*	0.0006***	0.0006**
	(1.86)	(0.33)	(2.31)
Director	0.0007*	0.001**	-0.0002
	(1.95)	(2.05)	(-0.23)

续表

被解释变量(Invest)	总样本	国有控制	非国有控制
Independ	0.009	0.01	0.002
	(0.68)	(0.59)	(-0.1)
Excushr	0.022***	-0.021	0.012*
	(3.52)	(-0.36)	(1.84)
Age	-0.003***	-0.002***	-0.003***
	(-14.18)	(-8.83)	(-11.47)
Size	0.01***	0.011***	0.004***
	(13.3)	(12.6)	(3.6)
Lev	-0.023***	-0.02***	-0.023***
	(-6.23)	(-4.15)	(-3.93)
Ultimate	-0.004**		
	(-2.74)		
行业	控制	控制	控制
年份	控制	控制	控制
截距项	-0.17***	-0.233***	0.02
	(-10.68)	(-11.23)	(-0.54)
样本量	7138	4269	2869
调整后的 R^2	0.2068	0.2037	0.2248
F 值	36.72	22.41	16.12

2. 金融发展、管理者权力与企业投资效率

本章根据金融发展水平(Fdi)的均值(10.70),将全部样本公司分成高于平均值和低于平均值两组,对模型(4.3)进行回归,其结果如表4-7。

在全样本(1)中,管理者权力和投资机会的交互项(Power×Tobin's Q)系数为-0.002,并且在1%水平上显著,表明管理者权

力越大,对企业投资干预越多,从而造成了投资效率低下。在金融市场化程度较高组(2),二者间仍呈显著负相关,表明金融市场化对管理者权力下的非效率投资并没有起到抑制作用,金融市场化程度的提高会使公司获得更多的信贷资源,在缓解外部融资约束的同时,也给管理者权力更大的寻租空间,更容易过度投资,由此假设H5b得到验证;在金融发展程度较低组(3),管理者权力和投资机会的交互项为正,但是不明显,说明金融市场化程度低造成融资约束,可供管理者建造"企业帝国"的机会减少,从某种程度上降低了非效率投资程度。

表4-7 金融发展、管理者权力与投资效率回归分析

被解释变量 (Invest)	(1) 全样本	(2) 金融发展程度较高组	(3) 金融发展程度较低组
Power	0.002**	0.002**	0.003*
	(2.50)	(2.09)	(1.86)
Power×Tobin's Q	-0.001	-0.002**	0.003
	(-1.55)	(-2.72)	(1.40)
Cfo	0.084***	0.074***	0.089***
	(10.25)	(6.66)	(7.28)
Tobin's Q	0.002**	0.0001	0.007***
	(2.56)	(0.12)	(3.37)
director	0.001**	0.001*	0.0004
	(2.09)	(1.94)	(0.73)
independ	0.014	0.023	0.01
	(1.07)	(1.29)	(0.49)
Excushr	0.03***	0.023**	0.04**
	(4.63)	(3.04)	(2.54)
Lev	-0.021***	-0.022***	-0.02***
	(-5.63)	(-4.25)	(-3.80)

续表

被解释变量 (Invest)	(1) 全样本	(2) 金融发展程度较高组	(3) 金融发展程度较低组
Age	-0.003***	-0.002***	-0.003***
	(-14.27)	(-10.67)	(-8.59)
Size	0.01***	0.009***	0.012***
	(14.10)	(8.70)	(11.17)
Ultimate	-0.004**	-0.004**	-0.003
	(-2.60)	(-2.15)	(-1.43)
行业	控制	控制	控制
年份	控制	控制	控制
截距项	-0.188***	-0.123***	-0.033
	(-11.55)	(-5.22)	(-1.06)
样本量	7141	3758	3383
调整后的 R^2	0.2187	0.2274	0.2386
F 值	37.35	23.56	17.96

3. 产权性质视角下金融发展、管理者权力与投资效率

无论是在国有控制上市公司还是在非国有控制上市公司，管理者权力都是存在的。国家在国有控制上市公司中的"所有者缺位"导致公司"内部人控制"现象出现，产生的后果即管理者的权力在此过程中不断形成并不断提高。而在非国有控制上市公司中，我国尚未健全的经理人市场对管理者不能形成有效约束，更多的非国有上市公司以家族企业形式存在，管理者通常由创始人亲自担任，权力越大，会对投资决策产生更大的影响。对于不同的产权性质下"权力"产生的背景和机制都可能存在不同，本章在研究金融市场化水平影响管理者权力与投资效率的关系时，将产权性质考虑在内，将样本公司划分为国有控制企业和非国有控制企业两类分别进行检验。检验结果见表4-8。

表 4-8 产权性质视角下：金融发展、管理者权力与投资效率

被解释变量 (Invest)	金融发展程度较高组			金融发展程度较低组		
	总样本	国有控制	非国有控制	总样本	国有控制	非国有控制
Power	0.002**	0.002	0.003*	0.003*	0.005**	0.001
	(2.09)	(1.40)	(1.90)	(1.86)	(2.93)	(0.40)
Power×Tobin's Q	-0.002**	-0.0004	-0.002*	0.003	0.008	-0.005**
	(-2.72)	(-0.53)	(-1.95)	(1.40)	(3.53)	(-2.00)
Cfo	0.074***	0.068***	0.071***	0.089***	0.08***	0.095***
	(6.66)	(4.44)	(4.36)	(7.28)	(5.38)	(4.42)
Tobin's Q	0.0001	0.001	0.001	0.007***	0.006**	0.006**
	(0.12)	(0.76)	(0.71)	(3.37)	(2.37)	(2.19)
Director	0.001*	0.002**	-0.0003	0.0004	0.0001	0.0005
	(1.94)	(2.54)	(-0.30)	(0.73)	(0.10)	(0.45)
Independ	0.023	0.03	-0.01	0.01	0.019	0.012
	(1.29)	(1.27)	(-0.34)	(0.49)	(0.77)	(0.32)
Excushr	0.023**	-0.125*	-0.0111	0.04**	0.013	0.046**
	(3.04)	(-1.92)	(1.26)	(2.54)	(0.15)	(2.52)
Lev	-0.022***	-0.007	-0.034***	-0.02***	-0.022***	-0.017*
	(-4.25)	(-0.99)	(-4.53)	(-3.80)	(-3.49)	(-1.82)
Age	-0.002***	-0.002***	-0.003***	-0.003***	-0.002***	-0.003***
	(-10.67)	(-5.97)	(-8.96)	(-8.59)	(-6.76)	(-4.88)
Size	0.009***	0.009***	0.007***	0.012***	0.014***	0.005**
	(8.70)	(7.24)	(4.33)	(11.17)	(10.84)	(2.32)
Ultimate	-0.004**			-0.003		
	(-2.15)			(-1.43)		
行业	控制			控制		
年份	控制			控制		
截距项	-0.028***	-0.204***	-0.057	-0.033	-0.253	-0.05
	(-3.80)	(-7.32)	(-1.47)	(-1.06)	(-9.63)	(-1.08)
样本量	3758	1920	1838	3383	2420	963
调整后的 R^2	0.2274	0.2173	0.2744	0.2386	0.2599	0.2618

在金融发展程度高的地区,国有控制上市公司的管理者权力与投资机会的交互项(Power×Tobin's Q)系数为-0.0004,但是不显著;在非国有控制上市公司中,二者的交互项系数为-0.002,且在10%水平下显著。由此可以看出,金融发展水平的提高使国有和非国有控制上市公司的管理者权力寻租的机会增多,加剧了公司的过度投资,非国有控制上市公司管理者比国有控制下的管理者过度投资的倾向更严重。金融市场化程度的提高,一方面减轻了公司的融资约束,而另一方面,此过程也是管理者和股东相互博弈的过程,管理者扩大投资的冲动会更强烈,非国有控制上市公司管理者比国有控制下的管理者过度投资的倾向更严重。

在金融发展程度低的地区,国有控制上市公司的管理者权力与投资机会的交乘项(Power×Tobin's Q)系数为0.008,但不显著;在非国有控制上市公司中,二者的交乘项系数为-0.005,且在5%水平下显著。由此可以看出,金融发展程度降低,从某种程度上降低了非效率投资程度,但是管理者个人私利仍然存在,为了个人利益仍会侵占其他股东的利益,进行非效率投资,非国有控制公司管理者相比国有控制下的管理者,非效率投资的倾向更严重。

值得注意的是,无论在金融发展程度高的地区,还是在金融发展程度低的地区,非国有控制上市公司的管理者权力与投资机会的交乘项系数 Power×Tobin's Q 都为负值,分别为-0.002 和-0.005,且都呈显著性,说明在非国有控制企业中,代理问题和融资约束的双重作用,导致其非效率投资程度更高,由此,假设 H6 得到验证。

表4-8 中结果还显示,经营现金流量(Cfo)与投资支出均在1%水平下呈显著正相关关系,这证明了投资对内部现金流的依赖,也证明了企业确实存在融资约束现象。即经营活动产生的现金流量缓解了企业的投资不足,有利于企业扩大投资支出,与杨华军和胡奕明(2007)、杨兴全和张照南(2008)、俞红海等(2010)、陈运森和谢德仁(2011)等的研究结果基本一致。

从理论上来讲,独立董事(Independ)处于独立于企业并代表股东对管理者进行监督,抑制其非效率投资行为(Fama, Jensen,

1953；Yermaek，2004）。但是表 4-8 中结果并没有显示独立董事比例与公司投资支出方面有影响，说明独立董事并没有对投资效率有显著影响，这与现有的学者的研究观点是一致的（萧维嘉等，2009；陈运森，谢德仁，2011；刘慧龙，吴联生，王亚平，2012；刘行，叶康涛，2013），进一步说明我国转型期独立董事并没有发挥其应有的监督作用。

对于管理者持股（Excushr），从全部样本来看，对企业投资支出有显著正向影响，说明管理者持股在某种程度上增加了管理者的权力，增加了扩大投资支出的意愿。从分样本来看，国有控制企业的管理者持股对投资支出影响不显著，非国有控制企业的管理者持股对投资支出呈正向影响，再一次证实了非国有控制企业的代理问题更严重，非效率投资程度更高，管理层持股比例难以对其投资行为产生约束和激励作用。

对于财务杠杆（Lev），无论国有控制企业还是非国有控制企业，无论过度投资还是投资不足，负债对其都产生约束效应。说明负债的确可以约束管理者的非效率投资行为，降低管理者投资不足以及投资过度的可能性，支持了负债对非效率投资的抑制功能假说（Jensen，Meckling，1976；Stulz，1990）。

企业上市年限（Age）与投资支出 Invest 呈显著负相关关系，说明公司上市年限对投资起遏制作用。随着上市年限的增加，上市公司的投资冲动会越来越小，更加趋向理性投资（周伟贤，2010）。

企业规模（Size）与投资支出 Invest 呈显著正相关关系，表明企业规模越大，投资支出越多，再一次证实管理者有扩张的意图，与第三章研究结果一致。

第四节 稳健性检验

在本章上一节中我们使用了 OLS 回归方法，考察了管理者权力对企业投资效率的影响，并进一步从金融市场化视角讨论了金融发展对管理者权力与投资效率关系的影响。本章的基本结论表明：管理者权力越大，非效率投资程度越高；金融市场化对管理者权力的非效率投资并没有起到抑制作用;相比国有控制企业而言,非国有控制企业的管理者非效率投资现象更严重。

上述结论会不会因为变量替换、数据变换和模型估计方法而产生不同的表现呢?本章从以下三个方面进行了稳健性测试①。

一、模型估计方法替换

(一)投资-现金流敏感性测试

FHP(1988)投资-现金流敏感度模型可以检验企业投资对内部现金流反应敏感性程度,但是检验不出投资与内部现金流间敏感的原因。Vogt(1994)构建了一个包含内部现金流、投资机会及其交乘项在内的计量模型,根据内部现金流和投资机会的交乘项系数符号来判定样本公司整体的投资效率。当交乘项系数为正时,则为投资不足,与大股东的资金占用和信息不对称密切相关;当交乘项系数为负时,则为过度投资,与经理和股东间的代理问题有关。本章借鉴 Vogt(1994)的做法,建立了投资-现金流敏感模型(4.4):

$$\begin{aligned}\text{Invest}_{it} = & \beta_0 + \beta_1 \text{Cfo} + \beta_2 \text{Tobin's Q} + \beta_3 \text{Cfo} \times \text{Tobin's Q} + \beta_4 \text{Age} \\ & + \beta_5 \text{Size} + \beta_6 \text{Level} + \beta_7 \text{Ultimate} + \text{IndustryDummies} \\ & + \text{YearDummies} + \varepsilon \end{aligned} \quad (4.4)$$

表4-9是模型(4.4)的回归检验结果。在单变量回归检验中,可知在全样本、国有控制企业和非国有控制企业中,现金流(Cfo)与投资支出(Invest)之间均在1%水平下显著正相关。这说明现金流与投资相关性在企业中普遍存在。在交乘项回归检验中,交乘项 Cfo×Tobin's Q 在全样本、国有控制企业、非国有控制企业的方程中分别为-0.025、-0.027和-0.019,且都呈显著性水平,企业现金流和投资机会间呈相互抵减作用,说明我国现有企业普遍存在过度投资行为,这与现有文献(何金耿,丁加华,2001;唐雪松等,2007;李维安,姜涛,2007;张纯,吕伟,2009;张功富,宋献中,2009)等的研究结论是一致的,也再一次证明我们的样本选择是正确的。

---

① 在稳健性检验中本章也做了未剔除样本的回归,结果是一致的。

表4-9　　　　　　　　　现金流与投资机会回归分析

被解释变量 (Invest)	单变量回归(1)			交乘项回归(2)		
	总样本	国有控制	非国有控制	总样本	国有控制	非国有控制
Cfo	0.08***	0.081***	0.081***	0.087***	0.081***	0.086***
	(10.37)	(7.38)	(6.32)	(10.71)	(7.37)	(6.6)
Tobin's Q	0.002**	0.003**	0.002	0.002**	0.003**	0.002*
	(1.96)	(2.37)	(1.52)	(2.61)	(2.95)	(1.72)
Cfo×Tobin's Q				-0.025***	-0.027**	-0.019*
				(-4.0)	(-2.82)	(-1.95)
Lev	-0.022***	-0.015***	-0.025***	-0.02***	-0.015***	-0.024***
	(-6.23)	(-3.24)	(-4.09)	(-6.27)	(-3.26)	(-4.12)
Age	-0.003***	-0.002***	-0.004***	-0.003***	-0.002***	-0.004***
	(-18.22)	(-9.98)	(-14.02)	(-18.41)	(-10.11)	(-14.12)
Size	0.01***	0.012***	0.006***	0.01***	0.012***	0.006***
	(14.69)	(13.98)	(4.82)	(14.93)	(14.15)	(4.95)
Ultimate	-0.006***			-0.006***		
	(-4.16)			(-4.13)		
行业	控制	控制	控制	控制	控制	控制
年份	控制	控制	控制	控制	控制	控制
截距项	-0.155***	-0.24***	-0.05*	-0.155***	-0.24***	-0.05**
	(-10.35)	(-11.88)	(-1.87)	(-10.36)	(-12.05)	(-1.99)
样本量	7223	4395	2828	7223	4395	2828
调整后的 R^2	0.2143	0.2157	0.2303	0.216	0.217	0.2321
F值	40.41	26.18	17.27	39.93	25.85	17.03

(二) 管理者权力与投资-现金流敏感性

以管理者权力(Power)与投资-现金流敏感性(Cfo×Tobin's Q)进

行交乘，得到 Power×Cfo×Tobin's Q，表 4-10 中回归结果显示：在总样本与非国有控制企业组，管理者权力(Power)与投资-现金流敏感性(Cfo×Tobin's Q)构成的交乘项系数(Power×Cfo×Tobin's Q)显著负相关；在国有控制企业组，管理者权力与 Cfo×Tobin's Q 构成的交乘项系数负相关但不显著，总体来看，管理者权力加剧了企业的过度投资。这个结论支持了经济学家对中国经济投资过度的判断，上市公司的投资效率堪忧(辛清泉等，2007)。同时，这一结论基本验证了管理者权力假说。研究结果表明，管理者治理机制并没有对企业的过度投资行为产生有效制止，非国有控制企业的代理问题和信息不对称现象更严重，与前文研究结论一致。

表 4-10　　管理者权力、现金流与投资机会回归分析

被解释变量(Invest)	总样本	国有控制	非国有控制
Cfo	0.088***	0.081***	0.086***
	(10.74)	(7.38)	(6.6)
Tobin's Q	0.002**	0.003**	0.002*
	(2.73)	(2.97)	(1.92)
Cfo×Tobin's Q	0.011	-0.018	0.069*
	(0.56)	(-0.66)	(1.67)
Power×Cfo×Tobin's Q	-0.12***	-0.003	-0.03**
	(-2.02)	(-0.33)	(-2.21)
Lev	-0.02***	-0.015***	-0.024***
	(-6.27)	(-3.26)	(-4.17)
Age	-0.003***	-0.002***	-0.004***
	(-18.41)	(-10.11)	(-14.03)
Size	0.01***	0.012***	0.006***
	(14.95)	(14.16)	(4.94)
Ultimate	-0.006***		
	(-4.16)		

续表

被解释变量(Invest)	总样本	国有控制	非国有控制
行业	控制	控制	控制
年份	控制	控制	控制
截距项	−0.155***	−0.24***	−0.05**
	(−10.38)	(−12.05)	(−2.08)
样本量	7223	4395	2828
调整后的 R^2	0.2160	0.2168	0.2322
F 值	39.24	25.33	16.83

(三)金融发展、管理者权力与投资-现金流敏感性

总体来看,表 4-11 中管理者权力与 Cfo×Tobin's Q 构成的交乘项系数(Power×Cfo×Tobin's Q)显著为负,说明管理者权力加剧了企业的过度投资。另外,本章仍根据金融发展水平(Fdi)的均值(10.70),将全部样本公司分成高于平均值和低于平均值两组,对管理者权力(Power)与投资-现金流敏感性(Cfo×Tobin's Q)关系(Power×Cfo×Tobin's Q)进行检验。回归结果显示:无论在金融市场化程度较高组,还是在金融市场化程度较低组,管理者权力与 Cfo×Tobin's Q 构成的交乘项系数(Power×Cfo×Tobin's Q)皆为负值,虽然不显著,但是仍然证实了金融市场化程度的提高并没有遏制管理者权力下的非效率投资。因此,我们的结论并不因模型变换而发生明显差异,结论在不同情况下是稳健的。

表 4-11　　　　　　　　模型估计方法替换测试

被解释变量(Invest)	总样本	金融市场化程度较高组	金融市场化程度较低组
Cfo	0.088***	0.087***	0.09***
	(10.74)	(7.48)	(6.95)
Tobin's Q	0.002**	0.0002	0.006***
	(2.73)	(0.19)	(3.32)

续表

被解释变量(Invest)	总样本	金融市场化程度较高组	金融市场化程度较低组
Cfo×Tobin's Q	0.011	0.004	0.01
	(0.56)	(0.18)	(0.21)
Power×Cfo×Tobin's Q	-0.12**	-0.011	-0.004
	(-2.02)	(-1.58)	(-0.25)
Lev	-0.02***	-0.025***	-0.02***
	(-6.27)	(-4.94)	(-3.89)
Age	-0.003***	-0.003***	-0.003***
	(-18.41)	(-15.01)	(-10.21)
Size	0.01***	0.009***	0.0112***
	(14.95)	(8.92)	(11.26)
Ultimate	-0.006***		
	(-4.16)		
行业	控制	控制	控制
年份	控制	控制	控制
截距项	-0.155***	-0.095***	-0.207***
	(-10.38)	(-4.24)	(-7.12)
样本量	7223	3789	3434
调整后的 R^2	0.2160	0.2235	0.2339
F 值	39.24	24.44	19.10

二、数据变换

鉴于前述回归，本章选取我国沪深股票市场所有 A 股非金融类上市公司 2004—2011 年数据为样本，由于对解释变量 Tobin's Q 等滞后了一期，所以模型中用到的样本是从 2005—2011 年这 7 年的数据。而我国在 2006 年颁布了新会计准则，同年进行了股权分置改革、国有股流通的措施，2005 年、2006 年这两年数据很少，如果将其剔除，仅对 2007 年之后的样本分别进行测试，结果可能会有所不同吗？本章按上述标准对样本进行了重新选择，然后进行相应回归，结果见表 4-12。

表 4-12　数据变换稳健性测试（2007—2011 年）

被解释变量(Invest)	全样本	国有控制	非国有控制	金融发展程度较高组			金融发展程度较低组		
				总样本	国有控制	非国有控制	总样本	国有控制	非国有控制
Power	0.003**	0.003**	0.003**	0.002*	0.002	0.003*	0.004*	0.006**	0.001
	(2.68)	(2.24)	(1.99)	(1.82)	(1.15)	(1.78)	(1.90)	(2.77)	(0.31)
Power×Tobin's Q	−0.001**	0.0002	−0.003**	−0.001**	−0.0003	−0.002*	0.002	0.007	−0.006**
	(−1.79)	(0.26)	(−2.59)	(−2.27)	(−0.32)	(−1.83)	(0.60)	(2.40)	(−2.10)
Cfo	0.076***	0.07***	0.075***	0.075***	0.069***	0.074***	0.072***	0.069***	0.065**
	(8.33)	(6.00)	(5.24)	(6.71)	(4.43)	(4.65)	(4.54)	(3.73)	(2.22)
Tobin's Q	0.001	0.002*	0.002	−0.00004	0.001	0.001	0.004**	0.005	0.004
	(1.41)	(1.65)	(1.49)	(−0.04)	(0.58)	(0.66)	(1.97)	(1.64)	(1.61)
Firector	0.001**	0.001**	−0.0004	0.001	0.001**	−0.0002	0.001	0.001	−0.001
	(1.98)	(2.39)	(−0.57)	(1.57)	(2.13)	(−0.26)	(1.11)	(0.82)	(−0.78)
Independ	0.01	0.015	−0.018	0.024	0.03	−0.006	−0.014	0.003	−0.057
	(0.70)	(0.78)	(−0.76)	(1.30)	(1.28)	(−0.22)	(−0.54)	(0.10)	(−1.24)
Excushr	0.027***	−0.114**	0.017**	0.021***	−0.12*	0.009	0.036*	−0.108	0.052**
	(3.95)	(−2.06)	(2.10)	(2.77)	(−1.83)	(1.09)	(1.88)	(−0.97)	(2.36)

续表

被解释变量(Invest)	全样本	国有控制	非国有控制	金融发展程度较高组			金融发展程度较低组		
				总样本	国有控制	非国有控制	总样本	国有控制	非国有控制
Lev	-0.018***	-0.011**	-0.023***	-0.02***	-0.005	-0.033***	-0.014**	-0.019**	-0.003
	(-4.24)	(-2.02)	(-3.43)	(-3.78)	(-0.69)	(-4.09)	(-2.04)	(-2.21)	(-0.22)
Age	-0.002***	-0.002***	-0.003***	-0.002***	-0.002***	-0.003***	-0.002***	-0.002***	-0.002***
	(-12.41)	(-7.54)	(-9.99)	(-109)	(-6.03)	(-9.12)	(-5.23)	(-4.39)	(-2.69)
Size	0.01***	0.011***	0.007***	0.008***	0.009***	0.007***	0.012***	0.014***	0.006**
	(12.04)	(10.94)	(4.88)	(8.25)	(7.02)	(4.29)	(8.71)	(8.63)	(2.22)
Ultimate	-0.004**			-0.004**			-0.0039		
	(-2.25)			(-2.25)			(-1.28)		
行业/年份	控制	控制	控制	控制	控制	控制	控制	控制	控制
截距项	-0.17***	-0.227***	-0.073**	-0.131***	-0.188***	-0.062	-0.223***	-0.274***	-0.069
	(-9.70)	(-10.39)	(-2.31)	(-5.67)	(-6.46)	(-1.57)	(-7.69)	(-7.95)	(-1.18)
样本量	5384	3109	2275	3586	1840	1746	1798	1269	529
调整后的 R^2	0.2205	0.2275	0.2523	0.2273	0.2135	0.2716	0.2406	0.2792	0.2600

从全样本来看，Power×Tobin's Q 回归结果为-0.001**，证实管理者权力加剧了企业的非效率投资；从国有控制和非国有控制分样本来看，国有控制企业中 Power×Tobin's Q 的系数为 0.0002，但不显著，非国有控制企业中 Power×Tobin's Q 的系数显著为负（-0.003**），证实了非国有控制企业的非效率投资要比国有控制企业严重；按金融发展程度高低分成两组，研究结论仍显示，无论在金融发展程度高还是在金融发展程度低的地区，相比国有控制企业，非国有控制企业的非效率投资程度都很高，Power×Tobin's Q 系数分别为-0.002 和-0.006，其他控制变量的回归系数符号和显著性虽然有些差异，但是这并不影响本章总体结论的得出。因此，本章的结论并不因回归数据选取不同而发生显著差异，结论在各种不同情况下是稳健的。

三、变量替换

因变量中，本章使用现有文献常用的"（构建固定资产、无形资产和其他长期资产支付的现金+取得子公司及其他营业单位支付的现金+支付其他与投资活动有关的现金）/期初总资产"，来替换前文中"企业购建固定资产与在建工程的增加额所支付的现金/期初总资产"作为衡量投资支出指标。自变量中，本章使用樊纲、王小鲁和朱恒鹏（2011）设计的《中国市场化指数》中的金融业市场化指数的子指数"信贷资金分配市场化程度指数"、"金融业市场竞争程度指数"分别进行回归测试。把新的解释变量分别放入模型中进行回归后，Power×Tobin's Q 系数在全样本和分样本中显著性略有变化，系数符号其他方面没有发生显著变化，回归结果与前文得到的结论没有实质性差异。其他控制变量在回归系数符号和显著性方面略有差异，但是不影响本章总体结论的得出，检验结果见表4-13。本章仅列示了用"信贷资金分配市场化程度指数"衡量金融业市场化指标的回归结果，"金融业市场竞争程度指数"结果基本类似，未予列出。由此说明，本章的结论并未因不同的变量替换而发生变化，结论依然是稳健的。

表 4-13 变量替换稳健性测试

被解释变量(Invest)	全样本	国有控制	非国有控制	金融发展程度较高组			金融发展程度较低组		
				总样本	国有控制	非国有控制	总样本	国有控制	非国有控制
Power	0.002**	0.001	0.004**	0.003**	0.002	0.0034**	0.001	0.001	0.003
	(2.32)	(1.21)	(3.13)	(2.60)	(1.34)	(2.79)	(0.52)	(0.51)	(0.99)
Power×Tobin's Q	-0.002**	-0.0001	-0.004***	-0.002***	-0.002**	-0.004***	0.001	0.003**	-0.003*
	(-2.57)	(-0.13)	(-3.50)	(-3.66)	(-2.14)	(-1.83)	(0.60)	(2.45)	(-1.74)
Cfo	0.073***	0.073***	0.062***	0.07***	0.071***	0.043**	0.08***	0.072***	0.091***
	(8.69)	(6.64)	(4.78)	(6.59)	(5.01)	(2.69)	(5.78)	(4.22)	(3.69)
Tobin's Q	0.007	0.008***	0.008***	0.002*	0.009***	0.006***	0.008***	0.007***	0.011***
	(7.68)	(5.95)	(5.91)	(1.66)	(5.00)	(4.05)	(5.50)	(3.76)	(4.21)
Director	0.0008**	0.001*	-0.0002	0.001**	0.002**	.00014	-.00013	-.00024	-0.0005
	(1.96)	(1.92)	(-0.22)	(2.04)	(2.42)	(0.17)	(-0.22)	(-0.36)	(-0.43)
Independ	0.009	0.017	-0.015	0.028	0.043*	-0.034	-.00151	-0.011371	0.027
	(0.70)	(0.95)	(-0.68)	(1.59)	(1.79)	(-1.28)	(-0.07)	(-0.43)	(0.67)
Excushr	0.032***	-0.069	0.022**	0.029***	-0.134*	0.02**	0.037***	0.132	0.018
	(5.05)	(-1.19)	(2.96)	(3.73)	(-1.95)	(2.39)	(2.93)	(1.65)	(1.13)

续表

被解释变量(Invest)	全样本	国有控制	非国有控制	金融发展程度较高组			金融发展程度较低组		
				总样本	国有控制	非国有控制	总样本	国有控制	非国有控制
Lev	-0.02***	-0.016***	-0.023***	-0.021***	-0.013*	-0.031***	-0.023***	-0.022***	-0.018*
	(-5.36)	(-3.22)	(-3.68)	(-4.57)	(-1.94)	(-4.15)	(-3.65)	(-2.89)	(-1.66)
Age	-0.003***	-0.002***	-0.004***	-0.003***	-0.003***	-0.004***	-0.003***	-0.002***	-0.005***
	(-17.12)	(-10.64)	(-13.3)	(-11.5)	(-8.51)	(-10.4)	(-8.98)	(-5.01)	(-7.11)
Size	0.015***	0.016***	0.012***	0.009***	0.016***	0.01***	0.018***	0.017***	0.017***
	(20.15)	(16.59)	(10.09)	(10.30)	(12.87)	(7.04)	(13.78)	(11.06)	(7.24)
Ultimate	-0.004**			-0.004**			-0.002		
	(-2.78)			(-2.19)			(-0.94)		
行业/年份	控制	控制	控制	控制	控制	控制	控制	控制	控制
截距项	-0.263***	-0.308***	-0.184***	-0.14***	-0.301***	-0.104**	-0.315***	-0.321***	-0.321***
	(-16.16)	(-15.17)	(-6.32)	(-6.44)	(-9.80)	(-2.87)	(-11.87)	(-10.2)	(-5.92)
样本量	6863	4188	2675	4121	2230	1793	2840	1958	882
调整后的 R^2	0.2566	0.2655	0.2870	0.2509	0.2860	0.3325	0.2454	0.2629	0.2798

第五节 本 章 小 结

本章结合我国上市公司所在地区金融市场化进程对管理者权力与投资效率关系进行研究。结果表明，管理者对企业制定和执行财务决策有重要的影响，而影响力的强弱取决于其在公司的管理权的大小。管理者权力越大，企业投资效率越低，且非国有控制企业投资效率要低于国有控制企业。金融市场化程度提高时，非国有控制企业非效率投资程度会增强；相反，国有控制企业的非效率投资得到了一定的抑制。主要原因是，非国有控制企业管理者"话语权"更强，经理人市场的不完善，管理者权力过大，导致非国有控制企业过度投资程度更高。而国有控制企业的管理者由政府任命，当金融市场化程度提高时，金融中介监管力度增强，企业内部约束、管理者强烈的政治动机等在某种程度上对管理者的非效率投资行为产生抑制作用。另外，我国的制度背景下，金融市场化程度的提高主要是四大国有银行的发展，在减轻了国有控制企业的融资约束的同时，也强化了两种产权性质下的融资约束差异，导致非国有控制企业面临日益严重的信贷融资约束，拖累了其投资效率。金融发展程度的提高，并没有使两种产权性质的企业达到资本配置效率的最优化。

上述经验证据为解读我国上市公司"高投资—低效率"现象提供了新的证据，为本章理解新兴加转轨经济期企业的投资活动提供了理论支持。微观企业资本配置效率不仅是宏观经济增长的基础，而且也是企业价值创造与成长的基础。我国的制度背景、公司治理水平不高，使得上市公司资本配置效率没有达到最优。政府通过干预资本市场来支持国有控制企业的低效率运营，非国有企业在遭受融资约束的同时，由于自身公司治理缺陷、市场的无序化管理造成投资效率低下。所以，管理者权力并没有使投资效率得到改善，金融市场化程度的提高也没有使管理者权力与投资效率关系得到显著改善，投资效率低下反而还有继续扩大的趋势，非国有控制企业的投资效率甚至低于国有控制企业，我国现行融资体制的深层次矛盾暴露出来，资本市场的扭曲损害了非国有控制企业的微观资本配置效率。从宏观层面而言，改善法制环境，提高执法效率，建立良好的经理人市场声誉机制，完善资本市场，提高会计信息透明度，"减少政府对资源的直接配置，使市场在资源配置中起决定性作用"，"鼓励非公有制企业参与国有企业改革"，只有这样才能最终清除阻碍企业经营生产的体制弊端，提升经济的整体效率。在微观公司治理中，应该增加管理者的内在激励程度，实现内部股权制衡，制定合理的考核、监督、激励制度来规范和约束管理者的行为，使其为企业经营发挥最大的作用。

需要指出，本章的分析结果显示管理者权力与投资效率的关系。对这一问题，现有的研究结论并不一致。多数学者认为管理者权力提高了投资效率，从产权性质来看，国有企业由于"所有者缺位"等原因导致投资效率低于非国有企业。但是也有学者认为，由于融资约束的差异造成非国有控制企业投资效率要低于国有控制企业（刘瑞明等，2010；喻坤等，2014；王茂林等，2014），本章的研究结论也再一次验证了此观点。一方面，这可能与样本选择、模型构建、样本区间选择等方面有关，另一方面也再一次证实了我国特殊的制度环境对企业微观资本配置效率的重要影响。

公司内部治理低水平使非国有控制企业管理者权力过大，投资效率过低；特殊的金融制度环境导致金融市场化程度的提高并没有给非国有企业带来特殊的好处，也没有减少管理者权力下公司的非效率投资。那么，对于上市公司的投资效率，外部制度环境和内部公司治理哪一个影响程度更高？它们之间该如何协调？如何从理论上对外部金融环境、内部公司治理与投资效率间的关系进行较为严密的逻辑推理？如何从数学推理中更精确地计算出这三者之间的关系，进行准确的度量？这些是今后需要解决的难题。

第五章 金融发展、公司治理机制与微观资本配置效率

引 言

在 Modigliani 和 Miller(1958)描述的完美的资本市场世界中,投资决策和融资决策是独立的,企业的投资支出与资本结构无关,仅依赖于投资机会的大小。但是在现实世界当中,市场摩擦不可能完全被消除:企业所有权和经营权的分离使股东和管理者之间存在代理问题(Jensen,1986;Richardson,2006)以及外部主要利益相关者和内部经理人之间存在信息不对称问题(Jensen, Meckling, 1976; Myers, Majluf, 1984; Fazzari, 1988; White, 1992),而信贷市场的信息不对称会产生逆向选择和道德风险(Stiglitz Weiss, 1981),使得市场不可能如此完美地运行,公司始终面临着投资不足或者投资过度的风险,而投资不足和投资过度都是资本配置效率低下的表现,将会降低公司价值,损害投资者利益。基于此,本章研究公司治理对企业投资决策行为即微观资本配置效率的影响,为保护投资者利益、控制和协调公司治理与投资效率关系提供更切实的证据。

现有关于公司治理与投资效率关系的研究成果,多是描述公司治理机制对微观资本配置效率的影响,大致分为两类:第一类是构建涵盖公司治理各个层面的公司治理指数,研究公司治理综合层面对投资效率的影响;第二类是从公司治理的主要组成机制或某一个视角下治理效果进行考察,集中在股权结构、董事会结构、管理者权力、管理者背景、独立董事比例、投资者保护等特定层面对投资

效率的影响，并得到了不同的结论。尽管这些研究丰富了我们对相关知识的认识，但是它们仅选取了部分公司数据或者仅考察了部分治理机制对投资效率的影响，结论只具有局部解释力；并且，大多停留在静态层面，忽视了公司治理在不同的外部制度环境进程中，对资本配置效率治理效果的变化。事实上，公司经营活动都是在各个国家特定的制度环境下进行的，必然会受到当地制度环境的限制。金融资源是一国发展最基本的战略性资源（白钦先，2005），在不同的金融制度环境下，上市公司融资约束程度和融资成本会不同，因此公司内部治理激励、监督机制的治理效果也会有差异，对上市公司的投融资决策行为也会造成影响。

基于此，本章结合国内外文献以及我国特殊的"新兴加转轨"制度背景，运用2004—2015年我国A股上市公司1272家数据，从微观企业财务层面来研究"公司治理机制对投资效率的影响"及"金融发展能否影响公司治理机制对投资效率的优化作用"，有助于从多层面公司治理机制中了解金融发展对投资效率影响的关键因素，为公司治理机制的改进、实现资本配置效率最优提供理论依据。

本章后续部分结构如下：第一节是理论分析与研究假设，第二节是研究设计与样本选择，第三节是实证结果与分析，第四节进行相应的稳健性检验，第五节是结论与讨论。

第一节 理论分析与研究假设

一、公司治理机制与投资效率

Berle 和 Means（1932）第一个发表了公司治理就是所有权和控制权的分离的观点，Hart（1995）认为公司治理存在的理论基础或条件应该是代理问题和合约的不完全性作为，即代理问题和信息不对称问题。公司治理机制就是为了保护投资者的利益，使其免于信息不对称和代理问题而受到内部管理者的侵害，而采取的一系列制度安排。Zingales（1997）认为，公司治理作为公司的约束和控制系统，从内外两方面进行，其中内部治理机制包括了大股东权力、管理层持股、独立董事监督、管理者背景等。外部治理机制主要包括债权人、产品市场竞争、控制权市场、经理人市场等。

如果公司治理机制运行良好，就可以保护公司外部投资者的利益，使其不受内部管理者侵害。通过向外界传达有关公司各项管理决策的有效信息，减少所有者和委托管理者间的信息不对称，融资约束得以减轻，保证投资项目的顺利进行，缓解公司投资不足问题（谭利，杨苗，2013）；同时，也可以约束管理者的代理行为，有效抑制其对现金流滥用后的过度投资（Bates Thomas W.，2005；Richardson，2006），保证公司各项决策的规范化与科学化，提高经营信息的透明度，对企业的非效率资本配置行为达到了间接约束的目的（李维安等，2007）。如果公司治理较弱，可能会发生非效率投资（Billettetal，2011；Giroud，Mueller，2011），管理者会为了个人利益投资于净现值为负的项目（Stulz，1990；Hart，1994；Dittmar，Smith，2007），甚至为追求安逸生活而不会削减或扩张投资，导致公司过度投资或投资不足（Bertrand，Mullainathan，2003）。在国内，大量学者对有关公司治理对非效率投资的影响进行过研究，但结论并不一致。俞红海、徐龙炳和陈百助（2010），杨兴全、张照南和吴昊旻（2010），张会丽和陆正飞（2012）等研究发现了高质量的公司治理能够对非效率投资进行有效抑制，但是刘昌国（2006）研究结论却是公司治理对抑制非效率投资的作用较弱，研究结论的不一致表明公司治理机制对投资效率的影响是复杂的。因此，有必要重新梳理公司治理机制对微观资本配置效率影响的相关文献，从而更全面地了解公司治理机制的传导路径。

近些年来，国内外学者对公司治理影响投资效率进行了广泛研究。公司治理机制包括激励和监督两个方面，通过激励、监督管理者行为来提高资本配置效率。

（1）监督机制方面：当股东参与公司治理时，可以有效降低过度投资；上市公司普遍存在的控制性大股东，能够有效地抑制高层管理人员的盲目投资行为（La Porta等，1999），如果上市公司同时存在多个大股东，他们之间会互相监督，这样就弱化了控股股东谋取私利的能力(Pagano, Roell, 1998);管理者权力不应过小,否则可能会打击管理层的积极性(Scharfstein, Stein, 2000),也不宜过大,否则会引发大股东的"掏空"行为,损害中小股东的利益(Johnson等,2000)。由此看来,股权结构的安排要在公司股东与管理层间进行平衡,形成相互制衡的制约机制,最终促进公司资本配置效率的提高。董事会监督就是要平衡执行董事、非执行董事的权力和结构组成(Weisbach, 1988; Pawlina, Renneboog, 2005)。独立董事等非执行董事在董事会进行投资决策时,能够利用其高度的责任感和专业特长来遏制董事会的非效率投资(Fama, Jensen, 1983; Gugleretal, 2004; Richardson, 2006)。外部机构持股也会提高公司的监管水平,进而降低公司的融资约束,减轻投资-现金流之间的敏感性(Pawlina, Renneboog, 2005)。国内学者李维安、姜涛(2007)利用南开治理指数研究了公司治理中过度投资问题。他们认为,董事会和股东治理都能有效地制止过度投资,但是经理人持股对过度投资行为的治理并不显著。唐雪松、周晓苏和马如静(2007)发现公司治理机制中的大股东与经理持股可以基本有效地制约过度投资行为。胡国柳、裘益政和黄景贵(2006)发现,经理人员的持股比例越高,公司的资本支出水平越多,然而国有股比例、第一大股东持股比例都与资本支出水平负相关。魏明海和柳建华(2007)、饶育蕾和汪玉英(2006)也注意到公司第一大股东在某种程度上能够对公司过度投资产生抑制作用。周泽将(2014)选择了2001—2011年间的国有上市公司为样本,检验结果表明,董事会会议频率过高,会导致过度投资程度增大,降低了国有企业经营绩效。因此,应精简会议活动,提高国有企业董事会运行效率。对于独立董事的治理效果,学者们并没有给出统一的结论。俞红海、徐龙炳和陈百助(2012)发现独立董事比例与过度投资关系为负值且显著,某种程度上抑制了过度投资。刘国昌(2006)、唐雪松等(2007)却注意到,独立董事、管理层激励都没有能够有效地制约公司过度投资行为。

(2)激励机制方面:对管理者适度的股权激励,可以缓解股东与管理者间的代理矛盾(Jenson, Meckling, 1976; Jensen, Murphy,

1990），降低管理者投资的风险（Hall，Murphy，2003；Ross，2004；Panousi，Papaniko Laou，2012）。Aggarwal 和 Samwick（2006）发现，有效的激励契约会明显地抑制公司投资不足。Tirole（2006）认为公司应该显性和隐性激励相结合，替代性地对管理层进行激励。不论采用哪种激励方式，都应将管理层收益与公司业绩挂钩，尽量遏制其非效率投资，提高资本配置效率。国内学者程仲鸣和夏银桂（2008）考虑到我国制度背景的最大特点是"内部人控制"现象严重，认为授予管理者一定股权，与股东一样共担风险、共享收益，使其私人利益和公司价值一致，可以抑制管理者的过度投资行为。徐倩（2014）也认为适度的股权激励会缓解管理者风险规避可能性，达到抑制非效率投资的效果。吕长江和张海平（2011）也证实，我国实行的股权激励机制不仅有助于抑制上市公司的过度投资，也能够缓解投资不足。梅丹（2009）认为我国国有控制上市公司特殊的产权属性和利益目标直接影响了非效率投资，政府干预和管理层代理问题导致投资过度，个人利益动机下的"隧道挖掘"导致投资不足。李云鹤、李湛和唐松莲（2011）发现投资不足现象在企业整个生命周期几乎没有发生变化，过度投资呈先降后升的变化趋势。成长期时，董事长、总经理两职合一抑制了过度投资，到衰退期大股东持股则加剧了过度投资；管理层持股可以降低投资不足，企业处于成长期时，两职合一会加剧投资不足，处于成熟期时独立董事的存在也会加剧投资不足。刘凤委、李琦（2013）发现，对央企实施 EVA① 考核评价体系整体上可显著降低过度投资。

从监督机制层面来看，改善董事会结构、调动机构投资者的积极性、发挥大股东对管理者行为监督，都有助于制约管理者机会主

---

① 2009 年，国务院国资委修订了《中央企业负责人经营业绩考核暂行办法》，颁布了《国务院国有资产监督管理委员会令第 22 号》，规定自 2010 年 1 月 1 日起实行。新修订的中央企业负责人业绩考核办法与旧办法相比，最主要的变化就是年度业绩考核基本指标中用经济增加值代替了净资产收益率指标。

义行为，减少所有者和经营者间的信息不对称，缓解代理问题，降低非效率投资；从激励机制层面来看，对管理者进行股权激励，提高其在投资中的报酬等使其与公司利益更加一致，可降低责任不对称、激励不相容的矛盾，减轻管理者代理问题，促使其以企业价值最大化原则参与投资活动，抑制非效率投资，以提高资本配置效率。

总体而言，良好的公司治理机制可以有效地抑制公司的非效率投资行为，进而提高投资效率。而激励机制效果和监督机制效果究竟孰优孰劣，基于以上分析，本章提出第一个假设：

H1a：公司治理水平的提高能够抑制公司的非效率投资，激励机制效果优于监督机制效果。

H1b：公司治理水平的提高能够抑制公司的非效率投资，监督机制效果优于激励机制效果。

二、金融发展、公司治理机制与投资效率

(一) 金融发展与投资效率

有关金融发展与资本配置效率关系引发了学者们的研究热情，但学术界关于二者关系的实证结论却并不一致，至今仍然没有形成统一的认识。陆家骝(2004)认为金融发展在某种程度上增进金融体系的运作效率，改善了资本配置，进而提高投资效率。方军雄(2006)发现我国金融市场化的发展改善了行业资本配置效率，李青原、赵奇伟和李江冰等(2010)发现金融发展显著改善了地区资本配置效率，而且，我国各地区的资本形成更多依赖银行等金融机构的信贷支持(曾五一，赵楠，2007)。另一方面，范学俊(2008)却发现，我国金融体系整体上对资本配置效率的贡献很有限，金融发展与资本配置效率呈弱负相关关系，非国有银行金融机构的信贷、投资行为能够较大地促进资本配置效率的提升，而国有银行金融机构的信贷、投资行为却抑制了资本配置效率的提高(潘文卿，张伟，2003)。甚至从宏观方面来看，我国信贷市场的规模与行业资本配置效率呈负相关关系(韩立岩，蔡红艳，2002)。我国整体的资本配置效率处于较低水平，呈东、中、西部梯度递减特征，且

不同行业之间有显著的差异性(张国富,2010)。金融发展对东部和中部地区资本配置效率促进最为显著,与西部地区关联不是很明显(王永剑,刘春杰,2011)。

就我国转型经济而言,金融发展实际上就是金融市场化过程(周业安,赵坚毅,2005)。然而,我国当前的金融市场环境以国有银行为主要市场份额,上市公司股权高度集中,企业以间接融资为主,并且大部分外部融资来自国有银行,造成企业的资金成本过高(陈雨露等,2006)。间接融资为主的企业,决定了金融市场发展在缓解企业融资约束中的作用远远大于股票市场的作用(饶华春,2009)。由于金融市场的信息不对称,造成外部融资成本高,因此企业的投资通常低于最佳投资水平;同时,金融发展能够缓解企业融资约束(Rajan,Zingales,1998;Laeven,2003;朱红军,何贤杰,陈信元,2006;饶华春,2009;沈红波,寇宏,张川,2010),抑制公司的过度投资行为(Allen等,2005;方军雄,2006;孙亮等,2011;杨华军,2007)。江伟(2011)也发现,我国银行贷款对不同性质的上市公司过度投资行为均有控制效应,对民营企业的控制效应要优于国有控制企业,而且,对民营企业的控制效应会随着地区金融发展水平的提高而增强。总的来说,金融发展整体上会对企业的过度投资和投资不足行为产生影响,进而影响企业的资本配置效率。

基于上述分析,本章提出第二个假设:

H2:金融发展影响企业的非效率投资行为。

(二)金融发展、公司治理机制与公司投资效率

近年来,虽然我国金融发展总体上有了很大的提升,但是由于政策制度和地理位置等方面的不同,在某种程度上,各个地区金融发展水平仍然存在很大差距(樊纲等,2009),对公司治理影响也不一样,并进一步影响到公司的投资行为。具体来讲,金融中介中的债务契约也能改善公司治理。债务契约的存在,对代理经理人是一种无形的监管,从某种程度上降低了监督公司经理人行为的成本(Townsend,1979;Gale,Hellwig,1985;Boyd,Smith,1994),制约管理层机会主义行为(Stulz,1990),抑制了非效率投资行为(翟

胜宝，易旱琴，郑洁等，2014）。同时，企业引入负债相当于间接提高经理人的持股比例，这样会使经理人与股东的目标一致，降低代理成本（Grassman，Hart，1988）。而且，企业负有债务，会给经理人按时还本付息的压力，防止其将自由现金流用于无效投资或过度在职消费（Tirole，2006）；潜在的流动性资金短缺压力和破产威胁会促使经理人消除信息不对称引发的次优投资行为，减少资本支出，追求有价值的投资，从而抑制过度投资行为（Grassman，Hart，1988；Robert，Josef，1990；Tirole，2006；Mello，Miranda，2010）。因此，负债和企业投资支出间应呈显著负相关（Lang等，1996），企业负债越多，对投资支出的约束程度会越高（Ahn等，2006），而且，企业投资机会越少，成长性越低，负债与投资支出的负相关越显著，约束程度越强（Aivazian等，2005），充分验证了负债融资约束对企业非效率投资的遏制作用。翟胜宝、易旱琴和郑洁等（2014）在考察民营企业负债与投资效率的关系时，将银企关系引入进来，并检验了其与投资效率的关系。他们发现，在市场化程度低的地区，企业和银行建立某种联系，更加便于银行监督和规范企业的投资行为，降低信息不对称，抑制其过度投资倾向，进而提高企业投资效率。

　　由此可以看出，金融发展一方面提高了银行等中介机构对贷款项目的监管水平，在减轻上市公司融资约束的同时，对管理者也是一种无形的监管，监督和定期偿债付息的压力减少了管理者进行非效率投资的机会，债务治理作用得到有效发挥。另一方面，金融发展水平提高，管理者可支配的资金数量增多，企业引入负债相当于间接提高经理人的持股比例，对管理者来说有一定的激励作用，基于以上分析，本章提出两个相对应的假设：

　　H3a：金融发展水平的提高能够抑制公司的非效率投资，监督机制效果优于激励机制效果。

　　H3b：金融发展水平的提高能够抑制公司的非效率投资，激励机制效果优于监督机制效果。

第二节 研究设计与样本选择

一、模型设计与变量定义

(一)模型设计

本章借鉴使用广泛的 Richardson(2006)非效率投资模型。该模型通过估算正常的投资水平,用残差值 ε 作为度量投资效率的代理变量,当 ε 大于 0 时表示企业过度投资(Overinvest),小于 0 时表示投资不足(Underinvest)。为了便于理解,本章在回归时,对投资不足残差取绝对值。模型建立如下:

$$\text{Invest}_{it} = \beta_0 + \beta_1 \text{Cfo} + \beta_2 \text{Tobin's Q} + \beta_3 \text{Age} + \beta_4 \text{Size} + \beta_5 \text{Level} + \beta_6 \text{Ultimate} + \text{IndustryDummies} + \text{YearDummies} + \varepsilon \tag{5.1}$$

在检验金融发展影响公司资本配置效率时,建立如下回归方程:

$$\text{Overinvest}_{it}/\text{Underinvest}_{it} = \beta_0 + \beta_1 \text{Fdi} + \beta_2 \text{Corporategovernmance} + \beta_3 \text{Size} + \beta_4 \text{Age} + \beta_5 \text{Level} + \beta_6 \text{Ultimate} + \text{IndustryDummies} + \text{YearDummies} + \varepsilon \tag{5.2}$$

其中,公司治理机制变量(Corporategovernmance)作为控制变量,同时包括监督机制和激励机制两类变量。回归时将在控制和不控制公司治理变量两种情况下分别考察金融发展对公司的资本配置效率的影响。

在检验公司治理影响公司资本配置效率时,将金融发展按行业、年度平均值分为两组,即金融发展水平较高组和金融发展水平较低组,考察金融发展水平对公司治理机制治理效果的影响,建立回归方程如下:

$$\text{Overinvest}_{it}/\text{Underinvest}_{it} = \beta_0 + \beta_1 \text{Corporategovernmance} + \beta_2 \text{Size} + \beta_3 \text{Age} + \beta_4 \text{Level} + \beta_5 \text{Ultimate} + \text{IndustryDummies} + \text{YearDummies} + \varepsilon \tag{5.3}$$

(二) 变量定义

1. 投资水平(Invest)

参照现有研究(Duchin 等, 2010; 屈文洲等, 2011; 陈艳艳, 罗党论, 2012; 徐业坤等, 2013), 本章选取企业购建固定资产、无形资产和其他长期资产所支付的现金除以期初总资产表示上市公司的年度新增投资支出(Invest)。其中, 新增项目投资支出包括公司合理的投资支出和非效率投资支出。

2. 融资约束(Cfo)

本章选取经营活动产生的现金流量净额/总资产账面价值来衡量公司的内部现金流, 主要体现在投资支出对于公司内部产生的现金流的依赖程度, 两者之间的敏感性越弱说明公司越容易获得外部融资, 即公司面临的融资约束越弱。

3. 投资机会(Tobin's Q)

本章选取(流通股市值+非流通股账面价值+负债账面价值)/总资产账面价值来衡量投资机会, 主要体现在投资支出与 Tobin's Q 之间的方向变动是否同向, 当二者同方向变动时, 说明投资支出能够根据投资机会的变化迅速作出反应, 对投资机会的敏感性越高, 那么投资效率越高。

4. 公司治理变量(Corporate governmance)

借鉴李云鹤等(2011)、方红星和金玉娜(2013)的研究, 本章分别从监督和激励机制两方面来衡量公司治理水平。监督机制指标主要包括两职合一(Dual)、总经理任期(Tenure)、董事会规模(Director)、监事会的规模(Susize)、独立董事比例[①](Independ)、董事会会议次数(Cdc)、监事会会议次数(Cjc)、股东大会会议次数(Cgc); 激励机制指标主要包括第一大股东持股比例(Top1)、管理层持股比例(Excushr)、董事会持股比例(Dis)、监事持股比例

---

① 美国的萨班斯-奥克斯利法案(Sarbanes-oxley Act)规定, 审计委员会的所有成员都必须是独立董事, 年报中必须披露审计委员会成员是否有会计财务专业背景; 在中国这种趋势更加明显, 比如 2001 年在上市公司建立《独立董事制度的指导意见》对独立董事比例的强制性要求, 2007 年治理专项活动对董事会各专业委员会建立的强制规定, 使得各上市公司在短期内都满足了"形似而非神似"的监管要求。

(Sus)、高级管理者持股比例(Mas)、前三名高管薪酬(Masa)及领取薪酬的董事比例(Paid)。

董事会代表了全体股东的利益。一般认为，董事会规模越大，监督机制越强，决策越民主，越可以提高公司的资本配置效率。但过于庞大的规模也会降低企业的决策效率。通常认为，董事会规模不应超过7~8人。监事会是公司最早用来监督董事会、管理者行为的机构，理论上应该能够有效地制止公司非效率资本配置行为。董事会会议、监事会会议和股东大会会议理论上都是为了保障全体股东的利益，使股东利益最大化，优化公司投资等各项决策，进而提高公司资本配置效率。第一大股东作为公司的控制性大股东，持股比例越高，个人利益与公司整体利益越一致，越能够有效地抑制高层管理人员的盲目投资行为，缓解公司非效率资本配置程度。但是也有研究认为，第一大股东持股比例越高，企业受大股东控制的可能性会越大，甚至大股东会联合管理者共同侵害其他小股东的利益，加重了公司的非效率资本配置程度。

董事会、监事、高级管理者持股反映了企业的激励机制。一般看来，激励机制有助于使被激励者利益与股东整体利益捆绑一起，降低企业代理冲突，提高公司的资本配置效率。激励机制中前三名高管薪酬、领取薪酬的董事比例同样是为了激励管理者行为，降低非效率投资行为，使企业价值得以最大化。

关于两职合一、总经理任期、独董比例、管理层持股比例等四个指标在第四章已经解释，这里不再重述。

5. 金融发展水平(Fdi)

如第三章、第四章中所述，本章仍借鉴樊纲、王小鲁和朱恒鹏(2011)设计的《中国市场化指数》中的金融业市场化指数，该指标数值越大，代表金融市场发展程度越高。该数据在现有实证研究中得到了较为广泛的应用(夏立军，方轶强，2005；方军雄，2006；罗琦等，2009；唐建新等，2010；黎来芳等，2012)。本章直接选取其中2004—2009年的数据，考虑到金融市场化环境的稳定性和延续性，本章通过2007—2009、2008—2010连续三年的移动平均法，分别估算出2010年和2011年各地区的金融发展水平指标。

6. 控制变量

本章控制了其他相关的变量：财务杠杆(Level)、公司规模(Size)、上市年限(Age)、产权性质(Ultimate)以及行业(Industry)和年度(Year)虚拟变量等。

以上各变量的定义见表 5-1。

表 5-1　　　　　　　　主要变量定义和说明

变量类型	变量名称	变量符号	变量定义
被解释变量	年度新增投资	Invest	企业购建固定资产、无形资产和其他长期资产所支付的现金/期初总资产
	过度投资	Overinvest	模型(5.1)大于0的回归残差
	投资不足	Underinvest	模型(5.1)小于0的回归残差绝对值
解释变量	金融发展水平	Fdi	樊刚和王小鲁(2011)报告中的金融业市场化指数
	内部现金流	Cfo	经营活动现金流量净额/总资产账面价值
	投资机会	Tobin's Q	(流通股市值+非流通股账面价值+负债账面价值)/总资产账面价值
	公司治理监督机制：		
	两职合一	Dual	董事长和总经理合一时取1
	总经理任期	Tenure	总经理从上任到当年年底任职时间
	董事会规模	Director	董事会总人数
	监事会的规模	Susize	监事总人数
	独董比例	Independ	独立董事占董事会的比例
	董事会会议次数	Cdc	年度内董事会的会议次数
	监事会会议次数	Cjc	年度内监事会的会议次数
	股东大会会议次数	Cgc	年度内股东大会的会议总次数
	公司治理激励机制：		
	第一大股东持股比例	Top1	第一大股东持股数量/总股数
	管理层持股比例	Excushr	管理层持股数量/总股数
	董事会持股比例	Dis	董事会所有董事持股数量/总股数
	监事持股比例	Sus	监事持股数量/总股数
	高级管理者持股比例	Mas	高管人员持股数量/总股数
	前三名高管薪酬	Masa	前三名高管薪酬(取自然对数)
	领取薪酬的董事比例	Paid	前三名董事薪酬总额(取自然对数)

续表

变量类型	变量名称	变量符号	变量定义
控制变量	财务杠杆 公司规模 上市年限 产权性质	Level Size Age Ultimate	负债总额/资产总额 企业总资产账面价值的自然对数 企业上市年度数的自然对数 国有控股上市公司取1,否则取0
	年度哑变量	Year	企业属于某年份时,赋值为1;否则,赋值为0。2004—2011年,共7个年度哑变量
	行业哑变量	Industry	企业属于某行业时,赋值为1;否则,赋值为0。证监会2001年把所有上市公司分类,共分为21个行业,非制造业一级分类,制造业二级分类,剔除金融保险业,以农林牧渔业为基准

二、研究样本与数据来源

本章选取我国沪深股票市场所有A股非金融类上市公司2004—2011年数据为样本,并按以下原则进行筛选:①剔除金融类上市公司;②剔除在2004—2011年中出现ST、PT等重大事宜的公司;③为消除异常值的影响,对相关连续财务指标(Invest、Tobin's Q、Cfo、Lev、Cdc及Top1)在1%和99%分位水平上进行了首尾调整(winsorize);④为了减少可能存在的内生性影响,本章将解释变量Tobin's Q及相关变量滞后一期处理,所以模型中用到的样本是从2005年至2011年这7年数据,按照上述标准筛选后,最终得到9326个有效样本(其中2004年1074个、2005年887个、2006年964个、2007年1044个、2008年1082个、2009年1169个、2010年1453个、2011年1653个)。本章公司财务数据及公司治理数据均来自CSMAR中国股市和财务研究数据库,都取其年末值;金融发展指标数据来自《中国统计年鉴》、《中国金融年鉴》、中国人民银行网站及中国经济研究网;公司治理中激励和监督机制相关数据从CSMAR得到,并根据年报等公开资料对部分信息进行了补充修正。基础数据使用 Excel 处理，混合数据的统计检验和回归分析使用 Stata12。

第三节　实证结果与分析

一、描述性统计

对模型中所涉及的主要变量，本章首先进行了初步的描述性统计，结果见表5-2。

样本中，发生过度投资的公司有2574家，占总样本的36.55%，过度投资样本均值为0.051，而最大值为0.290；投资不足的有4469家，占总样本的63.45%，均值为0.032，最大值达0.126，表明我国上市公司中更多的面临投资不足问题，这与我国的制度背景相符。近年来，我国经济高速发展，为企业提供了大量的投资机会，但是，作为新兴加转轨的发展中国家，面临着资金短缺现象，导致我国一半以上的公司投资不足；同时，上市公司委托代理存在严重问题，导致了企业过度投资，投资不足和投资过度的数据结果初步说明我国上市公司普遍存在资本配置效率低下现象。这与张功富和宋献中（2009）、周伟贤（2010）、李云鹤、李湛和唐松莲（2011）、申慧慧、于鹏和吴联生（2012）、方红星和金玉娜（2013）、王茂林等（2014）、李春霞和叶瑶（2015）等的研究结论一致。过度投资样本平均值为0.051，投资不足样本平均值为0.032，也可以看出我国上市公司过度投资程度比投资不足程度更严重。

公司治理变量显示：

监事会规模（Susize）平均人数约为4人，最少为0人，可以看出公司监事会监督作用有限。

董事会会议次数（Cdc）平均8.446次，最少3次，最多20次；监事会会议次数（Cjc）平均4.468次，最少1次，最多18次；股东大会会议次数（Cgc）平均2.662次，最少1次，最多14次，明显可以看出这些监督机构召开的会议次数差别很大，对公司的监督机制会有不同的影响。

第一大股东持股比例(Top1)平均高达 34.197%,最大值达到 74.98%,由此可以得出上市公司控制性股东的利益应该和公司整体利益是一致的,能够起到一定的监督作用;但是,也反映了我国上市公司确实存在股权过于集中的现象,很可能导致大股东与管理者合谋获取私利。

董事会持股比例(Dis)平均仅为 0.065,最少为 0,最多为 0.888;监事持股比例(Sus)平均为 0.003,最少为 0,最多为 0.270;高级管理者持股比例(Mas)平均为 0.035,最少为 0,最多为 0.843,表明我国上市公司监督、管理机构持股比例普遍很低,只是象征性地持有很少股份甚至零持股,初步判断难以对其投资行为产生约束和激励机制。

前三名高管薪酬(Masa)平均为 13.495,中位数为 13.528,最少为 9.798,最多为 16.275,说明不同上市公司前三名高管薪酬差别很大,激励机制作用应该有所不同。领取薪酬的董事比例(Paid)平均为 13.335,标准差为 0.900,最少为 4.754,最多为 16.456,可以看出领取薪酬的董事比例普遍并不是很高。

表 5-2　　　　　　　模型设计变量的描述性统计

变量	平均值	中值	标准差	最小值	最大值	样本量
Overinvest	0.051	0.036	0.049	0.000	0.290	2574
Underinvest	0.032	0.029	0.020	0.000	0.126	4469
Dual	0.173	0	0.378	0	1	9326
Tenure	2.920	3	0.812	0.0417	13.3111	9326
Director	9.203	9	1.904	3	19	9232
Susize	3.911	3	1.302	0	13	9231
Independ	0.358	0.333	0.050	0	0.714	9232
Cdc	8.446	8	3.207	3	20	9324
Cjc	4.468	4	1.876	1	18	9315
Cgc	2.662	2	1.382	1	14	9325

续表

变量	平均值	中值	标准差	最小值	最大值	样本量
Top1	34.197	33.18	18.400	0.37	74.98	9326
Excushr	0.071		0.172	0	0.897	9325
Dis	0.065		0.159	0	0.888	9325
Sus	0.003	0	0.014	0	0.270	9321
Mas	0.035		0.106	0	0.843	9325
Masa	13.495	13.528	0.799	9.798	16.275	9277
Paid	13.335	13.394	0.900	4.754	16.456	9030

关于两职合一(Dual)、总经理任期(Tenure)、董事会规模(Director)、独董比例(Independ)、管理层持股比例(Excushr)等五个指标在第四章已经描述，这里不予重复。

二、实证结果与分析

(一) 公司治理机制与资本配置效率

如表 5-3 所示，从公司过度投资组全样本来看，股东大会会议次数(Cgc)、第一大股东持股比例(Top1)、领取薪酬的董事比例(Paid)对公司过度投资的作用是显著的，其中第一大股东持股比例(Top1)、领取薪酬的董事比例(Paid)与公司过度投资在5%水平上显著负相关，系数分别为 -0.0002、-0.0055，说明对公司进行股权、薪酬激励可以有效地减轻过度投资程度；而股东大会会议次数(Cgc)与过度投资显著正相关，其他变量所代表的监督和激励机制都没有对公司过度投资起到显著的影响作用。总的来说，在公司治理中，相比监督机制，激励机制对过度投资的抑制作用效果稍好一些。

从公司投资不足组全样本来看，两职合一(Dual)、监事会规模(Susize)、前三名高管薪酬(Masa)对投资不足的作用是显著的，且都与投资不足呈负相关关系，其他公司治理变量与投资不足的关系均不显著。说明两职合一(Dual)、监事会规模(Susize)、前三名高管薪酬(Masa)都能够起到对投资不足的抑制作用，其他公司治理变量都没有对公司投资不足起到显著的监督和激励作用。总的来说，在公司治理中，相比激励机制，监督机制对投资不足的抑制作用效果稍好一些。

从投资过度和投资不足的全样本来看，股东大会会议次数(Cgc)、第一大股东持股比例(Top1)、领取薪酬的董事比例(Paid)、两职合一(Dual)、监事会规模(Susize)、前三名高管薪酬(Masa)都能对非效率投资产生抑制作用，总体激励机制效果比监督机制效果更明显，和宋淑琴、姚凯丽(2014)研究结论趋于一致，假设 H1a 得到验证。

表5-3　公司治理与资本配置效率关系回归分析

变量	投资过度全样本	投资不足全样本
Dual	0.0036	−0.0015*
	(1.25)	(−1.68)
Tenure	0.0005	−0.0002
	(0.45)	(−0.61)
Director	−0.0004	−0.0002
	(−0.69)	(−1.34)
Susize	0.0004	−0.001**
	(0.51)	(−3.12)
Independ	0.0012	−0.001
	(0.06)	(−0.18)
Cdc	0.0002	0.00007
	(0.62)	(0.68)
Cjc	0.0007	0.0001
	(1.29)	(0.72)
Cgc	0.003***	−0.0004
	(3.41)	(−1.63)
Top1	−0.0002**	0.00001
	(−2.74)	(0.63)

续表

变量	投资过度全样本	投资不足全样本
Excushr	0.0201	-0.0247
	(0.26)	(-1.21)
Dis	-0.0276	0.0097
	(-0.36)	(0.47)
Sus	0.0936	0.044
	(0.66)	(1.10)
Mas	-0.0046	0.011
	(-0.23)	(1.44)
Masa	0.0022	-0.002***
	(0.86)	(-3.46)
Paid	-0.0055**	0.0002
	(-2.35)	(0.32)
Cfo	0.046***	-0.0194***
	(3.36)	(-5.54)
Age	-0.0005**	-0.001***
	(-2.14)	(-10.41)
Size	0.0019	0.0039***
	(1.62)	(10.71)
Lev	-0.0187**	-0.013***
	(-2.94)	(-7.91)
Ultimate	-0.0058**	-0.004***
	(-2.29)	(-6.60)
行业	控制	控制
年份	控制	控制
常数项	0.0767**	0.0081
	(2.95)	(1.05)
调整后的 R^2	0.0962	0.2380
N	2657	4267

(二) 金融发展、公司治理机制与资本配置效率

本研究将进一步检验金融发展下公司治理对资本配置效率的影响，结果见表5-4。按过度投资与投资不足分为两组，分别检验金融发展下公司治理与资本配置效率间关系的影响。将金融发展按行业、年度求均值，分成金融发展水平较高组和金融发展水平较低两组。

1. 金融发展与资本配置效率

表5-4检验了金融发展对公司非效率投资影响的回归结果，按过度投资与投资不足分为两组。第(1)列和第(2)列为过度投资组，其中第(1)列显示了不控制公司治理变量时金融发展与公司过度投资间的关系，第(2)列显示了控制公司治理变量时金融发展与公司过度投资间的关系。发现无论控制还是不控制公司治理变量，金融发展的回归系数都为负值，但是不显著，可能是由于样本数据选择的问题，但是这也说明金融发展能够抑制过度投资，与现有研究结论一致。

第(3)列和第(4)列为投资不足组。第(3)列显示不控制公司治理变量时金融发展与公司投资不足间的关系；第(4)列显示了控制公司治理变量时金融发展与公司投资不足间的关系。发现无论控制还是不控制公司治理变量，金融发展的回归系数都显著为负值，证明了金融发展可以抑制投资不足。

总的来说，实证结果验证了假设H2，即金融发展显著抑制了投资不足，对抑制投资过度影响不显著。总体来说，对企业的非效率投资行为产生影响。

表5-4　　金融发展对资本配置效率影响的回归分析

变量	投资过度		投资不足	
	(1)	(2)	(3)	(4)
Fdi	−0.00067	−0.0001	−0.0006**	−0.0004*
	(−0.89)	(−0.18)	(−3.03)	(−1.80)
Dual		0.0039		−0.0017*
		(1.36)		(−1.86)

续表

变量	投资过度		投资不足	
	(1)	(2)	(3)	(4)
Tenure		0.0006		-0.0003
		(0.49)		(-0.66)
Director		-0.0005		-0.0002
		(-0.92)		(-1.26)
Susize		0.0001		-0.0008**
		(0.1)		(-3.00)
Independ		-0.0020		-0.001
		(-0.1)		(-0.17)
Cdc		0.0003		0.0001
		(0.73)		(1.02)
Cjc		0.0007**		0.0002
		(2.8)		(0.88)
Cgc		0.0022**		-0.0004*
		(2.8)		(-1.76)
Top1		-0.0001**		0.00001
		(-2.35)		(0.86)
Excushr		0.0167		-0.027
		(0.22)		(-1.32)
Dis		-0.0201		0.01196
		(-0.26)		(0.57)
Sus		0.0942		0.0448
		(0.66)		(1.12)
Mas		-0.0056		0.0108
		(-0.28)		(1.47)
Masa		0.0028		-0.0023***
		(1.12)		(-3.56)
Paid		-0.006**		0.0003
		(-2.39)		(0.60)

续表

变量	投资过度		投资不足	
	（1）	（2）	（3）	（4）
Cfo	0.0338**	0.044***	-0.0218***	-0.0203***
	(2.56)	(3.2)	(-6.40)	(-5.72)
Age	-0.00045	-0.0005*	-0.0007***	-0.00086***
	-1.84	(-1.81)	(-9.90)	-10.15
Size	0.0005	0.0014	0.003***	0.0039***
	(0.45)	(1.17)	(10.81)	(10.74)
Lev	-0.0153**	-0.017**	-0.0126***	-0.0129***
	(-2.52)	(-2.65)	(-8.39)	(-8.11)
Ultimate	-0.006**	-0.005**	-0.0043***	-0.0044***
	(-2.66)	(-2)	(-6.93)	(-6.69)
行业	控制	控制	控制	控制
年份	控制	控制	控制	控制
常数项	0.067***	0.086***	-0.0204**	0.0017
	(3.01)	(3.22)	(-2.98)	(0.21)
调整后的 R^2	0.0782	0.0960	0.2387	0.2417
N	2687	2591	4397	4196

2. 金融发展、公司治理机制与资本配置效率

根据金融发展水平进行分组的回归结果显示，如表5-5，在金融市场化程度较高地区，第一大股东持股比例（Top1）、领取薪酬的董事比例（Paid）对过度投资呈显著负相关关系，系数分别为-0.0002、-0.006，说明二者能够有效地抑制公司过度投资；两职合一（Dual）、监事会规模（Susize）、前三名高管薪酬（Masa）分别在10%、5%、1%水平下与投资不足呈显著负相关关系，抑制了公司的投资不足，其他公司治理机制变量与过度投资的相关关系皆不显著。总体来说，激励机制和监督机制都发挥了一定的作用，但是作用水平很有限。

在金融市场化程度较低地区，仅有第一大股东持股比例（Top1）在10%水平下与过度投资呈显著负相关关系，系数为-0.0002，有效地抑制了公司过度投资，仅有前三名高管薪酬

(Masa)系数为-0.0021,在5%水平下与投资不足呈显著负相关关系,抑制了公司的投资不足。其他激励机制变量与投资不足的相关关系皆不显著,所有的监督机制变量皆没有与投资不足呈显著相关关系,监督机制并没有发挥应有的作用,也说明在金融市场化程度低的地区,导致金融市场机制不健全,债务治理作用没有有效发挥,代理问题更严重,监督机制并没有起到应有的作用,这和第四章研究结果一致。

相比金融市场化程度较低的地区,在金融市场化程度较高地区,两职合一(Dual)、监事会规模(Susize)影响效果更明显,监督机制效果要更好,证明了在金融市场化程度较高的地区,金融中介监管力度增强,企业内部约束力量相应增强,监督机制效果得到相应的提高,假设 H3a 得到验证。

纵观全样本和分样本,总经理任期(Tenure)、董事会规模(Director)、独立董事比例(Independ)、董事会会议次数(Cdc)、监事会会议次数(Cjc)、股东大会会议次数(Cgc)、管理层持股(Excushr)、董事会持股比例(Dis)、监事持股比例(Sus)及高级管理者持股比例(Mas)等监督和激励机制并没有发挥应有的作用,证实了我国公司治理水平普遍低下这一严重现象。具体来讲,监事会会议次数(Cjc)、股东大会会议次数(Cgc)这些监督机构年平均会议次数不超过5次,对公司的监督机制作用很有限,没有起到应有的监督作用。而其他管理层(Excushr)、董事会(Dis)、监事会(Sus)及高级管理者(Mas)等由于持股比例过低,也没有起到应有的激励作用。

表5-5 金融发展下公司治理与资本配置效率关系回归分析

变量	投资过度		投资不足	
	金融发展水平较高组	金融发展水平较低组	金融发展水平较高组	金融发展水平较低组
Dual	0.0028	0.0039	-0.0022*	-0.001
	(0.79)	(0.81)	(-1.73)	(-0.72)

续表

变量	投资过度		投资不足	
	金融发展水平较高组	金融发展水平较低组	金融发展水平较高组	金融发展水平较低组
Tenure	0.0022	-0.0009	0.00004	-0.0005
	(1.18)	(-0.56)	(0.06)	(-0.89)
Director	-0.0005	0.0001	-0.0003	-0.0003
	(-0.68)	(0.11)	(-1.23)	(-1.19)
Susize	0.0009	-0.0003	-0.001**	-0.0005
	(0.86)	(-0.26)	(-2.67)	(-1.39)
Independ	0.0089	-0.0198	-0.0051	0.0033
	(0.69)	(-0.67)	(-0.59)	(0.39)
Cdc	0.0008	-0.0003	-0.00002	0.0001
	(1.33)	(-0.62)	(-0.12)	(0.97)
Cjc	0.0014	0.00028	0.0001	0.0002
	(1.60)	(0.33)	(0.44)	(0.85)
Cgc	0.003***	0.0022**	-0.0003	-0.0004
	(2.48)	(2.06)	(-1.02)	(-1.16)
Top1	-0.0002*	-0.0002*	0.00003	-0.00001
	(-1.87)	(-1.79)	(1.21)	(-0.41)
Excushr	0.025	-0.0007	-0.04335	-0.02
	(0.25)	(-0.01)	(-1.49)	(-0.75)
Dis	-0.038	0.006	0.033	-0.0005
	(-0.38)	(0.05)	(0.15)	(-0.02)
Sus	0.1628	-0.2078	0.08	0.004
	(0.94)	(-1.21)	(1.52)	(0.06)
Mas	0.008	-0.01557	0.009	0.014
	(0.28)	(-0.53)	(0.81)	(1.40)
Masa	0.003	0.0018	-0.0025**	-0.0021**
	(0.81)	(0.5)	(-2.41)	(-2.53)

续表

变量	投资过度		投资不足	
	金融发展水平较高组	金融发展水平较低组	金融发展水平较高组	金融发展水平较低组
Paid	-0.006*	-0.0045	0.001	-0.00014
	(-1.75)	(-1.39)	(1.05)	(-0.23)
Cfo	0.034*	0.005**	-0.0146**	-0.022***
	(1.86)	(2.33)	(-2.89)	(-4.33)
Age	-0.0006	-0.0003	-0.0009***	-0.001***
	(-1.62)	(-0.74)	(-7.25)	(-7.02)
Size	0.0013	0.0033*	0.0035***	0.0043***
	(0.76)	(1.87)	(6.69)	(7.92)
Lev	-0.0213**	-0.0196**	-0.008***	-0.016***
	(-2.41)	(-2.05)	(-3.41)	(-7.3)
Ultimate	-0.0021	-0.01**	-0.0031***	-0.006***
	(-0.57)	(-2.57)	(-3.21)	(6.29)
行业	控制	控制	控制	控制
年份	控制	控制	控制	控制
常数项	0.0565	0.0381	0.00342	0.0056
	(1.53)	(0.99)	(0.29)	(0.51)
调整后的 R^2	0.1346	0.1326	0.2525	0.2526
N	1389	1213	2134	2133

第四节 稳健性检验

本章上一节考察了公司治理机制对资本配置效率的影响，并进一步研究了金融市场化对公司治理机制与投资效率关系的作用。本章的基本结论表明：公司治理水平的提高能够抑制公司的非效率投资，激励机制效果优于监督机制效果。金融发展能够减轻企业的融资约束，抑制其非效率投资，监督机制效果优于激励机制效果。

上述结论会不会因为变量替换和数据变换而产生不同的表现呢？本节进行了稳健性测试。

本节借鉴使用广泛的 Richardson(2006)非效率投资的残差度量模型来计算残差，在测度时使用了现有研究常用的 Tobin's Q 来衡量投资机会，考虑到现有文献中提到的反 Tobin's Q 现象、我国上市公司股市投机气氛浓厚以及目前确实存在成长性高估问题，本节使用营业收入增长率来替换 Tobin's Q；在数据选择中，选取 2007 年至 2011 年样本区间的制造业进行测试，结果见表 5-6。从全样本和分样本来看，大多数公司治理变量的回归结果仍不显著。

从投资过度全样本来看，第一大股东持股比例(Top1)、领取薪酬的董事比例(Paid)对公司过度投资显著负相关，股东大会会议次数(Cgc)与过度投资在 1% 水平下显著正相关；从投资不足全样本来看，两职合一(Dual)、董事会规模(Director)、股东大会会议次数(Cgc)和前三名高管薪酬(Masa)对投资不足显著负相关。总的来说，激励机制的效果仍然稍微好于监督机制的效果。

在金融发展水平较高组，第一大股东持股比例(Top1)、领取薪酬的董事比例(Paid)对公司过度投资在 5% 水平下显著负相关，两职合一(Dual)、股东大会会议次数(Cgc)在 5% 水平下与过度投资显著正相关，在金融发展水平较低组，仅有领取薪酬的董事比例(Paid)对公司过度投资显著负相关，股东大会会议次数(Cgc)仍在 5% 水平下与过度投资显著正相关。在金融发展水平较高组，董事会规模(Director)、前三名高管薪酬(Masa)与投资不足呈显著负相关关系，在金融发展水平较低组，两职合一(Dual)、前三名高管薪酬(Masa)对投资不足有抑制作用。总的来说，监督机制的效果仍然稍微好于激励机制的效果。其他公司治理变量都没有对公司非效率投资起到显著的监督和激励作用，其他控制变量的回归系数符号和显著性虽然有些差异，但这并不影响本章总体结论的得出。因此，本章的结论并不因变量替换和数据变换不同而发生显著差异，结论在各种不同情况下是稳健的。

表 5-6 变量替换和数据变换稳健性测试(2007—2011 年)

变量	投资过度			投资不足		
	全样本	金融发展水平较高组	金融发展水平较低组	全样本	金融发展水平较高组	金融发展水平较低组
Dual	0.0058	0.009**	0.0004	-0.003**	-0.0009	-0.004**
	(1.61)	(1.99)	(0.06)	(-2.32)	(-0.48)	(-2.32)
Tenure	0.0003	0.001	-0.0004	-0.00055	-0.0002	-0.0008
	(0.17)	(0.45)	(-0.21)	(-1.14)	(-0.27)	(-1.31)
Director	0.0004	-0.0003	0.0016	-0.001**	-0.001**	-0.0005
	(0.60)	(-0.30)	(1.50)	(-2.51)	(-2.09)	(-1.62)
Susize	-0.0002	0.0015	-0.0021	-0.0002	-0.0004	-0.0001
	(-0.19)	(0.98)	(-1.42)	(-0.75)	(-0.86)	(-0.15)
Independ	0.0099	0.01478	-0.0006	-0.003	-0.0132	0.0049
	(0.40)	(0.40)	(-0.02)	(-0.36)	(-1.04)	(0.47)
Cdc	-0.0001	0.0001	-0.0002	-0.00004	-0.00019	0.00004
	(-0.33)	(0.14)	(-0.32)	(-0.28)	(-0.91)	(0.21)
Cjc	0.0007	0.001	0.0002	0.00017	0.00003	0.00027
	(0.91)	(0.97)	(0.15)	(0.67)	(0.09)	(0.76)
Cgc	0.004***	0.004**	0.0033**	-0.0007**	-0.0008	-0.0006
	(3.78)	(2.74)	(2.50)	(-2.19)	(-1.56)	(-1.40)
Top1	-0.0002**	-0.0002**	-0.00005	4.19e-06	0.00002	-0.00002
	(-2.25)	(-2.39)	(-0.48)	(0.19)	(0.71)	(-0.60)
Excushr	0.0005	0.0594	-0.0407	-0.0119	-0.029	-0.004
	(0.01)	(0.49)	(-0.36)	(-0.5)	(-0.84)	(-0.16)
Dis	0.0176	-0.0417	0.0597	-0.007	0.013	-0.014
	(0.22)	(-0.34)	(0.52)	(-0.30)	(0.35)	(-0.50)
Sus	0.0906	0.0787	-0.1225	0.087	0.167**	0.004
	(0.63)	(0.42)	(-0.75)	(1.64)	(2.46)	(0.05)

续表

变量	投资过度			投资不足		
	全样本	金融发展水平较高组	金融发展水平较低组	全样本	金融发展水平较高组	金融发展水平较低组
Mas	-0.028	-0.0316	-0.0216	0.021**	0.013	0.025**
	(-1.36)	(-1.08)	(-0.75)	(2.52)	(1.11)	(2.11)
Masa	0.0059*	0.0057	0.0071	-0.004***	-0.003**	-0.004***
	(1.80)	(1.14)	(1.59)	(-4.90)	(-2.33)	(-4.42)
Paid	-0.009***	-0.011**	-0.008**	0.0004	0.001	0.0001
	(-3.23)	(-2.49)	(-2.16)	(0.65)	(1.06)	(0.14)
Cfo	0.054**	0.0425*	0.065**	0.044***	0.041***	0.051***
	(3.17)	(1.83)	(2.65)	(8.21)	(4.98)	(7.07)
Age	-0.001*	-0.0008*	-0.0004	-0.001***	-0.001***	-0.001***
	(-1.70)	(-1.70)	(-0.72)	(-7.60)	(-5.51)	(-5.44)
Size	0.002	0.0019	0.0017	0.003***	0.003***	0.003***
	(1.31)	(0.88)	(0.84)	(6.62)	(4.21)	(5.20)
Lev	-0.008	-0.0111	-0.007	-0.006**	-0.0002	-0.009**
	(-1.00)	(-0.97)	(-0.59)	(-2.73)	(-0.08)	(-3.16)
Ultimate	-0.002	0.0035	-0.0086*	-0.003***	-0.0001	-0.007***
	(-0.56)	(0.86)	(-1.78)	(-3.79)	(-0.08)	(-5.66)
行业	控制	控制	控制	控制	控制	控制
年份	控制	控制	控制	控制	控制	控制
常数项	0.062*	0.068	0.0304	0.043***	0.027*	0.045***
	(1.95)	(1.48)	(0.67)	(4.59)	(1.76)	(3.27)
调整后的 R^2	0.0426	0.0726	0.0385	0.0933	0.0809	0.1328
N	1660	860	800	2647	1284	1363

第五节 本章小结

　　本章结合我国上市公司所在地区金融市场化进程对公司治理机制与资本配置效率关系进行研究。结果表明，公司治理不同机制的作用效果存在很大差异，其中大部分治理机制并没有发挥应有的治理效果。整体来看，公司治理水平的提高能够抑制公司的非效率投资，激励机制效果优于监督机制效果；金融发展能够减轻企业的融资约束，抑制上市公司的非效率投资；金融发展水平的提高能够提高监督机制作用效果，进而提高公司治理水平，抑制非效率投资，监督机制效果优于激励机制效果。主要原因是，我国上市公司治理质量低下，代理问题严重，监督机构并没有发挥应有的作用；管理层持股比例过低，激励机制并没有起到预期的激励效果，金融发展提高了银行等中介机构的监管水平，偿债付息的压力减少了管理者进行非效率投资的机会，金融发展水平的提高也提高了公司治理中监督机制的作用效果，进而抑制了非效率投资。

　　上述经验证据为解读我国上市公司"多层面治理机制—低效率"现象提供了新的证据，为本章理解新兴加转轨经济期企业的投资活动提供了理论支持。微观企业资本配置效率不仅是宏观经济增长的基础，而且也是企业价值创造与成长的基础。我国的制度背景、公司治理水平不高，使得上市公司资本配置效率没有达到最优。金融市场化程度的提高能够在某种程度上降低上市公司的代理成本，抑制非效率投资行为，但是并没有使公司治理机制全部发挥应有的作用，同时应注意我国当前的金融市场环境是以国有银行为主要市场份额，其自身治理能力有限性在某种程度上也影响了公司治理质量的提高。我国现行公司治理机制的深层次矛盾暴露出来，公司治理质量的低下损害了上市公司的微观资本配置效率。从宏观层面而言，应支持并发展各种非国有银行等金融机构，提高金融机构的市场化运作，完善资本市场，加大证券市场份额，"减少政府对资源的直接配置，使市场在资源配置中起决定性作用"，提高金融市场的监管力度。微观公司治理中，应增加管理者的内在激励程度，建立科学的高管激励约束与任免机制；合理分配股权，实现内部股权制衡，增强管理者责任意识，营造良好的监事、独董履职环境，制定合理的监督、激励制度来规范和约束管理者的行为，培养企业可持续发展的意识。

  需要指出，本章的分析结果显示金融发展与微观资本配置效率有直接的相关性。但是，金融发展对不同产权性质下公司治理影响效果如何？金融发展水平的提高可以提高上市公司的监督机制效果，对激励机制有没有影响？影响程度如何？怎么样建立一个准确衡量公司治理机制的评价模型？对公司治理机制间如何有效制衡，以达到资本配置效率的提高？这些都是今后需要关注的问题。

第六章 研究结论、局限和未来展望

一、主要研究结论

本书试图以现有文献研究为基础,结合我国的制度背景,将实证研究方法和规范研究方法相契合,从公司治理视角,通过研究发现金融发展影响公司微观资本配置效率的经验证据。主要结论表现在以下三个方面:

(一)金融发展、产权性质与资本配置效率

本书从融资约束和投资效率两方面来衡量企业资本配置效率,检验金融发展对资本配置效率的影响,在此基础上进一步从产权性质视角来考察不同产权性质对金融发展与微观资本配置效率关系的影响,在单变量、多变量、分组回归的实证检验基础上,对上述问题进行了验证。研究发现:①金融发展能够降低企业融资约束,但是不能提高企业投资效率;产权性质对企业的融资约束产生显著影响,对企业投资效率的影响并不明显。主要原因是,产权性质对不同性质的企业带来了不同的政策优势和资源倾斜,对投资效率的影响程度不同;但是,在获得了便利条件的同时,也会受到政府的过度干预;反过来,政策资源获得少的同时,受到政府干预的程度也会降低,势必也会影响企业的投资效率。因此,政府的政策倾斜与否与过度干预与否这两个因素对企业投资效率的影响应该是相互抵消的。②在考察金融发展与不同产权性质企业影响时,本书发现,金融发展明显减轻了国有控制企业的融资约束,政府的"父爱情结"使非国有控制企业在信贷融资时被边缘化;金融发展并没有改变国有控制企业的投资效率低效的现状,反而拖累了非国有控制企业,致使其投资效率低于国有控制企业,两种产权性质的企业都没

有达到投资效率的最优化。

（二）金融发展、管理者权力与资本配置效率

鉴于我国新兴加转轨的制度背景，上市公司的产权性质、所在地区的金融市场化程度显著影响了公司投资效率，并进一步影响管理者权力对投资效率的影响。基于此，本书以委托代理理论和融资约束理论为基础，从投资机会 Tobin's Q 与年度新增投资支出间的正向关系来衡量投资效率的高低，将宏观层面的金融市场化进程和微观层面的公司管理者权力结合来研究上市公司的投资效率，在此基础上进一步从上市公司所在地区金融市场化进程视角来考察管理者权力对投资效率关系的影响，在单变量、多变量、分组回归的实证检验基础上，对上述问题进行了验证。研究发现：①管理者对企业制定和执行财务决策有重要的影响，而影响力的强弱取决于其在公司的管理权大小。管理者权力越大，企业投资效率越低。非国有控制企业投资效率要低于国有控制企业。②金融市场化程度提高时，非国有控制企业非效率投资程度会增强，相反，国有控制企业的非效率投资得到了一定的抑制。主要原因是，非国有控制企业管理者"话语权"更强，经理人市场的不完善，管理者权力过大，导致非国有控制企业过度投资程度更高。而国有控制企业的管理者是由政府任命，金融市场化程度提高时，金融中介监管力度增强，企业内部约束、管理者强烈的政治动机等在某种程度上对管理者的非效率投资行为会产生抑制作用。③在我国的制度背景下，金融市场化程度的提高（主要是四大国有银行的发展）在减轻了国有控制企业的融资约束的同时，也强化了两种产权性质下的融资约束差异，拖累了非国有控制企业的效率投资。金融发展程度的提高，并没有使两种产权性质的企业达到资本配置效率的最优化。

（三）金融发展、公司治理机制与资本配置效率

基于我国的制度背景，本书将宏观层面的金融市场化进程和微观层面的公司治理机制结合起来研究上市公司的投资效率，在此基础上进一步从上市公司所在地区金融市场化进程视角来考察公司治理激励、监督机制对投资效率关系的影响，在单变量、多变量、分组回归的实证检验基础上，对上述问题进行了验证，以试图阐明金

融发展、公司治理机制与投资效率三者间的关系。研究发现：①大部分公司治理机制并没有发挥应有的治理效果，从整体来看，我国上市公司治理质量低下，代理问题严重，监督机构并没有发挥应有的作用，激励机制效果要稍优于监督机制效果。②金融发展整体上会降低企业的融资约束，降低投资-投资机会敏感度，抑制非效率投资。③金融发展提高了银行等中介机构的监管水平，能够减轻企业的融资约束，偿债付息的压力减少了管理者进行非效率投资的机会，抑制了上市公司的非效率投资，监督机制效果优于激励机制效果。主要原因是，我国上市公司治理质量低下，代理问题严重，监督机构并没有发挥应有的作用；管理层持股比例过低，激励机制并没有起到预期的激励效果，金融发展提高了银行等中介机构的监管水平，偿债付息的压力减少了管理者进行非效率投资的机会，金融发展水平的提高也提高了公司治理中监督机制的作用效果，进而抑制了非效率投资。

二、本书创新点

第一，揭示了我国现行融资体制的深层次矛盾，发现资本市场的扭曲损害了非国有控制企业的微观资本配置效率，产生了双重效率损失现象。本书发现我国政府频繁变化的金融政策及对企业的过多干涉，使得融资约束对资本配置效率的影响占据了主导作用。我国近年来金融发展水平提高，强化了产权性质下的融资约束差异，金融发展明显减轻了国有控制企业的融资约束，但政府的"父爱情结"使非国有控制企业在信贷融资时被边缘化；金融发展并没有改变国有控制企业投资效率低下的现状，反而拖累了非国有控制企业，致使其投资效率低于国有控制企业，形成"投资效率之谜"。

第二，从产权性质、管理者权力视角揭示我国公司治理的缺陷和金融市场的固有缺陷的存在，为解读我国上市公司"高投资—低效率"现象提供了新的证据。本书以委托代理理论和融资约束理论为基础，基于我国的制度背景，将宏观层面的金融市场化进程和微观层面的公司管理者权力结合来研究上市公司的投资效率。管理者权力并没有使投资效率得到改善，金融市场化程度的提高也没有使管理者权力与投资效率关系得到显著改善，投资效率低下反而还有继续扩大的趋势，非国有控制企业的投资效率甚至低于国有控制企业。

第三，为解读我国上市公司"多层面治理机制—低效率"现象提供了新的证据。本书把公司治理机制分为激励机制和监督机制，并且进行具体分析。结果表明，公司治理的大部分治理机制并没有发挥应有的治理效果，从整体来看，公司治理水平的提高能够抑制公司的非效率投资，激励机制效果要稍优于监督机制效果；金融发展能够减轻企业的融资约束，抑制上市公司的非效率投资，监督机制效果优于激励机制效果。

第四，本书首先从融资约束视角，揭示了非国有控制企业的效率损失问题；进一步以代理理论视角揭示两种产权性质下企业融资约束和代理问题对投资效率的综合影响，创新性地将代理理论和融资约束理论结合起来分析我国金融发展对不同产权性质下资本配置效率的影响机理，丰富了产权性质、融资约束理论和代理理论内容。

总的来说，本书系统研究了我国上市公司资本配置效率相关问题。不仅考虑了上市公司自身治理的缺陷导致大量低效率的过度投资，也考虑我国金融市场固有的缺陷以及我国的制度背景使不同产权性质的上市公司获得资金的能力不同。在上述研究中，考察了产权性质、管理者权力、公司治理机制等各因素的影响，研究内容由具体到系统。这些因素的考虑，有助于理解公司治理下各利益相关方的背后机理、行为动机和经济后果，也可供监管层制定或修订相关规则时参考。

三、研究局限

由于客观条件以及本人水平有限，本书可能存在以下一些问题。

首先，本书的分析结果显示金融发展与微观资本配置效率有直接的相关性，但是，并没有揭示出不同产权性质下金融发展究竟是通过何种传导机制对微观资本配置效率产生影响；对我国的制度背景，采用融资约束理论还是信息不对称理论、代理理论来解释哪一个更合适，本书没有能够从理论上对宏观金融发展与微观投资效率间的逻辑关系进行严密的推理和演绎，后期如果能将这些问题解决，结果可能会更为理想。

其次，本书从外部金融制度环境和内部管理者权力、公司治理机制角度来考虑对投资效率的影响，但并没有从理论和实证上说明二者哪一个因素对投资效率的影响程度更高以及该如何协调，对金融发展、管理者权力和投资效率三者之间的关系如何从数学推理中更准确地度量还有待深入考察。

最后，由于研究角度、样本选择、选用模型等方面的不同，金融发展对企业投资效率的影响至今在我国尚未有统一的结论。我国现有股市市场投机气氛浓厚，Tobin's Q 代表投资机会到底适不适合？本书建立的模型不一定能够非常准确地衡量我国上市公司的投资效率，只能给相关研究者、政策决策者提供一定的参考。结合我国的制度背景，建立合理科学的投资效率评价模型和评价方法，有待以后继续研究。

四、未来研究展望

本书认为，以目前所取得的研究结论和研究成果为基础和起点，今后可以从以下三个方面拓展：

（1）从研究内容和研究方法上进行创新，考虑宏观金融环境和微观公司治理两个层面如何更好地协调，可以对投资效率的影响达到"1+1>2"效果；

（2）建立适合我国的制度背景、科学合理的公司投资效率评价方法和评价模型，从理论上和计量检验中解决如何处理公司不同治理机制间相互影响的复杂关系，可能有助于我们理解公司治理对投资效率的治理作用；

（3）从融资约束假说和信息不对称假说出发，结合制度学派和行为学派两条路径来研究公司的微观资本配置问题，可以帮助我们更系统全面地理解制度环境和公司治理对资本配置效率的作用。

参考文献

[1] 白重恩,刘俏,陆洲,等. 中国上市公司治理结构的实证研究[J]. 经济研究, 2005(2): 81-91.

[2] 白钦先. 金融结构、金融功能演进与金融发展理论的研究历程[J]. 经济评论, 2005(3): 39-45.

[3] 白钦先,谭庆华. 论金融功能演进与金融发展[J]. 金融研究, 2006(7): 41-52.

[4] 白钦先,薛誉华. 我国政策性银行的运行障碍及对策思考[J]. 财贸经济, 2001(9): 23-28.

[5] 巴劲松. 金融制度变迁、法治与金融发展——以我国银行制度为例的研究[D]. 南开大学博士论文, 2009.

[6] 陈德球,李思飞,钟昀珈. 政府质量、投资与资本配置效率[J]. 世界经济, 2012(3): 89-110.

[7] 陈德球,李思飞,王丛. 政府质量、终极产权与公司现金持有[J]. 管理世界, 2011(11): 127-141.

[8] 陈冬华. 地方政府、公司治理与补贴收入——来自我国证券市场的经验证据[J]. 财经研究, 2003, 29(9): 15-21.

[9] 陈金明. 中国金融发展与经济增长研究[D]. 中国社会科学院研究生院博士论文, 2002.

[10] 陈晓,江东. 股权多元化、公司业绩与行业竞争性[J]. 经济研究, 2000(8): 28-35.

[11] 陈晓,李静. 地方政府财政行为在提升上市公司业绩中的作用探析[J]. 会计研究, 2001(12): 20-28.

[12] 陈晓,王琨. 关联交易、公司治理与国有股改革——来自我国资本市场的实证证据[J]. 经济研究, 2005(4): 77-86.

[13] 陈运森, 谢德仁. 网络位置、独立董事治理与投资效率[J]. 管理世界, 2011(7): 113-127.

[14] 陈震, 丁忠明. 基于管理层权力理论的垄断企业高管薪酬研究[J]. 中国工业经济, 2011(9): 119-129.

[15] 程新生, 谭有超, 刘建梅. 非财务信息、外部融资与投资效率[J]. 管理世界, 2012(7): 137-150.

[16] 程仲鸣, 夏新平, 余明桂. 政府干预、金字塔结构与地方国有上市公司投资[J]. 管理世界, 2008(9): 37-47.

[17] 戴亦一, 陈冠霖, 潘建平. 独立董事辞职、政治关系与公司治理缺陷[J]. 会计研究, 2014(11): 16-23.

[18] 邓可斌, 曾海舰. 中国企业的融资约束. 特征现象与成因检验[J]. 经济研究, 2014(2): 47-60.

[19] 邓建平, 曾勇. 金融生态环境、银行关联与债务融资[J]. 会计研究, 2011(12): 33-40.

[20] 樊纲, 王小鲁, 朱恒鹏. 中国市场化指数——各地区市场化相对进程2011年报告[M]. 北京: 北京经济科学出版社, 2011.

[21] 范学俊. 金融政策与资本配置效率——1992—2005年中国的实证[J]. 数量经济技术经济研究, 2008, 26(2): 3-15.

[22] 方红星, 金玉娜. 公司治理、内部控制与非效率投资: 理论分析与经验证据[J]. 会计研究, 2013(7): 63-69.

[23] 方军雄. 市场化进程与资本配置效率的改善[J]. 经济研究, 2006(5): 50-61.

[24] 方军雄. 所有制、市场化进程与资本配置效率[J]. 管理世界, 2007(11): 27-35.

[25] 冯根福, 赵珏航. 管理者薪酬、在职消费与公司绩效——基于合作博弈的分析视角[J]. 中国工业经济, 2012(6): 147-158.

[26] 傅欣, 汪祥耀, 路军. 管理层权力、高管薪酬变动与公司并购行为分析[J]. 会计研究, 2014(11): 30-37.

[27] 干胜道, 胡明霞. 管理层权力、内部控制与过度投资——基

于国有上市公司的证据[J]. 审计与经济研究, 2014, 29(5): 40-47.

[28] 高明华, 马守莉. 独立董事制度与公司绩效关系的实证分析. 兼论中国独立董事有效行权的制度环境[J]. 南开经济研究, 2002(2): 64-68.

[29] 高明华, 苏然, 方芳. 中国上市公司董事会治理评价及有效性检验[J]. 经济学动态, 2014(2): 24-35.

[30] 龚六堂, 谢丹阳. 我国省份之间的要素流动和边际生产率的差异分析[J]. 经济研究, 2004(1): 45-53.

[31] 韩立岩, 蔡红艳. 我国资本配置效率及其与金融市场关系评价研究[J]. 管理世界, 2002(1): 65-70.

[32] 韩立岩, 王哲兵. 我国实体经济资本配置效率与行业差异[J]. 经济研究, 2005(1): 77-84.

[33] 韩廷春. 金融发展与经济增长的内生机制[J]. 产业经济评论, 2003(s1): 82-87.

[34] 何金耿, 丁加华. 上市公司投资决策行为的实证分析[J]. 证券市场导报, 2001(9): 44-47.

[35] 何浚. 上市公司治理结构的实证分析[J]. 经济研究, 1998(5): 50-57.

[36] 贺力平. 金融发展与中国投资增长——1981—2002年数据测算及初步分析[J]. 财贸经济, 2004(11): 3-11.

[37] 何源, 白莹, 文翘翘. 负债融资、大股东控制与企业过度投资行为[J]. 系统工程, 2007, 25(3): 61-66.

[38] 黄炳艺. 结构与效率. 中国金融发展问题研究[D]. 厦门大学博士学位论文, 2005.

[39] 黄金老. 金融自由化与金融脆弱性[M]. 北京: 中国城市出版社, 2001.

[40] 黄珺, 黄妮. 过度投资、债务结构与治理效应——来自中国房地产上市公司的经验证据[J]. 会计研究, 2012(9): 67-72.

[41] 黄志忠. 基于资源配置的公司治理策略分析——以2006—2010年上市的公司为例[J]. 会计研究, 2012(1): 36-42.

[42] 黄志忠,谢军. 宏观货币政策、区域金融发展和企业融资约束——货币政策传导机制的微观证据[J]. 会计研究,2013(1).

[43] 胡国柳,裘益政,黄景贵. 股权结构与企业资本支出决策:理论与实证分析[J]. 管理世界,2006(1):137-144.

[44] 胡建平,干胜道. 钱多办"坏"事:自由现金流量与过度投资[J]. 当代财经,2007(11):107-110.

[45] 姜付秀,伊志宏,苏飞,等. 管理者背景特征与企业过度投资行为[J]. 管理世界,2009(1):130-139.

[46] 姜国华,徐信忠,赵龙凯. 公司治理和投资者保护研究综述[J]. 管理世界,2006(6):161-170.

[47] 计小青. 国有股权、替代性投资者保护与中国股票市场发展. 理论与经验研究[C]. 第二届公司治理青年学者论坛参会论文,2006.

[48] 江伟. 我国上市公司控制性股东掏空与支持行为的实证分析[J]. 经济科学,2005(2):77-85.

[49] 江伟. 金融发展、银行贷款与公司投资[J]. 金融研究,2011(4):113-128.

[50] 江伟,李斌. 制度环境、国有产权与银行差别贷款[J]. 金融研究,2006(11):119-129.

[51] 靳庆鲁,孔祥,侯青川. 货币政策、民营企业投资效率与公司期权价值[J]. 经济研究,2012(5):96-106.

[52] 康继军,张宗益,傅蕴英. 金融发展与经济增长之因果关系——中国、日本、韩国的经验[J]. 金融研究,2005(10):20-31.

[53] 赖建清,吴世农. 我国上市公司最终控制人的现状研究[J]. 厦门大学工作论文,2006.

[54] 雷光勇,刘慧龙. 市场化进程、最终控制人性质与现金股利行为[J]. 管理世界,2007(7):120-128.

[55] 李斌,江伟. 金融发展、融资约束与企业成长[J]. 南开经济研究,2006(3):68-78.

[56] 李春霞, 叶瑶. 基于负债和经理激励视角的企业投资不足研究[J]. 南方经济, 2015, V33(1): 71-84.

[57] 李广子, 刘力. 债务融资成本与民营信贷歧视[J]. 金融研究, 2009(12): 137-150.

[58] 李科, 徐龙炳. 融资约束、债务能力与公司业绩[J]. 经济研究, 2011(5): 61-73.

[59] 李青原. 会计信息质量与公司资本配置效率——来自我国上市公司的经验证据[J]. 南开管理评论, 2009, 12(2): 115-124.

[60] 李青原, 赵奇伟, 等. 外商直接投资、金融发展与地区资本配置效率——来自省级工业行业数据的证据[J]. 金融研究, 2010(3): 80-97.

[61] 李青原, 陈超, 赵曌. 最终控制人性质、会计信息质量与公司投资效率[J]. 经济评论, 2010(2): 81-93.

[62] 李维安. 公司治理理论与实务前沿[M]. 北京: 中国财政经济出版社, 2003.

[63] 李维安. 公司治理与财富创造[J]. 南开管理评论, 2005, 8(3): 1-1.

[64] 李维安, 姜涛. 公司治理与企业过度投资行为研究——来自中国上市公司的证据[J]. 财贸经济, 2007(12): 56-61.

[65] 李芸达, 范丽红, 费金华. 先投后融, 抑或先融后投——基于对我国企业产权制度的分析[J]. 会计研究, 2012(1): 43-50.

[66] 李云鹤, 李湛, 唐松莲. 企业生命周期、公司治理与公司资本配置效率[J]. 南开管理评论, 2011, 14(3): 110-121.

[67] 李增泉, 辛显刚, 于旭辉. 金融发展、债务融资约束与金字塔结构——来自民营企业集团的证据[J]. 管理世界, 2008(1): 123-135.

[68] 连玉君, 程建. 投资-现金流敏感性: 融资约束还是代理成本?[J]. 财经研究, 2007, 33(2): 37-46.

[69] 林毅夫, 蔡昉, 李周. 国有企业改革的核心是创造竞争的环

境[J]. 改革, 1995(3): 17-28.

[70] 林毅夫, 李志赟. 政策性负担、道德风险与预算软约束[J]. 经济研究, 2004(2): 17-27.

[71] 林毅夫, 李周. 现代企业制度的内涵与国有企业改革方向[J]. 经济研究, 1997(3): 30-34.

[72] 林毅夫, 刘培林. 自生能力和国企改革[J]. 经济研究, 2001(9): 60-70.

[73] 刘行, 叶康涛. 企业的避税活动会影响投资效率吗？[J]. 会计研究, 2013(6): 47-53.

[74] 刘广瑞, 杨汉明, 张志宏. 金融发展、终极控制人与公司投资效率[J]. 山西财经大学学报, 2013(9): 68-77.

[75] 刘国昌. 公司治理机制、自由现金流量与上市公司过度投资行为研究[J]. 经济科学, 2006(4): 50-58.

[76] 刘慧龙, 吴联生, 王亚平. 决策权配置、盈余管理与投资效率[J]. 经济研究, 2014(8): 93-106.

[77] 刘慧龙, 王成方, 吴联生. 国有企业改制、董事会独立性与投资效率[J]. 金融研究, 2012(9): 127-140.

[78] 刘启亮, 李增泉, 姚易伟. 投资者保护、控制权私利与金字塔结构[J]. 管理世界, 2008(12): 139-148.

[79] 刘瑞明, 石磊. 国有企业的双重效率损失与经济增长[J]. 经济研究, 2010(1): 127-137.

[80] 刘芍佳, 李骥. 超产权论与企业绩效[J]. 经济研究, 1998(8): 3-12.

[81] 刘芍佳, 孙霈, 刘乃全. 终极产权论、股权结构及公司绩效[J]. 经济研究, 2003(4): 51-62.

[82] 刘毅, 申洪. 中国金融市场化的度量分析[J]. 财经研究, 2002, 28(9): 39-46.

[83] 路风. 国有企业转变的三个命题[J]. 中国社会科学, 2000(5): 4-27.

[84] 卢峰, 姚洋. 金融压抑下的法制、金融发展和经济增长[J]. 中国社会科学, 2004(1): 42-55.

[85] 卢锐. 管理层权力、薪酬激励与绩效——基于中国证券市场的理论与实证研究[M]. 北京：经济科学出版社, 2008.

[86] 罗党论, 唐清泉. 市场环境与控股股东"掏空"行为研究[J]. 会计研究, 2007(4)：69-74.

[87] 罗琦, 肖文翀, 夏新平. 融资约束抑或过度投资——中国上市企业投资-现金流敏感度的经验证据[J]. 中国工业经济, 2007(9)：103-110.

[88] 吕长江, 赵宇恒. 国有企业管理者激励效应研究——基于管理者权力的解释[J]. 管理世界, 2008(11)：99-109.

[89] 吕长江, 张海平. 股权激励计划对公司投资行为的影响[J]. 管理世界, 2011(11)：118-126.

[90] 马长有. 中国金融结构与经济增长的实证分析[J]. 社会科学研究, 2005(3)：55-60.

[91] 马连福, 冯慧群. 董事会资本对公司治理水平的影响效应研究[J]. 南开管理评论, 2014, 17(2)：46-55.

[92] 梅丹. 国有产权、公司治理与非效率投资[J]. 证券市场导报, 2009(4)：44-50.

[93] 米运生, 谭莹. 中国信贷资本配置效率的空间差异：基于四大区域及省际面板数据的实证分析[J]. 财经理论与实践, 2007, 28(5)：31-37.

[94] 潘文卿, 张伟. 中国资本配置效率与金融发展相关性研究[J]. 管理世界, 2003(8)：16-23.

[95] 蒲艳萍, 王维群. 我国工业行业资本配置效率差异解析[J]. 财经科学, 2008(7)：95-102.

[96] 屈文洲, 谢雅璐, 叶玉妹. 信息不对称、融资约束与投资-现金流敏感性——基于市场微观结构理论的实证研究[J]. 经济研究, 2011(6)：105-117.

[97] 权小锋, 吴世农, 文芳. 管理层权力、私有收益与薪酬操纵[J]. 经济研究, 2010(11).

[98] 饶华春. 中国金融发展与企业融资约束的缓解——基于系统广义矩估计的动态面板数据分析[J]. 金融研究, 2009(11).

[99] 饶育蕾, 汪玉英. 中国上市公司大股东对投资影响的实证研究[J]. 南开管理评论, 2006(5).

[100] 热若尔·罗兰. 理解制度变迁: 迅捷变革的制度与缓慢演进的制度[J]. 南大商学评论, 2005(5).

[101] 沈红波, 寇宏, 张川. 金融发展、融资约束与企业投资的实证研究[J]. 中国工业经济, 2010(6).

[102] 申慧慧, 于鹏, 吴联生. 国有股权环境不确定性与投资效率[J]. 经济研究, 2012(2).

[103] 沈坤荣, 孙文杰. 投资效率、资本形成与宏观经济波动——基于金融发展视角的实证研究[J]. 中国社会科学, 2010(11): 73-87.

[104] 宋文娟. 会计剩余控制权、会计信息质量与资本配置效率[D]. 华中科技大学博士论文, 2013.

[105] 宋玉. 最终控制人性质、两权分离度与机构投资者持股[J]. 南开管理评论, 2009, 12(5): 55-64.

[106] 孙晓琳. 终极控股股东对上市公司投资影响的实证研究[J]. 山西财经大学学报, 2010(6): 85-91.

[107] 孙永祥, 黄祖辉. 上市公司的股权结构与绩效[J]. 经济研究, 1999(12): 23-30.

[108] 孙铮, 刘凤委, 李增泉. 市场化程度、政府干预与企业债务期限结构——来自我国上市公司的经验证据[J]. 经济研究, 2005(5): 52-63.

[109] 谭利, 杨苗. 不同制度环境下公司治理质量对投资效率的影响[J]. 证券市场导报, 2013(12): 28-34.

[110] 谈儒勇. 中国金融发展和经济增长关系的实证研究[J]. 经济研究, 1999(10): 53-61.

[111] 谈儒勇. 金融发展理论在90年代的发展[J]. 中国人民大学学报, 2000, 14(2): 60-65.

[112] 唐建新, 陈冬. 金融发展与融资约束——来自中小企业板的证据[J]. 财贸经济, 2009(5): 5-11.

[113] 唐雪松, 周晓苏, 马如静. 上市公司过度投资行为及其制约

机制的实证研究[J]. 会计研究，2007(7)：44-52.

[114] 田利辉. 国有股权对上市公司绩效影响的 U 形曲线和政府股东两手论[J]. 经济研究，2005(10)：48-58.

[115] 王福胜，宋海旭. 终极控制人、多元化战略与现金持有水平[J]. 管理世界，2012(7)：124-136.

[116] 王克敏，王志超. 高管控制权、报酬与盈余管理——基于中国上市公司的实证研究[J]. 管理世界，2007(7)：111-119.

[117] 王茂林，何玉润，林慧婷. 管理层权力、现金股利与企业投资效率[J]. 南开管理评论，2014，17(2)：13-22.

[118] 王少国. 金融发展在二元经济结构转换中的金融贡献[M]. 北京：中国经济出版社，2005.

[119] 王雄元，何捷. 行政垄断、公司规模与 CEO 权力薪酬[J]. 会计研究，2012(11)：33-38.

[120] 王彦超. 融资约束、现金持有与过度投资[J]. 金融研究，2009(7)：121-133.

[121] 王永剑，刘春杰. 金融发展对中国资本配置效率的影响及区域比较[J]. 财贸经济，2011(3)：54-60.

[122] 王跃堂，赵子夜，魏晓雁. 董事会的独立性是否影响公司绩效？[J]. 经济研究，2006(5)：62-73.

[123] 王志强，孙刚. 中国金融发展规模、结构、效率与经济增长关系的经验分析[J]. 管理世界，2003(7)：13-20.

[124] 魏锋，孔煜. 融资约束、不确定性与公司投资行为——基于我国制造业上市公司的实证分析[J]. 中国软科学，2005(3)：43-49.

[125] 魏锋，刘星. 融资约束、不确定性对公司投资行为的影响[J]. 经济科学，2004(2)：35-43.

[126] 魏刚. 高级管理层激励与上市公司经营绩效[J]. 经济研究，2000(3)：32-39.

[127] 魏刚，肖泽忠，Nick Travlos，等. 独立董事背景与公司经营绩效[J]. 经济研究，2007(3)：92-105.

[128] 魏明海，柳建华. 国企分红、治理因素与过度投资[J]. 管理

世界, 2007(4): 88-95.

[129] 魏志华, 曾爱民, 李博. 金融生态环境与企业融资约束——基于中国上市公司的实证研究[J]. 会计研究, 2014(5): 73-80.

[130] 武立东, 张云, 何力武. 民营上市公司集团治理与终极控制人侵占效应分析[J]. 南开管理评论, 2007, 10(4): 58-66.

[131] 伍利娜, 陆正飞. 企业投资行为与融资结构的关系——基于一项实验研究的发现[J]. 管理世界, 2005(4): 99-105.

[132] 吴晓求. 中国金融的深度变革与互联网金融[J]. 财贸经济, 2014, 35(1): 14-23.

[133] 吴先满. 中国金融发展论[M]. 北京: 经济管理出版社, 1994.

[134] 萧维嘉, 王正位, 段芸. 大股东存在下的独立董事对公司业绩的影响[J]. 南开管理评论, 2009, 12(2): 90-97.

[135] 肖珉. 现金股利、内部现金流与投资效率[J]. 金融研究, 2010(10): 117-134.

[136] 肖作平. 大股东、法律制度和资本结构决策[J]. 南开管理评论, 2009, 12(1): 27-39.

[137] 谢军, 黄志忠. 区域金融发展、内部资本市场与企业融资约束[J]. 会计研究, 2014(7): 75-81.

[138] 解维敏, 方红星. 金融发展、融资约束与企业研发投入[J]. 金融研究, 2011(5): 171-183.

[139] 辛清泉, 郑国坚, 杨德明. 企业集团、政府控制与投资效率[J]. 金融研究, 2007(10a): 123-142.

[140] 熊家财, 苏冬蔚. 股票流动性与企业资本配置效率[J]. 会计研究, 2014(11): 54-60.

[141] 徐浩萍, 吕长江. 政府角色、所有权性质与权益资本成本[J]. 会计研究, 2007(6): 61-67.

[142] 徐莉萍, 辛宇. 媒体治理和中小投资者保护[J]. 南开管理评论, 2011(6): 36-47.

[143] 徐莉萍, 辛宇, 陈工孟. 股权集中度和股权制衡及其对公司

经营绩效的影响[J]. 经济研究, 2006(1): 90-100.

[144] 徐倩. 不确定性、股权激励与非效率投资[J]. 会计研究, 2014(3): 41-48.

[145] 徐晓东, 陈小悦. 第一大股东对公司治理、企业业绩的影响分析[J]. 经济研究, 2003(2): 64-74.

[146] 徐晓东, 张天西. 公司治理、自由现金流与非效率投资[J]. 财经研究, 2009, 35(10): 47-58.

[147] 许小年. 以法人机构为主体建立公司治理机制和资本市场[J]. 改革, 1997(5): 28-30.

[148] 杨典. 公司治理与企业绩效——基于中国经验的社会学分析[J]. 中国社会科学, 2013(1): 72-94.

[149] 杨汉明, 刘广瑞. 金融发展、两类股权代理成本与过度投资[J]. 宏观经济研究, 2014(1): 61-74.

[150] 杨华军, 胡奕明. 制度环境与自由现金流的过度投资[J]. 管理世界, 2007(9): 99-106.

[151] 杨咸月. 当前中国金融市场发展中的五大误区[J]. 财经研究, 2002, 28(1): 17-22.

[152] 杨兴全. 我国上市公司融资结构的治理效应分析[J]. 会计研究, 2002(8): 37-45.

[153] 杨兴全, 张丽平, 吴昊旻. 市场化进程、管理层权力与公司现金持有[J]. 南开管理评论, 2014, 17(2): 34-45.

[154] 杨兴全, 张照南. 制度背景、股权性质与公司持有现金价值[J]. 经济研究, 2008(12): 111-123.

[155] 杨兴全, 张照南, 吴昊旻. 治理环境、超额现金持有与过度投资——基于我国上市公司面板数据的分析[J]. 南开管理评论, 2010, 13(5): 61-69.

[156] 叶康涛, 陆正飞, 张志华. 独立董事能否抑制大股东的"掏空"? [J]. 经济研究, 2007(4): 101-111.

[157] 尹恒. 论金融体系的功能重组——历史考察、理论分析及中国金融发展战略思路之选择[D]. 武汉大学博士学位论文, 2001.

[158] 应千伟，连玉君，陆军．贷款利率改革与微观资本配置效率[J]．经济学家，2010(1)：76-85．

[159] 喻坤，李治国，张晓蓉，等．企业投资效率之谜：融资约束假说与货币政策冲击[J]．经济研究，2014(5)：106-120．

[160] 俞红海，徐龙炳，陈百助．终极控股股东控制权与自由现金流过度投资[J]．经济研究，2010(8)：103-114．

[161] 余明桂，潘红波．政治关系、制度环境与民营企业银行贷款[J]．管理世界，2008(8)：9-21

[162] 于文超，何勤英．投资者保护、政治联系与资本配置效率[J]．金融研究，2013(5)：152-166．

[163] 于蔚，汪淼军，金祥荣．政治关联和融资约束：信息效应与资源效应[J]．经济研究，2012(9)：125-139．

[164] 曾五一，赵楠．中国区域资本配置效率及区域资本形成影响因素的实证分析[J]．数量经济技术经济研究，2007，24(4)：35-42．

[165] 翟胜宝，易旱琴，郑洁，等．银企关系与企业投资效率——基于我国民营上市公司的经验证据[J]．会计研究，2014(4)：74-80．

[166] 詹雷，王瑶瑶．管理层激励、过度投资与企业价值[J]．南开管理评论，2013，16(3)：36-46．

[167] 张纯，吕伟．信息环境、融资约束与现金股利[J]．金融研究，2009(7)：81-94．

[168] 张春田．中国金融发展、投资与经济增长[D]．吉林大学博士论文，2008．

[169] 张敦力，石宗辉，郑晓红．自由现金流理论发展的路径、机遇与挑战[J]．会计研究，2014(11)：61-66．

[170] 张功富，宋献中．我国上市公司投资过度还是不足？——基于沪深工业类上市公司非效率投资的实证度量[J]．会计研究，2009(5)：71-79，99．

[171] 张国富．中国资本配置效率行业差异影响因素的实证研究[J]．中央财经大学学报，2010(10)：53-58．

[172] 张国富. 中国资本配置效率及其影响因素研究[D]. 东北财经大学博士论文, 2011.

[173] 张洪辉, 王宗军. 政府干预、政府目标与国有上市公司的过度投资[J]. 南开管理评论, 2010, 13(3): 101-108.

[174] 张会丽, 陆正飞. 现金分布、公司治理与过度投资——基于我国上市公司及其子公司的现金持有状况的考察[J]. 管理世界, 2012(3): 141-150.

[175] 张建勇, 葛少静, 赵经纬. 媒体报道与投资效率[J]. 会计研究, 2014(10): 59-65.

[176] 张丽平, 杨兴全. 管理者权力、管理层激励与过度投资[J]. 软科学, 2012, 26(10): 107-112.

[177] 章卫东, 王乔. 论我国上市公司大股东控制下的股权再融资问题[J]. 会计研究, 2003(11): 44-46.

[178] 张维迎. 企业的企业家——契约理论[M]. 上海: 上海人民出版社, 1995.

[179] 张维迎. 产权安排与企业内部的权力斗争[J]. 经济研究, 2000(6): 41-50.

[180] 赵纯祥, 张敦力. 市场竞争视角下的管理者权力和企业投资关系研究[J]. 会计研究, 2013(10): 67-74.

[181] 赵立彬. 金融发展、信贷资源配置与过度投资[J]. 上海经济研究, 2012(8): 13-21.

[182] 郑国坚, 林东杰, 张飞达. 大股东财务困境、掏空与公司治理的有效性——来自大股东财务数据的证据[J]. 管理世界, 2013(5): 157-168.

[183] 支晓强, 童盼. 管理层业绩报酬敏感度、内部现金流与企业投资行为——对自由现金流和信息不对称理论的一个检验[J]. 会计研究, 2009(3): 73-81.

[184] 周春梅. 盈余质量对资本配置效率的影响及作用机理[J]. 南开管理评论, 2009, 12(5): 109-117.

[185] 周红霞, 欧阳凌. 企业非效率投资行为研究综述——基于股东与经理利益冲突的视角[J]. 管理科学, 2004, 17(6):

23-29.

[186] 周立, 王子明. 中国各地区金融发展与经济增长实证分析: 1978—2000[J]. 金融研究, 2002(10): 1-13.

[187] 周小川. 法治金融生态[J]. 中国经济周刊, 2005(3): 11-11.

[188] 钟海燕, 冉茂盛, 文守逊. 政府干预、内部人控制与公司投资[J]. 管理世界, 2010(7): 98-108.

[189] 周伟贤. 投资过度还是投资不足——基于A股上市公司的经验证据[J]. 中国工业经济, 2010(9): 151-160.

[190] 周业安. 金融抑制对中国企业融资能力影响的实证研究[J]. 经济研究, 1999(2): 13-20.

[191] 周业安, 赵坚毅. 我国金融市场化的测度、市场化过程和经济增长[J]. 金融研究, 2005(4): 68-78.

[192] 周泽将. 董事会会议、过度投资与企业绩效——基于国有上市公司2001—2011年的经验证据[J]. 经济管理, 2014(1): 88-100.

[193] 朱红军, 何贤杰, 陈信元. 金融发展、预算软约束与企业投资[J]. 会计研究, 2006(10): 64-71.

[194] 夏立军, 陈信元. 市场化进程、国企改革策略与公司治理结构的内生决定[J]. 经济研究, 2007(7): 82-95.

[195] 夏立军, 方轶强. 政府控制、治理环境与公司价值——来自中国证券市场的经验证据[J]. 经济研究, 2005(5): 40-51.

[196] 朱凯, 陈信元. 金融发展、审计意见与上市公司融资约束[J]. 金融研究, 2009(7): 66-80.

[197] 朱武祥, 宋勇. 股权结构与企业价值——对家电行业上市公司的实证分析[J]. 经济研究, 2001(12): 66-72.

[198] Aggarwal R K, Samwick A A. Empire-builders and shirkers: Investment, firm performance, and managerial incentives[J]. Journal of Corporate Finance, 2006, 12(3): 489-515.

[199] Ahn S, Denis D J, Denis D K. Leverage and investment in diversified firms[J]. Journal of Financial Economics, 2006, 79(2):

317-337.

[200] Aivazian V A, Ge Y, Qiu J. The impact of leverage on firm investment: Canadian evidence[J]. Journal of corporate finance, 2005, 11 (1-2): 277-291.

[201] Akerlof G A. The market for lemons: Quality uncertainty and the market mechanism [J]. The Quarterly Journal of Economics, 1970, 84 (3): 488-500.

[202] Allen F, Qian J, Qian M. Law, Finance, and Economics Growth in China[J]. Journal of Financial Economics, 2005, 77 (1): 57-116.

[203] Almeida H V, Wolfenzon D. A theory of pyramidal ownership and family business groups[J]. Journal of Finance, 2006, 61 (6): 2637-2680.

[204] Bagehot W. Lombard Street. Homewood, IL: Richard D, 1873.

[205] Bebchuk L, Kraakman R, Triantis G. Stock pyramids, cross-ownership and dual class equity, the creation and agency cost of separating control from cash flow rights[C], Chicago: University of Chicago Press, 2000.

[206] Bebchuk L, Fried. Pay Without Performance: the Unfulfilled Promise of Executive Compensation [J]. Cambridge: Harvard University Press, 2005, 59 (4): 975-980.

[207] Becht, Marco P, Bolton A, Roell. Corporate Governance and Control[J]. NBER Working Paper, 2002, 10 (3): 279-283.

[208] Beck T, Levine R. Stock Markets Banks and Growth: Panel Evidence[J]. NBER Working Papers, 2004, 28 (3): 423-442.

[209] Beck T, Demirguc-Kunt A, Levine R. Law, Endowments and Finance[J]. Journal of Financial Economics, 2003, 70 (2): 137-181.

[210] Beck T, Levine R, Norman L. Financial Intermediary Development and Growth: Causes and Causality [J]. Journal of Monetary Economics, 2000, 46.

[211] Beck T, Demirgur-Kunt A, Maksimovic V. Financing Patterns around the World: The Role of Institutions, Policy Research Working Paper Series[J]. The World Bank, 2007, 89 (3): 467-487.

[212] Beck T, Demirgur-Kunt A, Maksimovic V. Financing and Legal Institutions and Firm Size[J]. Social Science Electronic Publishing, 2016.

[213] Bertrand M, Mullainathan S. Are Executives Paid for Luck? The Ones Without Principals Are[J]. Quarterly Journal of Economics, 2001, 116 (3): 901-932.

[214] Bertrand M, Mehta P, Mullainathan S. Ferreting out tunneling: An Application to Indian Business Groups[J]. The Quarterly Journal of Economics, 2002.

[215] Bertrand M, Mullainathan S. Enjoying the Quiet Life? Corporate Governance and Managerial Preferences[J]. Journal of Political Economy, 2003, 111 (5): 1043-1075.

[216] Biddle G, Hilary G. Accounting Qualiy and Firm-Level Capital Investment[J]. The Accounting Review, 2006, 81 (5): 963-982.

[217] Biddle G, Hilary G, Verdi R. How Does Financial Reporting Quality Relate to Investment Efficiency? [J]. Journal of Accounting and Economics, 2009, 48 (2-3): 112-131.

[218] Billett M T, Garnkel J A, Jiang Y. The Influence of Governance on Investment. Evidence from a Hazard Model[J]. Journal of Financial Economics, 2011, 102 (3): 643-670.

[219] Blackbum K, Hung V T Y. A Theory of Growth, Financial Development and Trade[J]. Economic, 2010, 65 (257): 107-124.

[220] Boot A, Thakor A. Financial System Architecture[J]. The Review of Financial Studies, 1997.

[221] Boycko M, Shleifer A, Vishny R. Theory of Privatization[J].

Economic Journal, 1996, 106 (435): 309-319.

[222] Bozec R. Boards of Directors, Market Discipline and Firm Performance[J]. Journal of Business Finance and Accounting, 2005, 32 (9-10): 1921-1960.

[223] Brandt L, Li H. Bank Discriminationn in Transition Economics: Idelogy, Information, or Incentive?[J]. Journal of Comparative Economics, 2003, 31 (3): 387-413.

[224] Bushman R M, Smith A J. Financial Accounting Information and Corporate Governance[J]. Jouranl of Accounting and Economics, 2001, 32 (1-3): 335-347.

[225] Cheng S. Managerial Entrancement and Loss Shielding in Executive Compensation[C]. Working Paper, University of Michigan, 2005.

[226] Cheng S. Board Size and the Variability of Corporate Performance[J]. Journal of Financial Economics, 2008, 87 (1): 157-176.

[227] Claessens S, Djankov S, Fan J, Lang L H P. The Separation of Ownership and Control in East Asian Corporations[J]. Journal of Financial Economics, 2000, 58 (1-2): 81-112.

[228] Claessens S, Fan J P H. Corporate Governance in Asia: A Survey[J]. International Review of Finance, 2002, 3 (2): 71-103.

[229] Cochran P, Wartick. Corporate Governance: A Review of Literature[M]. Financial Executives Research Foundation, 1988.

[230] Delios A, Wu Z J, Zhou N. A New Perspective on Ownership Identities in China's Listed Companies[J]. Management and Organization Review, 2006, 2 (3): 319-343.

[231] David J. Denis, Diane K. Denis, Atulya Sarin. Ownership Structure and Top executive Turnover[J]. Journal of Financial Economics, 1997, 45 (2): 193-221.

[232] Demirguc-Kunt A, Maksimovic V. Stock Market Development and Financing Choices of Firms[J]. The World Bank Economic Review, 1996, 10 (2): 341-369.

参考文献

[233] Demirguc-Kunt A, Maksimovic V. Law, Finance and Firm Growth [J]. Journal of Finance, 1998, 53 (6): 2107-2137(31).

[234] Demirguc-Kunt A, Maksimovic V. Funging Growth in Bank-Based and Market-Based Financial Systems. Evidence from Firm-level Dada[J]. Journal of Financial Economics, 2002, 65 (3): 337-363.

[235] Diamond D W. Financial Intermediation and Delegated Monitoring[J]. The Review of Economic Studies, 1984, 51 (3): 393-414.

[236] Dittmar A, Mahrt-smith J. Corporate Governance and the Value of Cash Holdings[J]. Journal of Financial Economics, 2007, 83 (3): 599-634.

[237] Dong-hua Chen, Joseph P H Fan, et al. Do Politicians Jeopardize Professionalism? Decentralization and the Structure of Chinese Corporate Boards[J]. Apotex Pharmachem, 2002.

[238] Donaldson L, Davis J H. Boards and Company Performance: Research Challenges the Conventional Wisdom [J]. Research Papers, 1994, 2 (3): 151-160.

[239] Durnev A, Morck R, Yeung B. Value-enhancing Capital Budgeting and Firm-specific Stock Return Variation[J]. Journal of Finance, 2004, 59 (1): 65-105.

[240] Eisenberg T, Sundgren S, Wells M T. Larger Board Size and Decreasing Firm Value in Small Firms[J]. Journal of Financial Economics, 1998, 48 (1): 35-54.

[241] Faccio M, Lang L H P. The Ultimate Ownership of Western European Corporations[J]. Iournal of Financial Economies, 2002, 65 (3): 365-395.

[242] Fama Jensen. Separation of Ownership and Control[J]. Journal of Law and Economics, 1998, 26 (2).

[243] Fazzari S, Hubbard R G, Petersen B C. Financing Constraints and Corporate Investment[J]. Brookings Papers on Economic Ac-

tivity, 1988 (1): 141-206.

[244] Fich E M, Shivdasani A. Are Busy Board Effective Monitors[J]. Journal of Finance, 2006, 61 (2): 689-724.

[245] Gillan S L. Recent Developments in Corporate Governance: An Overview[J]. Journal of Corporate Finance, 2006, 12 (3): 381-402.

[246] Gillan S, Starks L. Corporate Governance Proposals and Shareholder Activism: the Role of Institutional Investors[J]. Journal of Financial Economics, 2000, 57 (2): 275-305.

[247] Giroud X, Mueller H M. Corporate Governance, Product Market Competition, and Equity Prices[J]. Journal of Finance, 2011, 66 (2): 563-600.

[248] Grassman S J, Hart O D. One Share-one Vote and the Market for Corporate Control[J]. Journal of Financial Economics, 1988, 20 (1-2): 175-202.

[249] Greenwald, Bruce C, Stigiitz, Joseph E. Asymmetric Information and the New Theory of the Firm: Financial Constraints and Risk Behavior[J]. American Economic Review, 1990, 80 (2): 160-165.

[250] Greenwood J, Jovanovic B. Financial Development, Growth, and the Distribution of Income[R]. Rcer Working Papers, 1990, 98 (5): 1076-1107.

[251] Greenwood J, Smith B D. Financial Markets in Development, and the Development of Financial Markets[J]. Journal of Economic Dynamics and Control, 1997, 21 (1): 145-181.

[252] Grinstein Y, Hribar P. CEO Compensation and Incentives Evidence from M&A Bonuses[J]. Journal of Financial Economics 2004, 73 (1): 119-143.

[253] Grossman S, Hart O. Takeover Bids, the Free-rider Problem and the Theory of the Corporation[J]. Bell Journal of Economics, 1980, 11 (1): 42-64.

[254] Gugler K, Yurtoglu B B. Corporate Governance and Dividend Pay-out Policy in Germany [J]. European Economic Review, 2003, 47 (4): 731-758.

[255] Gurley J G, Shaw E S. Money in a Theory of Finance [M]. Washington DC: Brookings Institution, 1960.

[256] Hall B, Murphy K. The Trouble with Stock Options [J]. Journal of Economic Perspectives, 2003, 17 (3): 49-70.

[257] Holmstrom B. Managerial Incentive Problems: A Dynamic Perspectives [J]. Review of Economic Studies, 1999, 66 (1): 169-182.

[258] Hubbard R G. Capital-market Imperfections and Investment [J]. Journal of Economic Literature, 1998, 36 (1): 193-225.

[259] Naveen L. Boards: Does One Size Fit All? [J]. Journal of Financial Economics, 2008, 87 (2): 329-356.

[260] Jensen M. Agency Cost of Free Cash Flow, Corporate Finance, and Takeovers, Corporate Finance and Takeovers [J]. American Economic Review, 1986, 76 (2): 323-329.

[261] Jensen M C, Murphy K J. New Survey of Executive Compensation: Full Survey and Technical Appendix, Division of Research [R]. Working Paper, 1990.

[262] Jensen M C, Meckling W H. Theory of the Firm: Managerial Behavior, Agency Costs and Ownership Structure [J]. Journal of Financial Economics, 1976, 3 (4): 305-360.

[263] Johnson S, Boone P, Breach A, et al. Corporate Governance in the Asian Financial Crisis [J]. Journal of Financial Economics, 2000, 58 (1-2): 141-186.

[264] Kaplan S, Zingales L. Do Investment-Cash Flow Sensitivities Provide Useful Measures of Financing Constraints? [J]. Quarterly Journal of Economics, 1997, 112 (1): 169-215.

[265] King Robert G, Ross Levine. Finance, Entrepreneurship, and Growth: Theory and Evidence [J]. Journal of Monetary Econom-

ics, 1993, 32 (3): 513-542.
[266] Khurana I K, Martin X, Pereira R. Financial Development and the Cash Flow Sensitivity of Cash[J]. Journal of Financial and Quantitative Analysis, 2006, 41 (4): 787-807.
[267] Krueger A. Government Failures in Development[J]. Journal of Economic Perspectives, 1990: 9-23.
[268] Laeven L. Does Financial Liberalization Reduce Financing Constraints? Financial Management, 2002, 31 (4): 5-34.
[269] Lang L. Ofek E, Stulz R. Leverage, Investment, and Firm Growth[J]. Journal of financial Economics, 1996, 40 (1): 3-29.
[270] La Porta, Rafael, et al. Trust in Large Organizations[J]. American Economic Review Papers and Proceedings, 1997, 87 (2): 333-338.
[271] La Porta, Rafael, et al. Law and Finance[J]. Journal of Political Economy, 1998, 106 (6): 1113-1155.
[272] Lerner J, Schoar A. Does Legal Enforcement Affect Financial Transactions? The Contractual Channel in Private Equity [J]. Quarterly Journal of Economics, 2005, 120 (1): 223-246.
[273] Levine R. Bank-based or Market-based Financial Systems: Which Is Better? [J]. Journal of Financial Intermediation, 2002, 11 (4): 398-428.
[274] Levine R. Financial Development and Economic Growth: Views and Agenda[J]. Journal of Economic Literature, 1997, 35 (2): 688-726.
[275] Levine R, Loayza N, Beck T. Financial Intermediation and Growth: Causality and Causes[J]. Journal of Monetary Economics, 2000, 46 (1): 31-77.
[276] Liberti J M, Mian A R. Collateral Spread and Financial Development[J]. The Journal of Finance, 2010, 65 (1): 147-177.
[277] Love I. Financial Development and Financing Constraints: Inter-

national Evidence from the Structural Investment Model[J]. Review of Financial Studies, 2003, 16 (3): 765-791.

[278] Mckinnon R, Shaw E. Financial Deepening in Economic Development, Washington [J]. Brookings Institution, 1973, 84 (333): 227.

[279] Mclean R David, Tianyu Zhang, Mengxin Zhao. Why Does the Law Matter? Investor Protection and Its Effects on Investment, Finance, and Growth[J]. The Journal of Finance, 2012, 67 (1): 313-350.

[280] Mello R D, Miranda M. Long-term Debt and Overinvestment Agency Problem[J]. Journal of Banking and Finance, 2010, 34 (2): 324-335.

[281] Merton R C, Bodie Z. A Conceptual Framework for Analyzing the Financial Environment[J]. Social Science Electronic Publishing, 1995.

[282] Modigliani F, Miller M H. The Cost of Capital, Corporation Finance and the Theory of Investment[J]. The American Economic Review, 1959, 48 (3): 261-297.

[283] Morck R, Shleifer A, Vishny R. Management Ownership and Market Valuation: an Empirical Analysis[J]. Journal of Financial Economics, 1988, 20 (88): 293-315.

[284] Murphy K J. Corporate Performance and Managerial Remuneration: An Empirical Analysis[J]. Journal of Accounting and Economic, 1985, 7 (1-3): 11-42.

[285] Myers S C. Determinants of Corporate Borrowing[J]. Journal of Financial Economics, 1977, 5 (2): 147-175.

[286] Myers S C, Majluf N S. Corporate Financing and Investment Decisions when Firms Have Information that Investors Do not Have [J]. Journal of Financial Economics, 1984, 13 (2): 187-221.

[287] Pagano M, Rell A. The Choice of Stock Ownership Structure: Agency Costs, Monitoring, and the Decision to Go Public[J].

Quarterly Journal of Economics, 1998, 113 (1): 187-225.

[288] Panousi V, Papanikolaou D. Investment, Idiosyncratic Risk, and Ownership[J]. Journal of Finance, 2012, 67 (3): 1113-1148.

[289] Patrick H T. Financial Development and Economic Growth in Underdeveloped Countries[J]. Economic Development and Cultural Change, 1966.

[290] Pawlina G, Renneboog L. Is Investment-cash Flow Sensitivity Caused by Agency Costs or Asymmetric Information? Evidence from the UK[J]. European Financial Management, 2005, 11 (4): 483-513.

[291] Qian, Strahan P. How Law and Institutions Shape Financial Contracts: The Case of Bank Loans[J]. Journal of Finance, 2007, 62 (6): 2803-2834.

[292] Rajan R G, Zingales L. Financial Dependence and Growth[J]. American Economic Review, 1998, 88 (3): 559-586.

[293] Robert H, Josef Z. The Role of Debt and Preferred Stock as a Solution to Adverse Investment Incentives[J]. Journal of Financial and Quantitative Analysis, 1990, 25 (1): 1-24.

[294] Scharfstein D S, Stein J C. The Dark Side of Internal Capital Markets: Divisional Rent-Seeking and Inefficient Investment[J]. The Journal of Finance, 2000, 55 (6): 2537-2564.

[295] Shleifer A, Vishny R W. A Survey of Corporate Governance[J]. Journal of Finance, 1997, 52 (2): 737-783.

[296] Shleifer A. State Versus Private Ownership[J]. Journal of Economic Perspcetive, 1998, 12 (4): 133-150.

[297] Stein J C. Takeover Threats and Managerial Myopia [J]. The Journal of Political Economy, 1988, 96 (1): 61-80.

[298] Stein J C. Agency, Information and Corporate Investment [J]. Handbook of the Economics of Finance, 2003, 1 (03): 111-165.

参考文献

[299] Stiglitz J E, Weiss A. Credit Rationing in Markets with Imperfect Information [J]. The American Economic Review, 1981, 71 (3): 393-410.

[300] Stulz R M. Managerial Discretion and Optimal Financing Policies [J]. Journal of Financial Economics, 1990, 26 (1): 3-27.

[301] Tirole J. The Theory of Corporate Finance [C]. Princeton University Press, 2006.

[302] Verdi R S. Financial Reporting Quality and Investment Efficiency [R]. Working Paper, 2006.

[303] Wang X. Capital Allocation and Accounting Information Properties [R]. Emory University Working Paper, 2003.

[304] Weisbach M. Outside Directors and CEO Turnover [J]. Journal of Financial Economics, 1988, 20 (88): 431-460.

后 记

近年来，我国已经建立了比较完善的金融中介和金融市场体系。截至 2014 年底，我国的金融货币化比率为 1.93，金融相关比率高达 2.55。我国的金融证券市场从一片空白起步，迅速走完了发达资本主义国家资本市场几百年才走完的历程。截至 2014 年末，我国证券市场上市公司达 2592 家，市值达 37.11 万亿元，仅次于美国，成为全球第二大证券市场。在如此短暂的时间内我国金融飞速发展，成为名副其实的资本大国，成就可谓斐然出众。

与此同时，企业资本配置效率低下一直是困扰我国资本市场的顽疾：投资过度现象在我国上市公司中普遍存在，部分行业产能过剩，而高新技术领域、环保和农业的投资却远远不足，投资收益也并不理想，投资效率普遍不高，这严重损害了投资者的利益，也阻碍了我国经济健康、平稳的发展。因此，缓解投资不足、抑制过度投资以提高企业微观资本配置效率成为亟待解决的现实问题。

我国各地区治理环境差异比较大，导致了不同地区上市公司治理情况存在一定的不同，而公司所处的宏观环境是重要的外部治理约束机制，其中金融市场环境的发展对上市公司具有重要影响。理论上，良好的金融制度环境是改善资本配置效率的重要因素。金融发展会降低企业的融资约束，降低投资-投资机会敏感度，提高资本配置效率。本书认为，在我国经济转型这一特殊时期，产权性质、管理者权力、公司治理机制等一些公司治理的重要维度对企业资本配置效率有着重要的影响。

本书是在我的博士生导师袁天荣教授的指导下完成的，恩师为学细致严谨、刻苦自专、精益求精的态度感召我们放弃懈怠懒散，激励我不懈探索学术的真谛；在生活中则温和亲切、宽以待人，博士生涯多蒙关爱鼓励,谨此致以衷心感谢。感谢师公焦跃华教授在学业、科研、个人发展上给予的建议,学者的睿智和官员的决断让我深受启发。师公不仅学识渊博、视野宏大,而且世事洞明、平易近人,在学习、生活历练上都是后学楷模、效法典范。在本书的行文过程中,袁老师、焦老师对本书的选题、文章的架构、内容的繁简、观点的提炼以及字字句句的修改都给予了悉心的指导。值此书稿出版之际,谨向我的导师袁天荣教授致以最诚挚的感谢和敬意!在未来的人生道路上,我将谨记导师的教诲,加倍努力来回报导师多年来的培养和关心。

感谢中南财经政法大学会计学院给我提供了科研与学习的平台,使我有幸能受到以会计泰斗郭道扬教授为代表的会计与财务专家学者的指点与熏陶;感谢拥有国家重点学科的中南财大会计学院,赋予我一笔不菲的"无形资产"。但愿今日我们能以毕业于会计学院为荣,明日会计学院能够以我们为荣。感谢郭道扬教授、罗飞教授、夏成才教授、张龙平教授、张敦力教授、王雄元教授、汤湘希教授、唐国平教授、张志宏教授、李秉成教授、杨汉明教授、郭飞教授、张琦教授提出的宝贵意见和修改建议,在本书写作过程中曾经给予我启发和帮助,使本书内容更为严谨深入。

感谢闫明杰、张春强、邱奇彦、邹萍、董丽华、游春晖、厉国威、朱敏、孙晗、李苗苗、莫磊等同学情如兄弟姐妹般的相互扶持,学术上的交流讨论,学习中的共同成长,共同面对过的挑战,共同分享过的美好时光,同窗情谊一生温馨,同窗之谊值得怀念!

感谢我的同门师兄弟姐妹,黄永安、杨宝、邱奇彦、张辉、龚小凤、袁奋强、张洽等博士同门及狄芊芊、乐婷、李浩田、胡志远等硕士同门,感谢你们在本书选题、写作、资料搜集等方面的无私帮助。希望毕业之后的我们同门之谊永存!

感谢南阳理工学院的领导和同事们给予我的理解和支持。感谢湖北经济学院邵天营、王爱华夫妇等在本书写作过程对我的诸多关心、支持和帮助。

感谢我的父亲母亲多年来为我默默地所做的一切。感谢我的先生谢浩,正是他默默而无私的付出才使我有信心和毅力完成学业。

感谢我的儿子谢政航，在我彻夜难眠的写作过程中给我的勇气和力量。

需要感谢的人太多，在此不能一一提及。但我会将诸多感激之情铭记在心，并激励自己在未来的学习和工作中取得更大的成绩，做一个对社会和国家有用的人。

我的 E-mail：hanlinjing66@163.com

韩林静

2017 年 6 月